전통문화와 문학

삶을 사유하다

한태문

외

전통문화와 문학
삶을 사유하다

부산대학교출판문화원

발간사

책을 펴내며

이 책은 과거로부터 오늘날까지 전해오는 우리 민족의 고유한 문화인 '전통문화'와 민중들의 생활상을 담아낸 '민속문학'을 읽기 쉽게 정리하여 독자의 이해를 돕고, 전통문화와 민속문학에 대한 독자의 관심을 제고하는 데 목표를 두고 있다. 민속이나 전통문화가 오늘을 살아가는 우리의 인식과 행위의 근간이 되었다는 점을 독자들이 이해하고, 전통문화와 민속문학에 대한 심리적 거리를 좁혀나가기를 바라는 것이다.

그간 전공, 교양 수업에서 사용한 『한국의 민속문학과 전통문화』는 출간 당시까지의 연구성과를 충실히 담아낸 것으로서, 민속문학과 전통문화를 공부하는 우리에게 많은 도움을 주었다. 그러나 해당 도서가 출간되고 20여 년의 시간이 흐르는 사이 민속문학과 전통문화에 대한 새로운 연구가 축적되었으므로 해당 연구들을 반영할 필요가 생겼다. 또 20여 년 전의 예상 독자들과 오늘날의 예상 독자들이 민속과 전통을 이해하는 관점이나 관심도에도 변화가 생겼을 것이므로 독자를 고려한 개정의 필요도 느꼈다. 이에 체재와 내용을 다듬어 새로운 책을 내게 되었다.

책을 기획하면서 가장 염두에 둔 것은 독자의 이해와 흥미를 제고하고 삶을 사유할 수 있도록 하는 것이었다. 독자들이 민속이나 전통을 그저 옛것, 흥미롭지 못한 것으로 치부해버리지 않도록, 그리고 학습한 내용을 자신의 삶에 적용하며 생각할 시간을 갖도록 유도하기 위해 필자들이 오랜 시간 함께 고민했다. 그 결과 기존의 민속학 저서들이 다룬 주제 가운데 중요한 것을 추려 재구성하고, 몇몇 주제들은 새롭게 소개할 필요가 있다는 결론을 얻었다. 그래서 설화, 민요, 판소리, 민속극, 통과의례, 민간신앙, 세시풍속과 같은 익숙한 주제와 의복, 음식, 주거 문화와 같은 새로운 주제를 이 책에 함께 담았다. 각각의 주제들은 개념, 양상과 특징, 의의라는 큰 틀 안에서 자유롭게 기술했다. 각 장의 끝에는 '읽을거리'와 '생각해보기', '참고문헌'을 제시하여, 독자 스스로가 주제에 대한 이해 확장의 시간을 갖고 필요한 경우 관련 연구들을 찾아볼 수 있도록 하였다. 또 내용 이해를 돕기 위해 사진 자료들도 다수 활용하였다.

뜻을 함께 한 필자들이 몇 차례에 걸쳐 출간의 방향을 논의하고 형식에 맞춰 초고를 집필했으며, 윤독과 퇴고의 과정을 거쳤다. 그러나 미진한 부분은 언제나 있기 마련이므로 분명 아쉬움이 있을 것이다. 그러므로 책 출간 이후에도 민속문학과 전통문화에 대해 공부하며 이 책을 개선해나가는 것을 필자들에게 남겨진 숙제로 생각하고 있다.

오늘을 살아가는 우리가 조상들의 삶의 흔적을 민속과 전통이라는 이름으로 부르는 것처럼, 미래의 누군가는 오늘의 문화를 민속이나 전통이라는 이름으로 부를 것을 생각하면 기분이 묘해진다. 삶의 흔적을 모두 분류하여 이름 붙일 수는 없을 텐데. 후손들은 21세기 우리의 문화 중 어떤 것들에 의미를 부여하고, 어떻게 분류하며 어떤 해석을 할지 글을 쓰는 내내 궁금했고, 혹 의미 있다고 손꼽을 만한 문화가 부재하는 것은 아닌가하는 염려도 되었다. 그렇기 때문에 오늘을 더 다채롭게, 의미 있게, 개성 있게, 진솔하게 살아가야겠다고 생각하게 되었다. 이 책이 일상을 살아가며 조상들이 사유한 것의 결과를 오늘날의 독자들에게 잘 보여주고, 앞으로 우리의 삶을 사유하게 하는 계기가 되기를 바란다.

집필자 일동.
2024년 8월.

차례

※ 가독성을 고려하여 본문에 각주를 달지 않고 참고문헌으로 대신하였습니다.

九尾狐

1장.

여전히 살아 숨 쉬는 이야기, 설화

1. 입에서 입으로 전해진 옛이야기

설화는 '말로써 전해진 이야기'라는 뜻으로, 전승 집단 내에서 구전口傳되어 내려오는 이야기를 통칭한다. 흔히 '옛날이야기'로 불리는 설화는, 상상으로 꾸며낸 허구의 이야기이다. 입에서 입으로 전하다 보니 전승의 과정에서 내용의 변화가 일어날 수밖에 없는데, 이를 '설화의 가변성可變性' 혹은 '구연口演의 개방성'이라고 한다. 설화의 이러한 특징은 이야기가 어떤 장소에서, 누구를 대상으로 이루어졌는지, 또 이야기를 듣는 청중이 어떻게 호응했는지 등의 구연 상황에 따라 발생하며, 때로는 구연자의 지식수준에 따라 그 내용이 달라지기도 한다. 그래서 같은 주인공과 서사구조를 가진 설화라도 내용상의 차이가 조금씩 존재하는데, 그러한 개별 이야기를 '각편各篇'이라고 한다. 한편 기층민들의 삶과 사상, 감정이 녹아있는 설화는 일상적으로 쓰는 입말로써 구현되지만, 구비문학 중에서 문자로 정착될 가능성이 가장 크다. 오랜 세월을 거쳐 구비전승 되었다는 것은 그만큼 다양한 흥미소를 가지고 있다는 의미인데, 실제 조선 후기에는 양반 사대부를 비롯한 다양한 지식인층에서 야담野談이라는 형태로 설화를 기록하였다.

연구자에 따라 설화를 각기 다른 하위유형으로 분류하였는데 전승자의 태도, 증거물의 유무, 결말의 특징이나 전승 범위에 따라 신화神話·전설傳說·민담民譚의 세 가지

유형으로 구분하는 것이 일반적이다. 각각의 기준에 따라 신화·전설·민담을 살펴보면, 우선 전승자의 태도에 있어 신화는 전승 집단 내에서 신성하다고 인식된다. 반면 전설은 전승자가 해당 이야기를 진실하다고 믿으며, 민담은 신성성이나 진실성에 상관없이 흥미 본위로 전승이 이루어진다. 증거물의 경우, 신화는 증거물이 포괄적인데 그 신화를 믿는 국가 또는 민족 자체가 증거물로 여겨지기 때문이다. 이에 비해 전설은 이야기와 관련된 구체적인 장소나 지형물 등 개별적인 증거물이 반드시 드러나 있다. 민담은 흥미 요소 위주로 전승되었기 때문에 별도의 증거물을 요구하지는 않는다. 전승 범위의 측면에서 보면 신화는 민족적·국가적 단위로, 전설은 특정 지역에 한정하여 전해지지만, 민담은 그 전승이 범세계적이다. 하지만 시간이 지남에 따라 이야기의 신성성이나 진실성이 사라지면서 신화와 전설로서의 성격이 상실되기도 한다.

2. 신화의 신성성과 상징

신화란 신들에 의해서 이야기가 되고, 신들에 의해서 전해진 모든 것이라고 할 수 있다. 그래서 신화에는 우주와 신의 탄생, 인간과 자연물의 창조, 하늘과 땅의 분리, 그리고 불과 물의 원천, 생사의 기원 등 온갖 자연현상과 사회현상의 기원에 관한 이야기가 다 포함될 수 있다. 또 어떤 과정을 거쳐 신에 오를 수 있었는지 등 신격神格의 내력에 관한 사설, 다시 말해 신성한 존재의 근본을 설명하는 이야기도 신화라고 본다. 그래서 제주도 지역에서는 신의 내력을 설명한다는 의미로 신화라는 명칭 대신 '본풀이'라고 부르기도 한다. 한편 신이 아니더라도 건국주와 같이 신과 유사한 위업偉業을 남긴 인물의 이야기도 신화라고 하는데, 이렇게 볼 때 신화란 특정 전승 집단의 구성원들에게 신성하다고 믿어지는 이야기라고 정의할 수 있을 것이다.

이에 따라 우리나라의 신화는 건국신화, 시조신화, 부락신화와 종교신화(혹은 무속신화)로 나눠진다. 건국신화는 국가적인 범위에서 신성시되는 국가 창건의 시조나 관련 신격에 대한 신화로, <단군신화>·<주몽신화>·<혁거세신화>·<수로신화> 등이 이에 속한다. 우리나라의 건국신화는 건국 주체를 신적인 존재로 모셔 국가의 건국 경위와 그에 파생된 이야기를 모은 것으로, 크게 북방계 신화와 남방계 신화로 구분한다. 북방계 신화는 '천신天神과 지신地神 또는 천신과 수신水神의 결혼(합)-시조의 탄생-건국'으로 이어지는데 비해, 남방계 신화는 '시조의 하강-건국-시조의 결혼'으로 서사가 전개되는데 대체로 시조가 알의 형태로 하강한다는 점이 특징이다.

한편 시조신화는 특정 성씨 내에서 신성성이 인정되는 시조의 이야기로, 우리나라의 경우에는 건국신화와 긴밀히 연결되어 있다. 신라의 건국주인 박혁거세나 가야를 건국한 수로는 각각 경주 박씨와 김해 김씨의 시조이기도 하다. 또 <수로신화>에는 수로의 부인인 허황옥이 등장하는데 그녀 역시 김해 허씨의 시조로 받들어지고 있다. 이외에도 신라 초기에 경주 박씨와 함께 번갈아 왕위에 올랐던 석씨와 김씨의 시조신화인 <석탈해신화>나 <김알지신화>, 제주도의 세 성씨인 고씨·부씨·양씨의 시조신화인 <제주도 삼성三姓신화>가 전하고 있다. 이중 <제주도 삼성신화>는 원래 탐라국의 건국과 관련이 있다. 한라산의 정기를 받은 세 명의 신선이 삼성혈에서 솟아나서 벽랑국의 세 처녀와 결혼하고는 땅을 나누어 각기 다스렸다고 하는데, 이야기의 구조가 <수로신화>와 유사하다. 이를 통해 볼 때 <제주도 삼성신화>는 건국신화의 성격을 띠고 있었지만, 그 전승의 범위가 제주도 지역으로 한정되면서 시조신화로 인식되고 있음을 알 수 있다. 이밖에도 이천 서씨, 창녕 조씨, 문화 류씨 등의 시조는 각 집안에서 신앙의 대상으로 모셔지고 있다.

구지봉龜旨峯 금관가야의 시조인 수로왕이 탄강誕降했다고 전해지는 곳이다.(국가유산청)

제주 삼성혈三姓穴 탐라국耽羅國의 시조인 고을나, 양을나, 부을나가 솟아났다고 전해지는 지혈地穴이다.(제주특별자치도)

신화가 특정 마을에 한정되어 전승되면 이를 촌락신화 또는 마을신화라고 한다. 주로 당신堂神과 같은 마을의 수호신이나 해당 마을을 처음으로 연 시조를 신격화해 숭상하는 이야기로, 마을의 제의와 함께 전승된다. 1~3년 간격으로 마을의 차원에서 유교식 혹은 불교식 동제洞祭나 무속의 별신굿·도당굿의 형태로 제사를 지낸다. 이때 모시는 신격은 천신·산신·지신 등의 자연신과 장군신·대장신 등의 인신人神이 다양하게 존재하는데, 영남지방에서는 마을을 연 시조신을 '골맥이 ○씨할배', '골맥이 ○씨할매'로 부른다. 독축의 과정에 관련 신화가 구연되기도 하는데, 이를 통해 마을 구성원 간의 혈연·지연적 유대감이 강화된다.

마지막으로 종교신화는 특정 종교의 범위에서 신성하게 여겨지는 신화로 무속巫俗신화가 대표적이다. 무속신화는 무당들에 의해 모셔지는 신들의 내력을 읊은 신화로 서사무가가 이에 해당하는데 생산을 관장하는 제석신을 다룬 <당금애기>나 죽음을 천도하는 신인 <바리데기>를 그 예로 들 수 있다. 이외에도 불교 및 기독교 경전의 내용을 한국적으로 변형한 이야기나 증산도를 비롯한 신흥종교에서 신성시되는 이야기도 종교신화로 다룰 수 있다.

이렇듯 신화가 담고 있는 내용이 다양하기 때문에 어떤 하나의 관점만으로는 신화의 본질을 해명할 수 없다. 신화는 신격을 신성시하여 신앙으로 여기는 종교 제의이자, 국가와 민족의 기원을 말하는 역사이다. 또한 우주의 기원과 형성을 말하는 철학이기도 하다. 그래서 신화를 문학적 상상물로 간주하여 그 언어와 표현법, 구조 등을 분석하기도 하고, 역사적 사건의 결과물 혹은 사회제도와 구조를 반영하는 이야기로 해석하기도 한다. 이외에도 제의의 상관물로서 신화를 이해하거나 잠재의식 혹은 꿈의 투사로 보기도 한다.

그러나 무엇보다 중요한 점은 바로 신화가 신성한 이야기라는 데에 있다. 신화의 신성神聖은 일상적 현실과 합리성을 넘어선다. 그래서 '난생卵生'과 같은 형태로 드러나는 신화의 신성성은 현재의 시각에서 보면 비과학적이고 황당무계한 것으로 느껴지기도 한다. 하지만 신화가 신성의 현시 또는 신성 체험과 관련된 이야기라는 점에서 신화의 언어는 우리가 일상적으로 사용하는 언어와는 다르다. 그것은 필연적으로 상징象徵일 수밖에 없다.

옛날에 환인桓因의 아들 환웅桓雄이란 이가 있었는데 자주 천하를 차지할 뜻을 두어 사람이 사는 세상을 탐내고 있었다. 그 아버지가 아들의 뜻을 알고 삼위태백산三危太伯山을 내려다보니 인간들을 널리 이롭게 해줄 만했다. 이에 환인은 천부인天符印 세 개를 환웅에게 주어 인간의 세계를 다스리게 했다. 환웅은 무리 3,000명을 거느리고 태백산곧 태백산은 지금의 묘향산妙香山이다. 마루턱에 있는 신단수神壇樹 밑에 내려왔다. 이곳을 신시神市라 하고 이 분을 환웅천황이라고 이른다. 그는 풍백風伯, 우사雨師, 운사雲師를 거느리고 곡식과 수명, 질병, 형벌, 선악 등을 주관하고 모든 인간의 360여 가지 일을 주관하여 세상을 다스리고 교화했다.

이때 범 한 마리와 곰 한 마리가 같은 굴에 살고 있었는데 그들은 항상 신웅神雄, 즉 환웅에게 빌어 사람이 되기를 원하므로 이에 신웅이 신령스러운 쑥 한 줌과 마늘 20개를 주면서 말하기를 "너희들이 이것을 먹고 백일 동안 햇빛을 보지 않으면 곧 사람이 될 것이다."라고 했다. 이에 곰과 범이 이것을 받아먹고 삼칠일 동안 조심했더니 곰은 여자의 몸으로 변했으나 범은 능히 삼가지 못하여 사람의 몸으로 변하지 못했다. 웅녀熊女는 혼인해서 같이 살 사람이 없으므로 날마다 단수壇樹 밑에서 아기 가지기를 축원했다. 환웅이 잠시 거짓으로 변하여 그와 혼인했더니 이내 아기를 잉태해서 아들을 낳았다. 그 아기의 이름을 단군왕검이라고 한 것이다.

- 『삼국유사三國遺事』, 「기이紀異」 제1, <고조선古朝鮮 왕검조선王儉朝鮮>

<단군신화>는 북방계 신화의 대표적인 작품으로, 천신의 하강으로부터 이야기가 시작된다. 이어 곰이 굴속에서 삼칠일을 견뎌 여자가 되었고 그녀가 다시 신단수 아래에서 잉태를 기원함으로써 환웅과 결혼하고 단군을 낳는다. 역사적 관점에서 볼 때 <단군신화>의 웅녀는 곰을 토템으로 삼은 선주민, 환웅은 천신을 숭배하는 이주 세력을 뜻한다. 결국 단군의 탄생은 선주민과 이주 세력의 결합으로 새로운 집단이 성립했음을 상징적으로 보여준 신화라 할 수 있다. 여기에 환웅이 환인으로부터 받은 천부인天符印은 고대 제사장의 신성 징표였고, 풍백·운사·우사가 농경과 관련된 인물들이므로 결국 환웅의 아들인 단군이 세운 고조선은 제정일치祭政一致 사회이자 농경국가였음을 말해준다.

단군상 서울 사직공원 내 단군성전에 모셔진 단군신상이다.(국립민속박물관)

강화 참성단塹星壇 단군이 하늘에 제사를 올리기 위해 쌓은 제단이다.(국가유산청)

환웅과 웅녀의 결합은 천부지모天父地母의 상징으로, 하늘과 땅을 남성과 여성으로 유추한 것이다. 곧 천신은 남성의 이미지와 속성으로, 지신은 여성의 이미지와 속성으로 표현되는데, 이때 그 이미지와 속성을 드러낼 만한 여러 가지 상징물이 신화에 등장한다. 예컨대 <단군신화> 속 '굴'은 여성의 이미지를 드러내는 상징이다. 아울러 이와 같은 상징은 신계神界와 인간계人間界 혹은 성계聖界과 속계俗界라는 서로 다른 속성이 결합하는 신성혼神性婚의 구조를 취하고 있다. 대립적 이계異界 간의 결합은 다른 세계로의 전이轉移를 의미하므로 거기에 상응하는 의례가 수반되는데, 이때 두 속성이 완전히 분리될 수 있도록 금기禁忌가 설정되거나, 융화를 위한 조력자가 등장한다. 따라서 <단군신화>에서 웅녀가 겪는 분리와 금기는 통과의례通過儀禮[1]의 맥락에서 해석할 수 있다.

곰이 여자로 변하는 과정은 사람이 새로운 사회로 통합되기 위해 이전의 사회로부터 분리되어 특정 장소로 격리되는 성인식과 흡사하다. <단군신화>의 동굴은 속세와 단절된 특수 공간이다. 따라서 곰이 동굴에 들어가는 행위는 속계를 떠나 성계로, 동물계에서 인간계로의 편입을 위한 분리라 할 수 있다. 이 과정에서 웅녀에게는 행위와 음식에 대한 금기가 부여되는데, 햇빛을 보아서는 안 되거나 오직 쑥과 마늘을 먹

1 통과의례는 프랑스의 민속학자 반 겐넵(Arnold Van Gennep)이 명명한 것으로, 사람이 일생을 경과하면서 마디가 되는 인생의 고비, 즉 출생·성년·혼인·회갑·죽음 등에서 행하는 의례를 말한다. 통과의례를 경계로 인간의 삶은 그 전후의 모습이 크게 달라지는데, 그 과정과 내용 및 기능에 따라 이전 집단에서부터의 분리分離·새로운 집단으로의 이행 과정인 전이轉移·새로운 집단으로의 동화 과정인 통합統合으로 나누어진다.

어야 한다는 것 등이 이에 해당한다. 의례를 거쳐 새로운 사회의 구성원이자 완전한 인격체가 된 웅녀는 신단수 아래에서 기자치성祈子致誠을 드리고 결국 소원대로 단군을 낳게 된다. 또한 <단군신화>에 나타난 숫자를 통과의례 상의 개념으로 해석하기도 하는데, 곰과 호랑이에게 인간이 될 수 있는 전제로 제시된 기간인 100일은 현재의 백일로, 또한 곰이 인간이 될 수 있었던 삼칠일은 21일간 금줄을 쳤던 세이레, 다른 말로 삼칠일 풍속과 연결될 수 있다.

이처럼 신화는 원초적이고 근원적인 존재에 대한 고대인의 인식과 사유체계는 물론 우리 민족이 가진 심성의 원형, 더 나아가 인류가 보편적으로 공유한 문화적 원형으로 해석할 수 있다. 그러므로 우리가 신화에 표현된 허구성, 문학적 상상력을 상징과 은유로 해석할 수 있다면 현재까지 우리의 일상과 관념 속에 자리하고 있는 공동체적 삶의 가치를 제대로 이해하고 새롭게 구현할 수 있을 것이다.

3. 전설의 진실성과 증거물

신화가 신 또는 신성에 관한 이야기라면 전설은 인간 행위와 그것을 둘러싼 사회의 제반 현상을 설명하는 이야기이다. 다시 말해 자연물·인공물·인물·풍속·신앙 등 인간이나 사물, 그리고 특정 현상이 형성된 사연이 총망라된 것이 전설이다. 또 신화가 신성성을 중요하게 강조한다면 전설은 증거물을 근거로 한 진실성을 중요하게 다룬다. 이야기 속에 구체적인 시간이나 장소, 개별적인 증거물이 등장하기 때문에 전승 집단 내에서 진실하다고 여겨지며, 전설을 구연하는 사람도 이 이야기가 사실이라는 점을 강조한다. 아울러 전설은 증거물이라는 최소 요건만 갖추면 성립하기 때문에 전설이라고 분류된 개별 각편이 보여주는 내용적 편폭이 큰 편이다. 그래서 전설의 필수 요소인 증거물만 제시된다면 치밀한 구성을 갖춘 허구적 서사뿐만 아니라 문학성을 갖추지 못한 단순 설명도 전설에 포함된다.

이처럼 전설은 다양한 대상을 단순한 형식으로 다루고 있기 때문에 지금까지 채록된 각편의 양이 방대할 뿐만 아니라 내용도 각양각색이다. 그래서 전설은 전승 범위, 발생 목적, 증거물의 성격 등의 여러 기준에 따라 분류가 가능하다. 전설을 분류하는 첫 번째 기준은 전승 범위에 따른 것으로 특수 전설과 광포廣布 전설로 나뉜다. 전자는 전승의 범위가 특정 지역에만 국한되어 있는데, 해당 지역의 지리적 특징 또는 지명의 유래, 지역에 내려오고 있는 특정 관습 등을 다루고 있어 지역적 전설이라고도 한다. 반면 비슷한 내용의 전설이 각 지역의 지형물과 관련하여 여러 지역에서 동시에 발견될 때 이를 광포 전설 혹은 이주적 전설이라고 한다. <아기장수>, <장자못>, <떠내려온 산>, <쌀 나오는 구멍> 등이 대표적인 예인데, 대부분 뚜렷한 서사구조와 문학적인 형상화를 갖추고 있다.

다음으로 전설을 발생 목적에 따라 설명적 전설, 역사적 전설, 신앙적 전설로 나눌 수 있다. 설명적 전설이란 자신들을 둘러싼 자연이나 사물이 어떻게 생겨났는지를 설명하는 이야기로 지형 또는 지명 관련 유래담을 그 예로 들 수 있다. 이에 비해 역사적 전설이란 역사적 사실이나 역사적 인물을 바탕으로 만들어진 이야기로, 특정 지역을 중심으로 전승되는 대부분의 인물전설이 여기에 속한다. 신앙적 전설은 민간신앙에 기초한 것으로 속신俗信이나 금기를 바탕으로 한 이야기라 할 수 있다.

증거물의 성격에 따라서는 인물전설, 사물전설, 풍속·신앙전설로 구분된다. 인물전설은 역사적으로 실존했던 인물에 관한 전설로 열녀, 효자, 영웅, 장군, 도승, 명의, 지관 등에 관한 이야기를 예로 들 수 있다. 사물전설은 산, 강, 고개 등의 자연물 및 사찰이나 비석 같은 인공축조물 관련 이야기가 속한다. 풍속·신앙전설은 <고시래의 유래>, <한식의 유래> 등 특정 풍속이 어떻게 시작되었는지를 설명하는 내용이나 종교적인 수행담, 영험담을 중요하게 다룬다.

전설로 분류된 다양한 유형의 이야기들은 모두 구체적인 시간과 실제 장소, 그리고 개별적인 증거물을 갖추고 있을 뿐만 아니라 역사와 밀접한 관련성을 가진다고 여겨진다. 하지만 전설은 근본적으로 문학적 상상력이 더해진 허구이기 때문에 역사와 완벽하게 일치할 수는 없다. 그런데도 전설을 가리켜 '역사의 낭만적 기술'이라고 일컫는 데에서 알 수 있듯이 전설은 일정 부분 역사를 보완하는 기능을 한다. 전설에는 역사적 사실에 대한 전승자의 가치판단이 반영될 수밖에 없으며, 전설을 통해 구현된 역사적 사실은 전승자들이 살아가고 있는 사회의 현실을 반영하고 있어 정사正史에서는 찾아볼 수 없는 또 다른 층위의 역사 인식을 보여주고 있기 때문이다.

그런데 전설 중에는 하늘을 나는 용마龍馬라든가, 귀신 등 사실이라고 믿기 힘든 기이하고도 환상적인 요소를 지닌 이야기도 있어 그 진실성에 의구심이 들기도 한다. 하지만 이 역시 구체적인 증거물을 제시함으로써 사람들이 실제 있었던 일인 것처럼 믿도록 만든다. 우리의 상식이나 통념으로는 허용될 수 없는 것들이 증거물을 통해 그 진실성을 담보할 수 있다면, 지금까지와는 전혀 다른 시각에서 삶을 바라볼 수 있는 가능성이 생긴다. 그러나 역설적으로 전설의 증거물은 전설이 가진 허구적 서사의 무제한적인 확장을 견제하는 역할도 한다. 전설이 허구이므로 전승자의 문학적 상상력이 이야기 속에 얼마든지 수용될 수 있다고 생각할 수도 있지만, 그 이야기가 남겨진 증거물과 연결될 때만 전설로서 용인될 수 있다. 그러므로 전설의 전승자는 증거물과 서사의 유기적인 관련성을 고려하여 이야기를 구성할 수밖에 없다. 이것이 바로 민담과 전설이 나누어지는 지점이다. 별도의 증거물을 요구하지 않는 민담은 전승자의 상상력을 무제한으로 허용하지만, 전설은 전승자의 상상력을 증거물로써 제한한다. 이러한 특징에 따라 전설은 민담에 비해 이야기가 짜임새 있게 전개된다.

한편 증거물은 전설의 비극성과도 연결된다. 전설은 증거물이라는 현실적 근거와 관련되어 있기 때문에, 설사 전승자가 허구적인 상상력을 자유롭게 펼치더라도 그 이야기의 종착점은 현실 공간일 수밖에 없다. 그리고 전설이 현실 공간을 기반으로 한다는 그 지점에서 바로 상상과 현실의 충돌이 발생한다. 허구적 서사와 전승자들이 딛고 있는 현실 사이의 간극은 결국 갈등을 야기하고, 그 과정에서 전설의 비극성이 발생한다. 현실에 존재하는 증거물로 인해 전설의 전승자가 자신이 살아가고 있는 현실 세계와 마주하는 순간, 전설에 등장하는 인물은 전설에서 용인된 허구적 서사에서도 그 한계를 드러낼 수밖에 없다. 신화의 주인공은 초인적인 힘을 발휘하여 모든 시련을 극복하고 승리자가 되지만, 전설의 주인공은 현실과 허구적 서사가 공존하는 이율배반적 속성 때문에 시련 앞에 좌절하고 때로는 죽음에 이른다. 결국 전설이 가지고 있는 비극성은 이상과 현실 사이의 괴리감에서 만들어지는 것이다.

이러한 전설의 비극성을 잘 보여주는 이야기가 바로 <아기장수>이다. <아기장수> 이야기가 전승되는 지역에는 아기장수가 숨어서 군대를 양성했다고 전해지는 장군바위나 아기장수의 죽음을 알게 된 용마가 빠져 죽었다는 연못이 증거물로 제시된다. 다시 말해 <아기장수> 이야기는 장군바위나 용소의 유래를 설명하는 전설이다.

거창 거기리 성황단 성황단 자리가 아기장수를 기다리던 깃대봉 용마龍馬의 무덤이라는 이야기가 전승되고 있다.(국가유산청)

부산 쇠미산 덕석바위 임진왜란 때 아기장수가 용마에서 떨어져서 죽었다고 전해지는 바위이다.

그런데 이러한 증거물은 아기장수의 좌절 혹은 죽음이라는 비극성을 내포하고 있다. <아기장수> 이야기는 다양한 변이형이 존재하는데, 기본적으로 '비범한 아기의 출생', '부모에 의한 아기장수의 죽음', '용마의 죽음'이라는 서사가 공통으로 등장한다.

옛날, 저 산외면山外面 용바우라 카는 데, 거에(거기) 용마가 났지. [청중: 용마?] 희실希谷里. 희실, 희실 백장군이 났다 하제?[청중: 백장군이제.] 희실 백장군이 났는데, 이거 알뜰히 모리고. 그래 부인이 얼라로(어린애를) 하나 낳아 놓으이, 아주 살림이 없고 곤란한데.

그래 살림은 없고 그래 얼라로 하나 낳아 놓으이, 얼라로 낳아 놓고 방아, [청중: 계속 하이소. 계속 하이소.] 방아품 들로 가인께, 갔다 오이께 방에 마 얼라가 마 칠三七日 전인데 없어. 없는데, '야, 그 이상한 일이다.' 우째 됐는고 하이, 아아가 보인꺼네 천장에 떡 붙었어. 장군될 거는 버여(벌써) 뭐, 버어(벌써) 날 때부터 다른, 행동이 다른 모양이지. 그 천장에 떡 붙어 가 있는데. 그래, 가장家長 오는데 그런 이얘기를 떡 하이, 아, 이거 이전에 큰 사람 나믄 그 부모로 해치려 한다데. 마, 줘이 뿌는 기라. 그래 인자 부모가 가장한테 이 얘기를 하니께,

"이 일을 도저히 관가에 알믄 말이여, 이 버어(벌써) 이렇기 저 재주가 많은께, 부모가

욕당할 모양인께, 이걸 쥑이 삐야 되겠다."

그래 가지고 이전에 지름들이라는 거, 호박틀이라고 카는 거, 그런 기 있단다. 있는데, 그래 지름틀에 마 잡아 아아로 주어 옇어(넣어) 가지고 그래 마 돌로 이래 실어, 나락을 한 섬을 실은께, 마, 지름틀 채가 마 헐렁헐렁, 기운이 세어 놓으이 마 잘 안 죽고 마 헐렁헐렁 뛰거든. 마, 두 섬 실어도, 두 섬 실어도 그냥 끄떡끄떡하는 기라. 지름틀에 호박을 눌랐는데, 석 섬을 실은께 마 벌벌 떠드니 마 그 질로 죽어 삐는 기라.

죽어 뿌고 나니께 그래 원통해서 용마우, 바우가 마 떡 갈라지디이, 용마가 나와 가지고 마 패랭이 씌고 말캉 공중에 마 날라서 빙 돌아 가지고 그래 그 소沼에, 그 보탕들이라 쿠는 그 소沼에 빠져 죽어 뿠단다. 죽어 뿠는데, 그래 비가 올라 카몬 그 바우가 지금 안주(아직) 피가 벌거이 안주 그 흔적이 안에 있어. 고거 전설 이얘기야.

손윤호, 경상북도 밀양군 산내면 송백2리, 1981.07.27. - <산외면 아기장수와 용바위>

(한국학중앙연구원, 『한국구비문학대계』)

이 전설의 주인공 아기장수는 겨드랑이에 날개를 달고 태어난다. 공간적인 제약을 뛰어넘을 수 있도록 만든 겨드랑이의 날개는 그가 비범한 인물임을 보여준다. 아기장수의 탄생과 더불어 출현하는 용마 역시 아기장수가 세상을 구할 영웅이 될 것임을, 또 그의 탄생이 초월적 존재의 의지임을 말해준다.

하지만 민중을 구원할 영웅 아기장수는 그 뜻을 펼쳐보기도 전에 자기의 부모에 의해 죽음에 이른다. 각편에 따라 부모가 직접 아기장수를 살해하기도 하고, 부모가 금기를 위반함으로써 아기장수를 죽음에 이르게 하기도 한다. 아기장수의 죽음을 야기한 부모의 행위는 역사적 현실에서 체득한 백성들의 나약함과 패배의식의 산물이라 할 수 있다. 이 이야기의 기저에는 반역을 해서는 안 된다는 사회적 금기가 깔려있다. 반역은 곧 가문의 몰락이라는 두려움은 지배 세력에 대한 저항을 인정하지 않는 보수성으로 연결되었고, 이에 아기장수의 부모는 자기의 아들을 희생시켰다고 할 수 있다. 신분제가 공고한 사회에서 비범한 능력을 가진 아기장수의 탄생은 개인뿐 아니라 소속 집단에도 불행과 파탄을 불러오기 쉽다. 또한 역사적 경험을 통해 민중의 영웅 아기장수도 권력을 잡고 나면 그 이전의 지배자와 다르지 않을 것이며, 그렇기에 세상은 변하지 않으리라는 사실을 알고 있었던 아기장수의 부모는 민중의 영웅이 될 아들을 죽일 수밖에 없었다. 새로운 영웅이 출현해서 더 나은 삶을 살게 되었으면 좋겠다는 강렬한 소망과 새로운 영웅이 나타나도 자신들의 삶은 전혀 바뀌지 않는다는 현실 경험은 결국 <아기장수> 이야기의 비극으로 연결된다.

이처럼 전설의 여러 특징은 하나의 이야기 안에 증거물로 뒷받침되는 사실적 근거와 실제로 일어난 것으로 믿기 어려운 허구적 서사가 공존하는 것에서 발생한다. 사실과 허구라는 상반적 속성이 공존하며 만들어진 독특한 긴장감에 전승 집단의 세계관이 더해지면서 전설의 진실성과 비극성이 형성된다. 결국 전설은 현실 경험을 바탕으로 만들어진 역사 인식과 전설의 주인공을 통해 표출된 전승 집단의 이상이 부딪히는 과정을 보여주는 이야기라 할 수 있다.

4. 민담의 흥미성과 보편성

민담이라고 하면 서양에서는 '포크테일folktale' 또는 '페어리테일fairy tale'이라고 하는데, '포크테일'을 글자 그대로 풀이하면 '민중들의 이야기', '민간에 전해지는 이야기'라는 뜻으로, 우리가 알고 있는 설화의 개념에 가깝다. 반면 '페어리테일'은 요정이 등장하거나 주술이 나오는 환상적인 옛날이야기를 가리키는 용어로 민담에서 다루는 이야기 전체를 포괄하기에는 너무 좁은 개념이다. 그래서 민간에 전승되는 이야기라는 뜻으로 민담을 옛날이야기, 고담古談, 야담野談 등으로 부르기도 했으나, 이 역시 신화나 전설까지 포함하는 개념이라 적절치 않다. 그래서 우리나라에서는 민담을 '흥미 위주로 민간에서 전승되는 옛날이야기'로 규정하고 있다. 즉 민담이 신화나 전설과 변별되는 점은 바로 흥미성에 있다.

민담이 흥미 위주로 전승되기 때문에 신화나 전설에 비해 구연자의 능력이 훨씬 중요하다. 신화와 전설은 신성성이나 진실성을 바탕으로 특정한 가치를 전달하는 데에 구연 목적이 있으므로 입담이 뛰어난 화자가 아니더라도 전하고자 하는 바를 청중에게 전달할 수 있다. 그러나 민담은 청중이 재미를 느낄만한 흥미 요소가 있느냐 없느냐가 중요하기 때문에 구연자 개인의 표현능력이 전승을 가능하게 만드는 핵심이라 할 수 있다. 민담은 구연자의 능력에 따라 얼마든지 그 내용을 바꿀 수 있기 때문이다. 그런 점에서 볼 때 신화나 전설이 집단성을 강조하는 이야기라면 민담은 지극히 개인적인 이야기라 할 수 있다.

또 민담은 "옛날 옛적에…" 혹은 "아주 옛적 호랑이 담배 피던 시절" 등으로 이야기가 시작되는데, 이는 민담이 신화나 전설과 같은 구체적인 배경을 요구하지 않는다는 의미이다. 구체적인 시간과 공간의 제약에서 벗어났기에 민담에서는 비현실적이고 초월적인 세계는 물론, 그 어떤 허구적인 이야기라도 다룰 수 있다. 아울러 신화나 전설이 과거 특정 시대에 일어났던 일회적인 사건을 그리는 것에 비해 민담은 과거 어디에서든 몇 번이나 일어났을 법한 전형적인 사건을 다루고 있다. 동시에 이 사건이 사실인지의 여부도 중요하지 않으므로 민담에서는 상상력을 마음껏 동원하여 흥미진진한 이야기를 만드는 것이 가능하다.

그래서 민담의 종류는 그러한 상상이 어떻게 발휘되는가에 따라 환상적 민담, 희극적 민담, 사실적 민담으로 나눌 수 있다. 환상적 민담은 말 그대로 환상이 개입하여 현실과 비현실이 한데 어우러지는 이야기를 의미한다. 선녀나 산신령, 도깨비 같은 초월적 존재가 등장하거나 지하국이나 저승세계와 같은 이계異界를 여행하는 이야기, 구렁이나 여우 등의 동물이 인간으로 변신하거나 반대로 인간이 동물로 바뀌는 이야기도 민담에서는 가능하다. 환상적 민담은 일상적인 경험의 틀에서 벗어나 신비한 환상의 세계를 다루는 것처럼 보이지만, 실제로는 환상을 문학적 장치로 삼아 현실을 이야기 하고 있다. 환상이라는 장치를 통해 소박하고 절실한 민중의 소망을 드러내기도 하고, 지배계층의 횡포와 그것에 저항하고자 했던 현실적 삶의 단면을 우의적으로 표현하고 있는 것이다. 사람들은 환상적 민담 속 이야기가 실제 현실에서 실현될 가능성이 적다는 점을 이미 경험으로 알고 있지만, 실현 불가능할 것 같은 꿈이 이루어지는 결말을 통해 삶에 대한 희망을 다시 가질 수 있다.

다음으로 희극적 민담은 흥미 자체에 초점을 둔 이야기로 인간존재 및 그들의 삶을 희극적으로 변형하여 웃음을 유발한다. 흔히 희극적 민담은 한바탕 웃기 위해 존재하는 이야기라 할 수 있는데, 그러한 의미에서 '소화笑話'라고 불리기도 한다. 살면서 만나게 되는 우스꽝스러운 상황이나 어리석은 사람에 대한 이야기, 꾀로 남을 교묘하게 골려먹는 이야기가 희극적 민담의 다수를 차지하고 있다. 이 중 다양한 <바보 이야기>는 해학과 골계 그 자체를 유발하는 데 비해 <꾀쟁이 이야기>는 현실과의 갈등이 밑바탕에 깔려있다. 꾀쟁이 이야기 속에는 상전과 하인처럼 사회적 위치에 있어 강자와 약자가 등장하는 경우가 대부분이다. 그러나 희극적 민담에서는 어리석은 상전과 지혜로운 하인을 등장시켜 사회적 관계의 역전을 노린다. 이를 통해 지혜 있는 자가 신분적 한계로 그 능력을 발휘하지 못하는 반면, 어리석은 자가 세상을 지배하는 모순된 현실을 풍자하고 있다. 이외에 사람들이 금기시했던 성性을 노출함으로써 웃음을 유발하는 육담肉談도 희극적 민담의 주요 소재인데, 사람들이 지닌 허위와 가식을 벗겨내고 건강하고 진솔한 웃음을 선사한다.

이에 비해 사실적 민담은 현실적 가능성의 범위 안에서 서사를 전개하는 이야기로, 허구적 상상력이 현실에 의해 제어된다. 어디선가 일어났을 법한 일 혹은 일어날 수 있는 일을 다루기 때문에 환상적 민담과 희극적 민담에 속하지 않는 수많은 이야기가 사실적 민담에 속한다고 볼 수 있다. 사실적 민담에서는 운명을 극복하고 행복한 삶을 사는 이야기나 변화하는 시대상을 사실적으로 다룬 것이 많은데 거부巨富가 된 노비(혹은 백정) 이야기가 대표적이다. 현재 남아있는 민담 중에는 특히 조선후기 당대의 경험적 현실을 소재로 취한 민담이 많아 사실적 민담이 이 시기에 크게 유행했으리라고 짐작된다.

한편 민담이 자유로운 상상을 바탕으로 한 허구적인 서사라고 하지만 민담 전승자의 삶을 기반으로 하고 있기에 그 속에는 현실에 대한 관심이 드러날 수밖에 없다. 그러므로 민담에서는 자유로운 상상의 나래에 현실을 교묘히 조화시켜 허구적인 이야기를 자연스럽고 흥미로운 사실로 받아들이게 만든다. 이러한 관점에서 볼 때 민담은 기본적으로 일상성과 보편성을 지향한다. 민담은 실제 일어나지는 않았지만 일어났을 법한 일이나 앞으로 일어날지도 모를 일을 다양한 상상을 통해 보여준다. 그런데 이때 일어났을 법한 일이나 일어날지도 모를 그 일은 부귀나 장수, 행복, 애정성취 등 모든 사람이 추구하는 일상적이고 보편적인 가치를 드러내고 있다.

또한 민담의 주인공 역시 우리 주변에서 흔히 볼 수 있는 평범한 인물이거나 오히려 좀 모자란 사람이 다수를 차지하고 있는데, 대부분 현실적인 결핍을 가진 인물로 묘사된다. 흔히 고아 혹은 편모슬하이거나 매우 가난한 동시에 천한 신분인 것이 보통이다. 그러나 민담의 주인공은 사회적 위치나 계급, 고단하고도 힘든 상황에 굴하지 않고 자신의 꿈을 성취한다. 그래서 민담은 낙관론 혹은 반反운명론적 세계관을 지향한다고 해석한다. 하지만 이러한 성취를 가능하게 한 것은 민담의 주인공이 가진 지혜나 선량한 마음씨, 용맹함과 같은 천성 덕분이다. 그렇기에 민담의 주인공이 고난을 벗어나 행복한 결말에 이르는 것은 권선징악적인 의도를 강하게 내포하고 있다. 여기에서 민담의 교훈성과 도덕성을 엿볼 수 있다. 이렇게 볼 때 민담은 꿈과 현실의 상호작용을 통해 불가능한 일을 실현가능한 것으로 만드는 이야기라고 할 수 있다. 흥미요소로 작용하는 허구적 상상의 세계는 민담 전승자들의 삶과 꿈을 반영한 것이기 때문에 현실적 맥락을 벗어나 별도로 존재하지 않는다.

민담의 구조 역시 흥미와 보편적인 교훈성, 재미와 현실적인 소망을 함께 드러낼 수 있는 방식을 취하고 있다. 민담은 일차적으로 흥미 위주, 재미 본위의 이야기이기 때문에 전승하는 데에 용이한 구조를 갖추고 있다. 그 하나는 순차적 구조로 서사요소 간에 유기적인 짜임을 강조하는 것으로 주인공에게 어떤 결핍된 요소가 있으면 그 요소를 해소하는 방식으로 이야기가 전개된다거나, 특정 금기의 설정과 그 금기를 위반한 결과로 사건이 전개된다. 반면에 대립적 혹은 병립적 구조는 서사적 순서와는 상관없이 이야기 바탕에 깔려 있는 대립적 요소- 예컨대, 생사生死, 선악善惡, 화복禍福, 남녀男女, 귀천貴賤 등 -가 형성하는 상관관계에 주목하여 이야기가 전개된다. 민담은 순차적 구조와 대립적 구조가 복합적으로 드러날 수 있도록 기저에 깔린 대립적 구조가 서사 진행과 맞물려 구조화되어 있다. 이를 통해 흥미를 불러일으키는 동시에 삶의 가치와 의미가 함께 각인되도록 서사를 배치한 것이다.

이런 민담의 구조를 가장 잘 보여주는 이야기로 <구렁덩덩신선비>를 들 수 있다. <구렁덩덩신선비>는 일명 '잃어버린 남편 찾기' 이야기이다.

① 어떤 할머니가 하늘에 자식 낳기를 기원하여 뱀 형상의 아들을 낳는다.

② 아들이 자라서 이웃집 딸과 혼인을 청하나 두 딸은 거절하고 막내만 허락하여 혼인한다.

③ 첫날밤에 아들은 뱀허물을 벗고 잘생긴 남자로 변한다.

④ 뱀신랑은 막내딸에게 뱀허물을 주며 절대로 남에게 보여서는 안 된다고 당부하고 과거를 보러 떠난다.

⑤ 막내딸이 실수로 두 언니에게 뱀허물을 보여주고, 두 언니는 뱀허물을 태워버린다.

⑥ 뱀신랑이 허물 타는 냄새를 맡고는 다시는 돌아오지 않는다.

⑦ 뱀신랑을 찾아 나선 막내딸은 밭 가는 사람, 빨래하는 사람, 까치의 도움으로 뱀 신랑이 사는 지하세계로 들어간다.

⑧ 뱀신랑은 다른 여자[후처]와 혼인해 살고 있었는데 막내딸이 후처와의 내기에서 이기고 뱀신랑과 행복하게 산다.

<구렁덩덩신선비>는 시련을 이겨내고 훌륭한 배필을 만나 행복한 삶을 성취하는 과정을 보여주는 이야기이다. 그런데 이 이야기에는 순차적 구조가 반복적으로 나타난다. 늦게까지 자식이 없던 할머니가 하늘에 치성致誠을 드리고 아이를 낳아 결핍을 해소하고, 뱀허물을 남에게 보여주지 말라는 금기를 위반한 막내딸 역시 뱀신랑에게 버림받았다가 여러 시련을 이겨내고 재결합에 성공함으로써 결핍을 해소하게 된다. 그런데 이 이야기의 바탕에는 몇 가지 대립 요소가 순차적 구조와 맞물려서 서사가 전개되고 있다. 뱀신랑과 막내딸은 남과 여, 성과 속의 대립적 관계를 이루고 있으며 막내딸과 두 언니는 선과 악 혹은 유능과 무능이라는 점에서 대립 관계를 형성하고 있다. 이러한 복합적인 서사구조는 막내딸이 두 언니와

석제 십이지신상十二支神像 중 뱀
무덤 아랫부분을 장식했던 십이지신상 중 뱀을 의인화하여 표현한 작품으로, 뱀의 신성을 잘 보여준다.(국립중앙박물관)

달리 겉모습이 아닌 내면의 본성을 선택한다는 점에서 감춰진 미덕의 가치를 중시하는 세계관을 표출하고 있다. 또 금기를 위반한 막내딸을 두고 떠난 뱀신랑의 모습에는 세속에 대한 신성의 우위를 보여주는 동시에 행복이란 여러 고난을 이겨내고 성취할 수 있다는 인식이 담겨 있다.

이처럼 민담은 자유로운 상상을 바탕으로 한 허구적 서사를 통해, 현실에서는 실현하기 어려운 일을 이야기 속에서 가능하게 함으로써 흥미를 유발한다. 하지만 민담이 단순히 재미만을 추구하는 것은 아니다. 민담 속에는 현실을 살아가는 사람들의 보편적인 꿈과 소망이 투영되어 있다. 또 그러한 꿈과 소망이 현실이 되기를 간절히 바라며 힘든 삶에서도 희망을 잃지 않았던 사람들의 의지가 담겨 있다. 이러한 점에서 민담은 흥미성과 보편성을 함께 추구했던 이야기이자 인간의 삶과 꿈을 다루는 이야기라고 할 수 있다.

5. 끊임없이 재창조되고 있는 이야기

신화·전설·민담을 읽으며 그 속에 투영된 우리 조상들의 사상과 감정, 사회인식, 관습 등을 찾는다면 우리에게 설화는 과거의 이야기일 뿐이다. 그러나 설화 속의 여러 생각은 민족적 정서나 사유체계, 전통문화와 민속 의례 등의 형태로 여전히 우리의 삶에 영향을 미치고 있다. 그 뿐만 아니라 설화 속 다양한 이야기는 영화·드라마·뮤지컬 등의 공연예술은 물론, 게임 속 캐릭터나 지역 축제의 형태로 수용되고 끊임없이 재창조되고 있다. 이를 가장 잘 보여주는 사례가 <여우(구미호) 이야기>이다. 설화 속에 등장하는 여우는 흔히 인간의 형상으로 둔갑하는데 이때 비정상적인 아름다움과 성적 매력을 지닌 존재로 묘사된다. 여우는 인간이 되고자 하는 욕망을

『산해경』의 구미호 삽화

실현하기 위해 자신이 지닌 아름다움과 성적 매력으로 사람을 해쳤는데, 오늘날의 '팜파탈femme fatale'과 흡사하다.

치명적인 아름다움 속에 사악한 내적 욕망을 지닌 여우의 이미지는 다양한 문헌 속에서도 살펴볼 수 있다. 중국의 가장 오래된 지리서로 평가되는 『산해경山海經』에는 여우, 그중에서도 구미호에 대한 상반된 이야기가 기록되어 있다. 『산해경』 중 「남산경南山經」에서는 구미호에 대해 "생김새가 여우 같은데 아홉 개의 꼬리가 있으며 그 소리는 마치 어린애 같고 사람을 잘 잡아먹는다."라고 하였으나, 같은 책의 「대황동경大荒東經」에서는 "세상이 태평하면 출현하여 상서로움을 보인다."라고 하였다.

우리나라의 문헌인 『삼국사기三國史記』나 『삼국유사三國遺事』를 보면 여우가 사람으로 둔갑했다는 이야기가 다수 등장한다. 『삼국사기』 <온달>에는 온달이 평강공주를 보고 사람이 아니라 여우나 귀신일 것이라며 도망쳤다는 이야기가, 『삼국유사』에는 거타지가 중의 모습으로 변해 용왕의 간을 탐하는 늙은 여우를 활로 쏘아 죽였다는 이야기가 전해진다. 이를 보면 오래 묵은 여우가 도술을 부려 사람으로 둔갑하여 나타난다는 인식이 일찍부터 폭넓게 퍼져 있었음을 확인할 수 있다. 반면 『삼국유사』 <원광서학圓光西學>에는 삼기산三岐山의 신이 삼천 살이나 먹은 늙은 여우였다는 기록이 전하고 있다. 또한 『삼국유사』의 <태종춘추공太宗春秋公>조에는 백제의 멸망 과정이 자세히 기술되어 있는데, 그중 하나가 의자왕 때 흰 여우 한 마리가 궁궐로 들어와 백제의 멸망을 예고했다는 이야기다. 여우가 삼천 년을 묵으면 신이 될 수 있다거나 사람보다 앞서 국가의 명운을 알아본다는 이야기는 여우를 신성한 존재로 보았음을 뜻한다. 이처럼 우리나라 문헌에 등장하는 여우의 이미지는 긍정과 부정을 넘나들고 있다.

이러한 양상은 구비설화에서도 쉽게 살펴볼 수 있는데, 대표적인 이야기가 <여우구슬>이다.

> 그 전에 잉. 인자 서당은 등 너매에 있고이. 저 산 너매가아. 인자 나는 여그 살아이. 근디 항상 밥을 묵으면 서당엘 가고 또 밥 밤에 가고 밤에 오고 그래. [갑자기 언성이 높아지면서] 근디 인자 그 서당엘 가는디. 밤에. 하~ 예~쁜 아가씨가 나와서~ 자~꾸 유인을 헌다 그 말이라이. 근디 총 총객이(총각이) 그 그걸 그저 둘 수가 있는가아. 그래서 그 여자 허고

여러 달을 인자 같이 연애를 했어이. 밤으로만 댕김서. 근디 이 총객이 원인이 뭐냐? 자~꾸 몰라(말라). 빼~빼~몰라아. 그런께 즈그 아버지가 물었어이. 근디 총각 그 놈은 소문 안내 이보이거든. 근께 아버지가 조린께,

"아무 일 없다." 그랬단 말이여.

"아니다 니가 머인가 이생이(이상이) 있은께 이렇게 마르지. 그리 마를 수가 있냐?" 근께 어느 밤에 즈그 아들보고 이야그를 했어이. 그런께 인자 즈그 아버지가 그 놈 헌테 이야그를 안 허고 즈그 선생헌테 가서 이야그를 했어이.

"이런 이런헌 일이 있는디 이렇게 헌께 이렇단다."

그런께 그 선생님이,

"그럼 좋은 수가 있소. 그 총각 보고. 오늘 저녁에는 만내서(만나서)"

키스를 헌게제. 요새말로이. "키스를 허므는 분명히 그 혀 끝으리에 무엇이 있을 거이다. 고 놈을 딱 따묻어(따서 먹어) 뿌러라." 그랬다 말이여. 긍께 그 말만 듣고 그 저 같이 만난 거이여 역시. 그저 봄서로 키스를 험서로 이놈을 똑 따 묵어불고 죽 따 묵어 부렀단 말이여. 그래 꿀떡 생켜(삼켜) 부렀어. 근께 호랭이가 캑 허고 죽어부렀어. [조사자: 호랭이가?] 잉. 호랭이가 죽어불어~ [청중: 아가씨가. 호랭이가 아가씨로 변해갖고] 아 하. 호랭이가 변신을 헌거이라. [조사자: 여우가 아니고 호랑이였어요?] [청중: 여우였제? 여우!]

근께 먼 호랭인가 여운가 몰라. 여우 여우라 봐야제이. [웃음] 여우 여우 여우라이. 요새 귀신맹키로 여우. 긍께 깩! 허고 죽어부렀어. 그러고는 개벽이 됐다 그 말이라. 그런께 그구 아! [갑자기 생각난듯이] 그러고.

"그걸 똑 따묵고 응. 니가 하늘 부텀 채리(쳐다) 보고 땅을 보라." 그랬단 말이여 잉. 근디 무의식적으로 하늘을 못 보고 땅만 봤어. 근께 땅 속은 환하니 알아도 그 하늘은 몰라.

장한종, 전라남도 광양시 옥룡면 운평리 상평마을, 2010.02.26. - <여우구슬을 삼킨 총각>

(한국학중앙연구원, 『한국구비문학대계』)

<여우구슬> 속 여우는 아름다운 처녀로 변해 학동과 입맞춤을 하며 여우구슬로 인간의 정기를 빼앗는다. 이에 여우구슬에 정기를 빼앗긴 학동은 나날이 수척해지고, 이를 걱정하는 훈장에게 처녀와의 일에 대해 고백하게 된다. 자초지종을 들은 훈장은

모든 일이 요사스러운 여우의 소행임을 알고 학동에게 다시 입맞춤을 하게 되면 여우구슬을 삼키고 하늘과 땅을 보라고 알려준다. 훈장의 조언대로 학동은 입맞춤을 하는 순간 여우구슬을 삼키지만, 구슬을 빼앗긴 여우가 난리를 치는 바람에 무서워서 하늘은 못 보고 땅만 보고 만다. 그 결과 학동은 하늘의 이치는 깨닫지 못하고 땅의 이치만을 훤하게 꿰뚫어 보는 지관地官이 된다. <여우구슬> 이야기에서 여우는 인간이 되기 위해 사람의 정기를 빼앗는다. 그러므로 인간의 정기를 담고 있는 여우구슬은 여우가 인간이 되게 해주는 매개체라고 할 수 있다. 각편에 따라 여우구슬을 삼킨 사람은 지리에 능한 풍수가, 도술을 부릴 수 있는 도인, 소리를 잘하는 명창, 의학이나 학문에 통달한 사람이 되는데, 그러한 점에서 볼 때 여우구슬은 초월적 능력의 상징물로 설화 속 여우가 강력하고 신이한 능력을 지닌 존재임을 단적으로 보여준다.

<여우구슬> 속 여우는 인간이 도달할 수 없는 초자연적인 힘을 가진 존재이지만 처녀로 둔갑하여 인간을 유혹하고 생명을 위협하는 마성적 존재로 그려진다. 하지만 설화 중에는 여우가 자신이 지닌 능력을 인간 세상을 돕는 데에 사용하는 이야기도 있다. <구미호를 퇴치한 강감찬> 이야기에서 구미호가 인간 남성과 관계를 맺어 강감찬을 낳게 되는데, 구미호의 혈통을 이어받은 강감찬은 사람으로 둔갑한 이물異物을 알아보고 퇴치할 수 있는 능력을 갖게 된다. <배극렴을 도와 조선을 건국한 여우> 이야기 속 백여우 역시 고려가 망할 것임을 알고 점을 쳐서 모아둔 돈을 조선 건국의 자금으로 사용하게 한다. 구미호의 피를 물려받은 강감찬이나 조선 건국을 돕는 여우는 인간세계의 질서를 수호하는 신성한 존재라 할 수 있다.

한편 <구미호를 퇴치한 강감찬> 이야기에는 신성한 존재로서의 구미호 이외에도 인간 여성과 결혼하기 위해 사람을 해치고 둔갑술을 하는 구미호도 등장하는데, <한시漢詩로 구미호를 알아낸 처녀> 이야기에도 비슷한 서사가 보인다. 이 이야기 속 천년 묵은 구미호는 혼례를 치르러 가던 신랑을 죽이고 인간으로 변신하여 신랑 행세를 한다. 구미호가 인간으로 변신한 목적은 인간을 해치고 인간 사회의 질서를 파괴하기 위해서였다. 그러나 신랑이 의심스러웠던 신부는 한시를 지어 나머지 글귀를 완성하라는 시험문제를 내고, 이러한 상황을 모르는 구미호는 이태백의 무덤에 가 그에게 글귀를 완성하게 하였다. 완성된 한시를 본 신부는 신랑에게 일부러 고깃국을 쏟아 사냥개가 신

랑을 물도록 유도하고, 사냥개에게 물린 신랑은 그 자리에서 여우로 변하게 된다.

삼목구三目狗 세 개의 눈으로 삼재三災를 쫓는다고 알려진 개(국립중앙박물관)

이를 통해 볼 때, 구미호를 신성과 마성으로 나누는 중요한 기준은 전적으로 인간세계의 질서를 유지하는 데에 있었으며, 여우 혹은 구미호를 바라보는 관점 역시 철저히 인간중심적이었음을 알 수 있다. 여우나 구미호가 인간이 되기를 소원하며 사람을 죽여 그 간을 먹거나 여우구슬을 이용하여 인간의 정기를 빼앗는다는 설정부터도 그렇다.

하지만 최근에 만들어진 드라마나 영화에서는 여우에 대한 기존의 인식에 새로운 서사를 더해 여우의 이미지를 재창조하고 있다. 꼬리가 아홉 개라는 설정이나 여우구슬을 중요한 서사적 장치로 이용하는 것은 동일하다. 그리고 여전히 인간이 되기를 소원하기도 한다. 그러나 이 경우에도 인간의 생명을 희생시켜야 인간이 될 수 있다는 설정은 남편 혹은 아내와 삼 년을 무사히 보내면 된다는 것으로 변하였고 모성애와 효심, 우정을 지닌 구미호를 등장시켜 인간보다 더 인간적인 캐릭터를 만들어내기도 하였다. 또 여우가 가진 신성성을 그대로 드러내어 백두대간을 지키는 산신山神으로 표현하기도 하였다.

그러나 무엇보다 달라진 부분은 여우의 목표가 더 이상 인간이 되는 데에 있지 않다는 점이다. 현대 문화콘텐츠에서 재창조되고 있는 여우는 그저 자신이 사랑하는 이들과 행복하게 살고자 한다. 이러한 변화는 과거의 인간중심적 사고가 인간과 자연의 공존을 추구하는 것으로, 또 상대적인 가치를 인정하려는 사회적·시대적 지향점의 변화와 그 궤를 같이하고 있다. 전승이란 단순히 옛것을 그대로 유지하거나 전달하는 것을 목적으로 하지 않는다. 지금의 우리 삶을 비출 때 현재적 의미가 있다. 그러한 점에서 볼 때 설화는 화석화된 옛날이야기에 머물러 있지 않고 시대의 변화에 따라 변주되고 새롭게 해석되며 현재에도 계속하여 살아 숨 쉬는 이야기라 할 수 있다.

읽을거리

본문에서 언급한 몇 편의 설화를 읽어보자.

혁거세신화

전한前漢 지절地節(한나라 선제宣帝 원년元年) 임자壬子고본에는 건호建虎(후한 광무제光武帝의 연호) 원년이라 했고 건원建元(한 무제武帝의 연호) 3년이라고도 했다. 하지만 이것은 모두 잘못이다. 3월 초하루에 상부上部의 조상들은 저마다 자제를 거느리고 알천閼川 언덕 위에 모여 의논했다. "우리들은 위로 임금이 없어 백성들을 다스리지 못하기 때문에 백성들은 모두 방자하여 저 하고자 하는 대로 하고 있다. 그러니 어진 덕이 있는 사람을 찾아서 임금을 삼아, 나라를 세우고 도읍을 정하지 않는단 말인가."

이에 그들이 높은 곳에 올라 남쪽을 바라보니 양산楊山 밑 나정蘿井이라는 우물가에 번갯빛처럼 이상한 기운이 땅에 닿도록 비치고 있다. 그리고 흰 말 한 마리가 땅에 꿇어앉아 절하는 형상을 하고 있었으므로 그곳을 찾아가 조사해 보았더니 거기에는 자줏빛 알 한 개혹은 푸른 큰 알이라고도 한다.가 있다. 그러나 말은 사람을 보더니 길게 울고는 하늘로 올라가 버렸다. 알을 깨고서 어린 사내아이를 얻으니 그는 모양이 단정하고 아름다웠다. 모두 놀라고 이상하게 여겨 그 아이를 동천東泉 동천사東泉寺는 사뇌야詞腦野 북쪽에 있다.에 목욕시켰더니 몸에서 광채가 나고 새와 짐승들이 따라서 춤을 췄다. 이내 천지가 진동하고 해와 달이 청명해졌다. 이에 그 아이를 혁거세왕赫居世王이라고 이름하고 이 혁거세는 필경 향언鄕言일 것이다. 혹은 불거내왕弗矩內王이라고도 하니 밝게 세상을 다스린다는 뜻이다. 해설하는 자는 말하기를 "이는 서술성모西述聖母가 낳을 때의 일이다. 그런 까닭에 중국 사람들이 선도성모仙桃聖母를 찬양하는 말에 어진 이를 낳아서 나라를 세웠다는 말이 있으니 바로 이 까닭이다."라고 한다. 또 계룡鷄龍이 상서를 나타내어 알영을 낳았다는 이야기도 어찌 서술성모의 현신現身을 말한 것이 아니겠는가. 위호位號를 거슬감居瑟邯이라고 했다. 혹은 거서간居西干이라고도 하니 그가 처음 입을 열 때에 스스로 말하기를 "알지거서간閼智居西干이 한 번 일어났다."라고 한 그 말로 인해서 일컬은 것이다. 이 뒤부터 모든 왕의 존칭이 거서간으로 되었다.

이에 당시 사람들은 다투어 치하하기를 "이제 천자天子가 이미 내려왔으니 마땅히 덕 있는 왕후王后를 찾아 배필을 삼아야 합니다."라고 했다. 이날 사량리沙梁里에 있는 알영정閼英井아리영정娥利英井이라고도 한다. 가에 계룡이 나타나서 왼쪽 갈비에서 어린 계집애를 낳았다. 혹은 용이 나타났다가 죽었는데 그 배를 가르고 계집애를 얻었다고도 한다. 얼굴과 모습이 매우 고왔으나 입술이 마치 닭의 부리와 같았다. 이에 월성月城 북쪽에 있는 냇물에 목욕을 시켰더니 그 부리가 떨어졌다. 이 일 때문에 그 내를 발천撥川이라고 한다.

남산 서쪽 기슭 지금의 창림사昌林寺에 궁실을 세우고 이들 두 성스러운 아이를 모셔다가 길렀다. 남자아이는 알에서 태어났고 그 알의 모양이 박과 같았는데 고장 사람들은 박을 '박朴'이라고도 하기 때문에 성을 박씨라고 하였다. 또 여자아이는 그가 나온 우물 이름으로 이름을 삼았다. 두 성인聖人은 13세가 되자 오봉五鳳(한나라 선제의 연호) 원년 갑자甲子(기원전 57)에 남자는 왕이 되어 이내 그 여자를 왕후로 삼았다.

나라 이름을 서라벌徐羅伐 또는 서벌徐伐 지금 풍속에 수도를 서벌이라고 부르는 것은 이 때문이다.이라 하고 혹은 사라斯羅, 사로斯盧라고도 했다. 처음에 왕이 계정鷄井에서 탄생했기 때문에 혹 나라 이름을 계림국鷄林國이라고도 했다. 이것은 계룡이 상서로움을 나타냈기 때문이다. 일설에는 탈해왕脫解王 때 김알지金閼智를 얻는데 닭이 숲속에서 울었다 해서 국호를 계림이라고 했다고도 한다. 후세에 와서 드디어 신라新羅라는 국호로 정했던 것이다.

나라를 다스린 지 61년 되던 어느 날 왕은 하늘로 올라갔는데 7일 뒤에 그 죽은 몸뚱이가 땅에 흩어져 떨어졌다. 그러더니 왕후도 역시 왕을 따라 세상을 떠났다고 한다. 나라 사람들은 이들을 합해서 장사지내려 했으나 큰 뱀이 나타나더니 쫓아다니면서 이를 방해하므로 오체五體(머리, 두 손, 두 발)를 각각 장사지내 오릉五陵을 만들고 또한 능의 이름을 사릉蛇陵이라고 했다. 담엄사曇嚴寺 북릉北陵이 바로 이것이다. 태자 남해왕南解王이 왕위를 계승하였다.

-『삼국유사』, 「기이」 제1, <신라시조 혁거세왕赫居世王>

고시래의 유래

전라도 짐 망경萬頃 저어짝이 가먼 말여. 저어짝 께루 가먼 그 동네 이름이 '망촌'이라구 허데. 그 앞이 워 워치게 생깅구허니 그 들이 요롷게 도도록-허니 쪼곰 요롷게 생겼는디, 십자十字거릴러먼그려, 거가. 여기 광장히 멀어. 거기가 이 새가. 저어짝 동네허구 이짝허구 대먼 내려다보먼 까아만혀(까마득해). [청중: 워디가 그려?] 망경들. [청중: 응] 저어짝 편짝인디, 그 망촌이라구 허는 동네 앞인디. 거기가 번번헌 이렇게 생긴 디 빙 돌려 논잉개(논이니까)거기 가 모이(묘) 하나가 있어. 그런디 쉴바탱[길손이 쉬어가기 좋은 목] 일러먼 그래 아주, 잔디바탕. 논 가운데가 모이가 있는디.

그런디. 그 모이가 워트게 생긴구허니(생기게 됐는고 하니) 그 망촌서 사는 부인이 승이 고高간디. 지내기가 하두 어려워서 늘 읃어다 먹구 살구 이러다가서 게서 죽었댜아. 그저 그 자리서. 그러니 그때 게 게가 마맞갈이질쳤다느먼그려. [주검을 아무렇게나 그저 흙으로 대강 묻었다는 말] 거깃 사람들 얘기 들으닝개. 그런디, 그 망촌 동네 사람덜이 일나가서 거기서 쉬서 즘신두 먹구 일허는디 인제, 쉬구 이러는 딘디. 밥을 먹으머 밥 내오먼 밥을 먹으먼서,

"우리만 먹나? 고씨 좀 한 숙갈 주야지."

한 숙갈 떠서 이렇게,

"[팔을 내두르며] 고시내애."

하구서 이렇게 주먼 말여, 그 사람은 특별루 농사를 잘 짓더라네? 예전이. 그래서 고것이 연방 [청중: 전설이 돼 각구.] 전설이 되능 것이, 이 사람이 올 히(해) 해서 농사를 잘 짓는디 특별루 잘 져. 그 사람은. (청중: 아.] 응. 또 이 사람두 허거던. [청중: 농사 잘 질라구 허능구먼.] 응. 진망경들이 다아 퍼지구 보닝개 인저 다른 디까지 인저, 밥먹을라먼,

"고시네에."

허거던. [청중: 여기두 허잖애요?] 응. 조선 천하가 그래서 지사지내는 대루…[지내는 대로 부자가 돼서 점점 퍼졌다는 말] 고씨네 지사, 모잇 자리가 여간 좋아? [청중: 웃음] 그렇댜.

- 한국정신문화연구원, 『한국구비문학대계』 4-5, 충청남도 부여군편, 2002,

조은문화사, 440~441쪽

구렁덩덩 신선비

옛날에 인제 한 사람이 딸을 삼 형제를 뒀는데, 그 딸이 모두 참 부모네들이 인제 대갓집에서 금옥 같이 길르구 있는데. 하루는 인제 그 이우제 있는 사람이 와서는 딸을 시집을, 인제 이웃 사람이 아덜을 낳는데 구래이(구렁이)를 나 놨어. 그래서 그냥 만날 연막을 그래도 그냥 만날 그렇게 구래이를 자식이라 키웠는데.

하루는 구래이가 그, 저 건너 그 부자집 인제 그 집 딸을 하나 각시 삼게 결연해 달래. 그래니 구래이를 자기 아들 가난한 집의 아들이 구래인데, 그 부자집의 딸을 사뭇 달랠(달라고 할) 수가 있어? 그래서, "아이, 나는 그렇게는 못한다."고 그래이까, 아, 또 아들이 부쩍 우기고 가래네. 그래서 갔잖아 그래가니까는 그 구래이가, 참 그 집에 가서 인제 그런 얘기를 빈 방에를 가서 덜겅덜겅 빈방을 있으니까 나와서, "아, 왜 빈 방을 그러냐."니깐, "대감님네 집에 무슨 얘기할 일이 있어 왔다."니깐. "무슨 얘기 할 게 있느냐."니깐, "우리 글쎄 그 구래이가 글쎄 자꾸 댁의 따님 하고 약혼을 해 달라구 그래니 어떻허냐?" 니깐, 아이, 그 집에서 그냥 막 야단을 치고 아, 이 늙은이를 아주 뚜드려 팼잖아. 그래서 집에 와서 끙끙 앓는데. 그 무슨 조화루 그 인제 참, 한 동네 모두 저기 해가지구선 인제 그 구래이하구 그래, 그 인제 결혼을 하게 얘기를 안 하며는, 그 장자집에가 남자 그 사람이 인제 붙들려 가서 색씨 아버지가 벌을 받게 됐는데. 그래니까는 인제 딸을 불러가지고 그랬어. 큰 딸을 불러가지구, "너 저 건너 구래이 한테루 시집을 가겠느냐?" 그래이까, "아, 딸을 낳아서 줘이면 줘이지, 그래 자식을 구래이 한테루 보낸데느냐."구 아주 펄쩍 뛰잖아. 그래 둘째 딸을 또 물어가지고 그러니까 둘째 딸도 그러거든. 그래니까 막내 딸이 있다, 막내 딸을 불러가지고, 막내 딸이, "아버지가 해를 보신다는데 우리가 자식이 되고 죽으라면 죽지 어떻게 거역을 해겠느냐?" 구 지가 가겠다구 그랬어.

그러니까는 그 막내 딸은 인제 그 구래이한테 다 시집을 주는데, 아이, 첫날 밤에 인제 낼 가치는 인제 잔치 신행이 올텐데, 색씨 집으로. 아, 그 구래이가 저녁에, 그날 저녁에 가서는 어디 가서 홀딱 구래이 탈을 벗구는 이젠 신행바리를 해서 가지구는 장개를 인제 들러

간다. 성들(언니들)이 보니까 아주 부러워 죽겠거던. 샘이 나서 절로 시집을 안 갔나 생각이 나서, 아주 그냥 뭐 약이 올라서 그래고 그랬는데, 그렇지 않아도 신랑이 잘 나고 아주 뭐 선녀 선녀 같거던, 신선 같았거던 그냥. 그래서 인제 저녁에 결혼을 해 첫날 밤에 그 재기(자기) 탈 벗은 허물을 색씨 옷고름 끝에다 채워 주민서, "이거를 석 달 열흘만 차구 있으라."고 그랬어. 그래고 인제 그 남자는 또 어디루 가는 거야. 구래이는 인제 사람의 탈을 벗고, 탈(구렁이 허물)을 쓰고는. 그래서 인제 그 구래이는 어디루 인제 무슨 도를 마저 닦으러 가느라 없는데, 성들이 그 구래이탈을 쓴 그 구래이껍데기를 동생의 옷고름 끝에서 훔쳐다 불에다 집어 쳐 넣어. 그거를 옷고름 끝에 찬, 샘이 나가지고 그걸 갖다가 버렸어.

영원히 그만 그 신랑하구 색씨하구 서로 떨어져서 못 만나게 됐잖아. 그래서 색씨가 거냥 한탄을 하고, 만날 그 신랑, 오지를 않는 신랑이 오지를 않아 한탄을 하구 울구 만날 이러고 앉았어. 신세타령을 하고 앉았는데, 그 구래이 인제 남편이 인제 꿈에 이렇게 나타나서, "당신, 내의 당신한테 준 그 표적을 갖다가 불에다 넣어서, 난 그 냄새가 나가지구 이 세상에 와 살 수가 없다."구. 그 자기 껍데기를 타는 냄새에 세상을 살 수가 없다 그러고, 고만 신랑이, "이젠 당신과 나와는 이별이라."고 그러고, 그냥 헤어져 가버렸대. 그 인제.

- 한국정신문화연구원, 『한국구비문학대계』 2-6, 강원도 횡성군 편(1), 2002, 조은문화사, 618~620쪽

생각해보기

과거 한반도는 호랑이의 주요 서식지였다. 그래서 우리나라에는 다양한 호랑이 설화가 전승되고 있는데, 그중에는 호환虎患과 관련된 이야기도 상당하다. 호환은 사람이나 짐승이 호랑이에게 화를 당하는 것으로, 호랑이가 민가 혹은 그 인접 지역에 출몰했다는 『조선왕조실록朝鮮王朝實錄』의 반복적인 기사나 호랑이를 잡는 부대인 착호갑사捉虎甲士와 착호군捉虎軍을 조직했다는 사실은 호환이 당대의 심각한 사회문제였음을 짐작할 수 있게 한다. 지금은 상상하기 힘들지만 19세기 후반 우리나라를 여행하고 쓴 이사벨라 버드 비숍의 『한국과 그 이웃나라』(1898)를 보면 "조선 사람은 반년 동안 호랑이를 사냥하고 나머지 반년 동안은 호랑이가 조선 사람을 사냥한다."라고 서술되어 있을 정도로 호환은 우리 조상들의 삶과 직결되는 문제였다.

아래의 설화 <호식 당한 집안과 사돈 안 맺는 이유>와 대중가요 <창귀>는 호환과 관련 있을 뿐만 아니라 내용상으로도 긴밀하게 연결되어 있다. 설화의 어떤 요소가 노랫말에 반영되어 있는지를 분석해 보고, 이를 통해 '설화의 현재성', '문화콘텐츠로서 설화의 가치'에 대해 생각해보자.

호식虎食 당한 집안과 사돈 안 맺는 이유

이거 있어. 물에 빠져 죽은 집안하고. 잉. 잉. 적어. 또 목매달은 집안하고. 호식해 간 집안. 그거는 절대 갤혼(결혼)을 안 해. [조사자: 긍께 왜 그래요?] 인자 내가 그 이 얘기를 또 그람. 그라고 막 거그에 대해서 내가 얘기를 해서 줄게.

어째서 그라냐 그라믄 옛날에 호식했다 한다고 사람이. 그라믄 호랭이가. 이것 재밌어 들어봐. 호랭이가 딱 갖고 가서 기양 잡아묵는 것이 아니여. 놀아. 갖고. 딱 딱 시놓고 호랭이가 춤을 추고 이렇고 막 하믄 "하하하하하." 하니 웃어. 사람이. 웃다가. 또 "어흥!" 하니 그라믄 또 "악!" 기양 놀리고. 또 이렇고 막 춤을 치믄. 그라믄 뭐 왜 이랑은(이러냐면) 그

혼을 호랭이가 뺏어와. 넋을. 지가 가질라고 인자. 하도 이렇고 인자 갖다 놓고 막 춤추고 막 이렇고 막 이라믄 또 웃어. 웃다 있다가 가서 “아흥!” 하믄 또 기양 “악!” 하고. 이래갖고 혼을 완전히 빼서 인제 갖어.

갖어 갖고 인자 그 담에는 잡어 묵을때 그 집 식구 갈쳐주라 그것이여. 어디 가서 어디 있으믄은 응, 느그 식구가 누구누구냐 하고 갈쳐주라 해서 꼭 그 집 식구만 가서 자, 잡어 묵어. 그래서 그란 것이여.

- 백흥운, 전남 영암군 학산면 독천리, 2012. 03. 16.

(한국학중앙연구원, 『한국구비문학대계』)

창귀

게 누구인가 가까이 와보시게

옳지 조금만 더 그래 얼씨구 좋다

겁 없이 밤길을 거니는 나그네여

내 말 좀 들어보오

나뭇잎 동동 띄운 물 한 잔 마시며

잠시 쉬어 가오

나무아미타불 신령님이 보우하사

나무아미타불 신령님이

나는 올해로 스물하나가 된 청년인데

범을 잡는다 거드럭대다가

목숨을 잃었소만

이대로는 달상하여 황천을 건널 수 없어

옳다구나 당신이 나를 도와주시게

얼씨구 좋다 어절씨구 좋다 그대
나와 함께 어깨춤을 덩실 더덩실
정신을 잃고 쓰러질 때까지 이 밤
산신의 이빨 아래
나무아미타불 나무아미타불
무꾸리를 해보자
네 목숨이 곤히 붙어있을지
무꾸리를 해보자
미천한 명줄이 언제고 이어질지
나무아미타불 나무아미타불
나무 사이에는 웅신님이
연못 바닥에는 수살귀에
아수라발발타
벽공너머에는 불사조가
나그네 뒤에는 도깨비가
아수라발발타
교교하다 휘영청 만월이로세 얼쑤
수군대는 영산에 호랑이님
행차하옵신다
얼씨구 좋다 어절씨구 좋다 그래
어디 한 번 어깨춤을 덩실 더덩실
하찮은 네 놈 재주를 보자꾸나
이곳이 너의 무덤이로다
얼씨구 좋다 어절씨구 좋다 우리
모두 함께 어깨춤을 덩실 더덩실

얼씨구씨구 들어간다

절씨구씨구 들어간다

작년에 왔던 각설이가

혼령이 되어 또 왔네

눈을 뜨면 사라질 곡두여 이 밤

산군의 길 위에서

너를 데려가겠노라

- 안예은

[참고문헌]

『삼국유사』

한국정신문화연구원, 『한국구비문학대계』, 조은문화사, 1980.

강등학·강진옥 외, 『한국 구비문학의 이해』, 월인, 2000.

국어국문학회 편, 『설화 연구』, 태학사, 1998.

김승찬·이헌홍 외, 『한국의 민속문학과 전통문화』, 삼영사, 2001.

김열규, 『우리 민속문학의 이해』, 한국학술정보(주), 2003.

아놀드 반 겐넵 저, 전경수 역, 『통과의례』, 을유문화사, 1985.

소재영·장경남 외, 『한국의 민속문학과 예술』, 집문당, 2002.

안병학, 『설화문학론』, 학고방, 2012.

조동일, 『인물전설의 의미와 기능』, 영남대학교 민족문화연구소, 1980.

홍태한, 『인물전설의 현실인식』, 민속원, 2000.

한국민속학회 엮음, 『설화』 1, 민속원, 2008.

국립민속박물관(https://www.nfm.go.kr)

국립중앙박물관(https://www.museum.go.kr)

국가유산청 국가문화유산포털(https://www.heritage.go.kr)

제주특별자치도(https://www.jeju.go.kr)

한국학중앙연구원, 한국구비문학대계(https://gubi.aks.ac.kr)

2장.

민중의 기쁨과 슬픔을 담아낸 노래, 민요

1. 민중의 노래

민요란 '민중의 노래'라는 뜻이다. 노래는 인간이 살아가는 데 있어 개인의 위안은 물론이요, 공동체적 공감을 불러일으키고 그들을 하나로 집결시키는 중요한 요소가 된다. 민요세대가 건재하던 시절, 민요의 채록 현장에서 가장 많이 들을 수 있었던 말은 바로 "노래는 참말이고, 이야기는 거짓말이다."라는 말이었다. 그만큼 민요 속에는 그들 삶의 실상과 애환, 그리고 사유의 진실이 담겨있다는 의미이다. 이러한 민요는 민중들의 입과 입을 통해 구비전승해 온 구비문학口碑文學이다. 구비문학에는 설화·민속극·무가·판소리 등도 있지만, 민요가 이들과 구별되는 점은 '전문성이 없는 일반 민중의 노래'라는 점이다. 전문성이 없는 민중의 예술에는 설화와 민속극도 포함되지만, 설화는 이야기이고 민속극은 연극이라는 점에서 노래인 민요와는 구별된다.

그런데 우리의 노래 중에는 민중의 것이 아님에도 불구하고 '민요'라는 말이 들어가 있는 장르가 있다. 그것이 바로 '통속민요'와 '신민요'인데, 민중의 민요들과는 그 성격이 아주 다름에도 불구하고 명칭에 '민요'라는 말이 들어있는 것은 이것들이 민요풍의 노래들이기 때문이다. '통속민요'란 잡가를 불러온 전문음악인들에 의해 만들어진 민요풍의 노래이며, '신민요'란 일제강점기 때 음반에 담아 판매할 목적으로 민중들의 민요를 바탕에 두고 특정인의 작사·작곡이 가해진 민요풍의 노래이다.

이러한 유사민요類似民謠가 활기를 띠자 순수한 민중의 노래와 변별할 필요가 생기게 되는데, 이때 학자들 간에 설정한 용어가 바로 '향토민요'이다. '향토민요'란 전통사회에서 민중들이 삶을 영위하는 가운데 자연스럽게 익혀서 부르던 노래로, 민중들의 생활을 기반으로 자생하고 존속해 온 비전문적인 노래이다. 따라서 민요가 비전문적인 민중의 노래라는 관점에서 보면 통속민요와 신민요는 민요의 범주에 넣기 어렵다. 그런데도 통속민요는 신민요와 달리 여러 국면에 걸쳐 향토민요와 긴밀하게 얽혀 있다 보니 국악계에서는 통속민요를 민요로 인식하는 관습이 굳어져 있다. 그러나 여기에서는 민중의 노래인 '향토민요'만을 다루기로 한다.

민요의 기본적인 특성을 들자면 첫째, 민요는 민중들이 생활하는 가운데 그들의 필요에 의해 자연스럽게 생성된 공동작으로, 전승 과정에서 끊임없는 재창작이 이루어진 적층문학이다. 둘째, 민요는 생활 속에서 자연스럽게 익히게 되는 비전문성의 노래이다. 셋째, 민요는 민중의 생활과 밀접하게 연관을 맺는 만큼 생활상의 일정한 기능을 가진 노래이다. 넷째, 민요는 민중의 생활상을 잘 반영하고 있으며, 민중들의 생활감정과 사고가 진솔하게 표현된 노래이다.

민요를 부르는 가창자들은 기존에 전승하고 있는 사설(노랫말)을 그대로 수용하여 부르는 보편성을 따르는 경향이 강하다. 그러나 개중에는 "우리는 그렇게 안 불렀다."라고 하면서 자신만의 변별성을 드러내고자 하는 욕구를 표출하기도 한다. 그래서 민요에는 동일한 내용을 담고 있으면서도 사설에 약간씩 변화를 보이는 노래들이 존재한다. 이 노래 각각을 각편各篇(version)이라고 하는데, 이 각편들은 가창자들의 기억 편차에 의한 경우도 있지만, 개인의 자기표현 욕구에 의해 의도된 것들도 있다. 여기서는 우리 민요가 걸어온 역사를 되짚어보고, 오늘날 우리 민요의 모습과 민요가 지니는 사회문화적 의미에 대해 살펴보기로 한다.

2. 문헌을 통해 본 우리 민요의 옛 모습

민요는 인간 언어의 역사와 기원을 같이 하면서 인간의 삶 속에서 끊임없이 이어져 왔다. 그렇다면 민요의 초기 형태는 어떠했을까? 민요학자들의 추측에 따르면, 민요의 가장 초기 형태는 아마도 인간이 노동을 하면서 호흡에 맞춘 구령에 불과했을 것이라고 한다. 그와 유사한 모습을 오늘날의 민요자료집에서도 찾아볼 수 있다.

(메기는 소리)		(받는 소리)	
	어허 허어이		헤여 어허
	헤여 어허		헤여 허야
	허야 허야		헤여어 허야
	어야차 허야		헤여어 허야
	어야차 허야		헤여어 허야

…(하략)…

한국구연민요연구회, 『임석재채록 한국구연민요』(자료편), 집문당, 1997, 197쪽
[창자 미상, 경남 남해군 남해도, 1968년 8월 채록]

위의 민요는 '남해 목도소리'라는 노동요이다. 통나무를 밧줄로 걸어 메고 가면서 소리를 한 것인데, 한참 동안을 이어가는 긴 소리임에도 불구하고 별 내용 없이 그냥 "헤여 어허 / 헤여 허야 // 허야 허야 / 헤여어 허야" 등을 반복하며 노동에 호흡과 발을 맞춘 것에 불과하다. 이때 민요의 사설은 행동 통일을 위한 신호가 되는 셈이다.

우리의 민요 중에는 이처럼 신호적·지시적 성격을 지닌 민요가 많다. 그러다 보니 오늘날은 노동이나 의식儀式을 행하는 현장에서 부르던 민요들의 제목을 붙일 때 '노래'라고 하지 않고 '소리'로 표현하는 경우가 대부분이다. 예를 들면 <모심는 소리>, <그물당기는 소리>, <상여소리> 등이 그것인데, '노래'든 '소리'든 그것은 시대와 개별 연구자의 표기 방식 차이에 지나지 않으므로 동일한 의미로 받아들여도 무방하다.

이제 우리 민요의 옛 모습들에 대해 살펴보기로 한다. 우리의 옛 문헌들에는 시대마다 민요로 유추되는 노래들, 그리고 민요에서 왔다고 하는 노래들이 등장하고 있어 우리 민요의 옛 모습들을 엿볼 수 있다. 문헌에 나타나는 이른 시기 우리 민요의 형태를 이야기할 때면 보통 부여의 영고迎鼓, 예의 무천舞天, 마한의 농공시필기農功始畢期 행사 등에서 그것을 찾는다. 이들 부족국가들에서는 하늘에 제사를 지내면서 춤을 추고

노래를 불렀다고 하는데, 자료가 전하지는 않지만 이 노래들이 아마도 민요의 형태였을 것으로 추측하는 것이다.

삼국시대로 오게 되면, 고구려에서는 동맹東盟이라고 하는 제천행사에서 밤이 새도록 남녀가 함께 노래하고 춤을 추었다는 기록이 전하는 것으로 보아, 그때 불렀던 노래들 역시 민요였을 것으로 추측된다. 특히 신라에서는 구비문학이 문자로 정착되면서 기록문학으로 자리 잡게 되는데, 구비전승 되던 민요도 문자로 정착되는 계기를 마련하게 된다. 이른바 단형의 4구체 향가로 통칭하는 노래들이 그것이다. 그 예로 <풍요風謠>를 들 수 있는데, 선덕여왕 때의 승려 양지良志가 호국 사찰인 영묘사靈廟寺에서 장륙상丈六像을 만들 때 성城 중의 남녀가 그 일을 돕기 위해 다투어 진흙을 나르며 불렀던 민요 형식의 노래이다. 노래 뒤에 "지금도 그곳 사람들이 방아를 찧거나 다른 일을 할 때 모두 이 노래를 부르는데, 대개 이로부터 시작되었다."라는 설명이 더해진 것으로 보아, 일연이 『삼국유사』를 쓰던 고려 후기까지도 전승되던 불교적 성향을 띤 민요임을 알 수 있다.

이외에도 신라 말기의 진성여왕(?~897)이 각간角干 위홍魏弘과 승려인 대구화상大矩和尙을 시켜 편찬한 『삼대목三代目』이라는 책에도 신라의 민요가 집대성되어 있었을 것으로 추측되나, 소실되어 그 양상은 알 길이 없다.

고려시대의 민요는 고려속요를 통해 그 모습을 살펴볼 수 있다. 고려속요는 작가나 제작연대를 알 수 없는 것들이 대부분인데, <서경별곡>·<청산별곡>·<가시리>·<정석가>·<만전춘> 등이 바로 그러한 노래들이다. 작가와 연대를 알 수 없는 이 노래들은 원래 민간에 구전되던 민요였던 것으로 추측되는데, 뒷날 궁중의 노래인 속악가사俗樂歌詞로 수용되어 개편되는 과정을 겪게 된다. 이러한 고려속요가 민간에 구전되던 민요였을 것으로 추측하는 데에는 여러 가지 이유가 있는데, 지방색을 띤 노래가 많다는 점, 동일한 내용의 가사나 유사한 내용의 가사가 많다는 점, 내용에 남녀의 연애를 노래한 내용이 많다는 점, 민요 특유의 표현이나 율격 등을 갖추고 있다는 점, 후렴구의 사용에 개편의 흔적이 보인다는 점 등이 그것이다.

이외에도 고려후기 이제현과 민사평이 엮은 『소악부小樂府』에는 당시 유행하던 민요들이 한시의 형태로 한역漢譯되어 있어 그 시기 민요의 모습들을 짐작케 해준다. 한편 고려시대에는 서사민요도 존재했을 것으로 보여 주목된다. 『고려사』 악지 속악조에는 <월정화月精花>라는 노래가 소개되어 있는데, 가사는 전하지 않고 노래의 유래만 전한다. <월정화>는 사록司錄 벼슬을 지내던 위제만魏齊萬이라는 사람이 진주기생 월정화에게 빠져 지내자 부인이 이를 근심하다가 죽으니, 진주읍 사람들이 슬퍼하며 위제만을 풍자하여 부른 노래라고 한다. 그런데 오늘날 민간에 널리 전승하고 있는 서사민요 중 <진주낭군노래>, 일명 <진주난봉가>[**읽을거리 참조**]로 알려진 노래가 있는데, 이 노래가 진주를 배경으로 하면서도 사설에 <월정화>의 유래와 유사한 내용을 담고 있어 고려시대에 서사민요가 존재했을 가능성을 확인시켜 주고 있다.

조선시대로 오게 되면, 조선은 건국 초부터 중농정책重農政策을 펴나가면서, 조정에서도 농요農謠에 관심을 기울일 정도로 민요의 입지는 굳건해진다. 세종 때에는 민요 사설을 채록하는 제도를 만들었고, 세조는 몸소 들에 나가 농요를 듣고 노래한 사람을 격려하며 상을 주기도 했다. 중종 때에는 민요 사설을 채록하여 살핌으로써 풍속의 변화와 정치의 득실을 꾀할 수 있음에 대한 논의가 있었으며, 영조 때에는 민요를 채록해서 보고하라는 지시까지 내려졌다. 이처럼 조정에서 민요에 관심을 가졌던 이유는 문화적인 측면이 아니라 민요의 정치적 기능에 주목했기 때문이라고 볼 수 있다. 즉 민요의 수집을 통해 정치의 잘잘못을 알 수 있고, 또한 풍속의 아름다움과 추함을 파악하여 통치의 수단으로 활용하고자 함이었던 것이다.

조선후기로 접어들면 그동안 법으로 금지했던 이앙법移秧法이 전면적으로 시행되면서, <모심는 소리>·<논매는 소리> 등의 논농사요가 전국적인 분포를 보이게 된다. 문헌에 전하는 한시漢詩 속에서 우리는 당시 민요가 가창되던 현장과 세간에 전승되던 민요의 모습을 볼 수 있다. 그 대표적인 예로 윤동야尹東野(1757~1827)의 『현와집弦窩集』에 실려 있는 <앙가구절秧歌九絶>과 <용가구절舂歌九絶>을 들 수 있다. <앙가구절>은 모심기의 현장을 담아낸 한시로, 모심기의 현장에서 여인들이 노래하는 모습도 그려내고 있어 이때 민요가 불렸다는 것을 알 수 있게 해준다. <용가구절>은 경상도 거창 지역의 민요인 <방아찧는 소리>를 5언 절구의 형태로 한역한 것으로, 방아 찧는 일과 연관된 여인들의 생활상과 한탄이 담겨있다. 이렇듯 민요는 그 속에 당대 민중의 생활상과 정서를 잘 담아내고 있다.

3. 오늘날 우리 민요의 모습과 종류

우리 민요는 한민족의 삶과 언어생활 속에서 자연발생적으로 생성되어 구비전승되어온 민중의 노래이자 우리 민족의 노래이다. 여기에는 우리 선조들의 삶이 언어를 통해 고스란히 녹아 있을 뿐 아니라 생활 리듬에 맞는 음률 구조도 갖추어져 있다. 따라서 민요는 문학이자 음악으로서 우리 민중예술의 정수精髓라고 할 수 있다.

민요는 음악과 문학이 어우러진 장르로 다양한 분류가 가능하다. 민요 연구의 초창기에는 민요의 사설(노랫말)에 대해 살핌으로써 우리 민족의 사상과 의식 세계를 읽어내고자 했다. 그러나 이러한 연구는 민요가 지닌 기능이나 지역성 등에 대한 특징을 배제하고 있다. 민요는 어떤 상황에서 불리느냐에 따라 가락과 가창방식이 달라진다. 그리고 동일한 상황에서 불린 노래들은 사설이 전국적으로 대동소이하기 때문에 지역에 따른 권역의 구분은 내용상으로 잘 드러나지 않는다. 그래서 민요의 권역은 음률이나 가창방식에 의해 나뉘는 것이 일반적이다.

민요는 음악적인 선율 면에서 지역에 따라 다른 특색을 보인다. 이를 음악 용어로 '토리'라고 하는데, 이 토리의 차이에 따라 민요권은 대체로 경서토리권(평안도, 황해도 전 지역, 강원도 서북부, 경기도 북부 지역), 메나리토리권(함경도, 경상도 전 지역, 강원도 서북부를 제외한 전 지역), 육자배기토리권(전라도, 경기도 남부, 충청도 서부, 경상도 서남부), 제주도토리권(제주도 전 지역)으로 나뉜다. 그리고 이러한 선율의 차이를 지역적 명칭으로 부르는 것이 '경기민요·남도민요·서도민요·동부민요' 등이다.

민요의 가창방식에는 크게 '선후창·교환창·독창·제창' 등이 있다. '선후창'이란 앞소리꾼이 먼저 앞소리를 메기면, 나머지 사람들이 후렴처럼 뒷소리를 받는 방식을 말한다. 앞소리꾼은 각 민요의 유형에 맞춰 뒷소리로 받을 후렴을 첫 소절로 불러줌으로써 뒷소리의 형태를 알려준다. 그러면 뒷소리꾼들은 그 첫 소절을 그대로 따라 뒷소리를 받는다. 이후 앞소리꾼은 의미 있는 사설로 앞소리를 메겨 나가고, 뒷소리꾼들은 제시된 뒷소리를 지속적으로 받는다. 이때 앞소리꾼은 가창력도 좋아야 하지만 전승하는 사설도 많이 알고 있어야 하며, 즉흥적인 사설 구성에도 능해야 한다. 이 선후창의 노래는 앞소리꾼의 재량에 따라 사설의 길이와 내용이 달라질 수 있는데, 우리가 흔히 알고 있는 '강강수월래'나 '쾌지나칭칭나네'가 대표적인 선후창 방식이다. 선후창은 민요의 가장 오래된 형태로 여겨지며, 처음에는 호흡에 맞춘 의미 없는 후렴만 반복해서 부르던 것이 차츰 의미가 삽입된 것으로 추측된다.

'교환창'이란 가창자들이 두 패로 나뉘어 완결된 하나의 노래를 주고받는 방식을 말한다. 채록의 현장에서는 한 사람이 계속 이어서 부르거나, 여자들끼리 패를 나누어 부르기도 하지만, 남녀가 함께 모를 심는 모심기의 현장에서는 남자와 여자로 패를 나누는 것이 일반적이다. 이때 양쪽 모두는 의미 있는 사설을 주고받는데, 이 노래들은 대체로 어떤 현상에 대해 간략하게 표현하거나, 또는 문답 형태로 이루어진다. 교환창의 노래들은 대체로 짧으며, 사설을 양측이 균등하게 배분해야 하는 까닭에 후렴이 없는 경우가 대부분이다. 일정한 내용과 순서에 따라 전래하는 사설을 부르기 때문에 노래에 익숙지 않은 사람은 참여하기 어렵고, 즉흥 창작 또한 힘들다.

'독창'은 노래 전부를 처음부터 끝까지 한 사람이 부르는 것이고, '제창'은 누군가가 어떤 노래를 선택하여 첫머리를 시작하면 곧이어 나머지 사람들이 함께 참여하여 모두가 어울려서 부르는 방식을 말한다.

오늘날 민요의 분류는 기능에 따르는 것이 일반적이다. 왜냐하면 민요는 일이나 놀이의 형태에 따라 거기에 부합하는 노랫말과 가락이 형성되기 때문에 기능에 따른 분류가 민요의 성격을 이해하기에 가장 효과적이라고 보기 때문이다. 여기서는 생활 현장에서 민요가 지니는 기능에 따라 일을 하면서 부르는 노동요, 의식을 치르는 과정에서 부르는 의식요, 놀이를 하면서 부르는 유희요로 나누어 살펴보기로 한다.

1) 노동요

노동요勞動謠는 민요 중에서도 주종을 이루는 기능요로, 민중들이 일을 하면서 부르는 민요이다. 민중들은 노동을 할 때 일정한 리듬에 맞추어 흥을 돋우기 위해, 또는 행동을 통일하여 효율적으로 일을 진행하기 위해 노래를 불렀다. <모심는 소리>를 채록하면서 "허리를 굽혀 모심기도 힘든데, 노래까지 부르면 더 힘들지 않습니까?"라고 물으면, 제보자들은 하나같이 "아이고~ 노래 안 하면 힘들어서 하루 종일 모 못 심는다."라고 대답한다. 그 말은 노래가 힘든 노동의 고통을 잊게 해주어 오히려 일의 능률을 올려준다는 의미이다. 이러한 노동요는 일의 종류나 노동의 강도에 따라 사설이나 음률도 달라진다.

노동요는 일의 종류에 따라 다시 하위유형으로 나뉘는데, 크게 농업노동요·어업노동요·임업노동요·토건노동요·길쌈노동요·제분노동요·가사노동요 등으로 나눌 수 있다. 이들 중 몇 가지를 살펴보기로 한다.

농업노동요는 '논농사요'와 '밭농사요'로 나뉘는데, 논농사요 중 지역을 막론하고 거의 예외 없이 존재하는 것은 <모심는 소리>와 <논매는 소리>이다. <모심는 소리>는 한 지역에 대체로 1종 정도 있는 것이 일반적이나, <논매는 소리>는 한 지역에 적

손으로 모심기를 하는 모습(국립민속박물관)

오늘날 이앙기로 모심기를 하는 모습(국립민속박물관)

어도 2~3종 정도는 존재한다. <모심는 소리>는 종류가 적은 대신 대부분 분포지역이 넓으며, <논매는 소리>는 종류가 많은 대신 그 분포지역이 좁다.

<모심는 소리> 중 특히 넓은 분포를 보이는 소리는 '상사소리'와 '정자소리'이다. 상사소리는 선후창으로 충청도와 호남 일대에 분포되어 있으며, 정자소리는 교환창으로 주로 영남지역과 충북 일대, 그리고 충남과 전북의 일부 지역에 분포되어 있다.

① **(메기는 소리)**	에-헤 에헤~루~ 상사뒤여-	**(받는 소리)**	에-헤 에헤~루~ 상사뒤여-
	상사소리는 어디를 갔다가		〃
	금년 여름에 두 다가 왔네		〃
	앞산은 점점 멀어만 가고~		〃
	뒷산은 점점 가차와-지네		〃
	이-농사를~ 지어를 가지고		〃
	나라 봉령을 허여들 허고		〃
	부모 처자도 허여를 보세		〃
	얼씨구나 좋구나 지화자 좋네		〃

…(하략)…

한국학중앙연구원, "한국구비문학대계" 사이트
[박선배 외 16인, 전라남도 나주시 동강면 옥정리 봉추마을 마을회관, 2010.01.12.]

② **(주는 소리)** 아침이슬 찬이슬에 부리똥따는 저처자야
(받는 소리) 부리똥은 따지말고 모심는데 참가하소

(주는 소리) 오늘낮에 점섬반찬 무슨고기가 올랐는가
(받는 소리) 함경도라 동태명태 짚대를띠고 올랐는가

(주는 소리) 해다지고 저문날에 옷잘입고도 어데가요
(받는 소리) 석자수건 목에걸고 첩으야방에 자로가네

(주는 소리) 모야모야 노랑모야 언제커서 시집갈래

(받는 소리) 구시월이 닥쳐오면 나도커서 열매여요

김승찬 외, 『부산민요집성』, 세종출판사, 2002, 55~86쪽
[안갑선(남, 69), 부산시 강서구 미음동 탑동, 1992.01.19.]
[이노길(여, 68)·김말분(여, 63), 부산시 강서구 천가동 천성, 1991.02.27.]

민요 ①은 호남지역의 <모심는 소리>인 선후창 '상사소리' 중 '잦은 상사소리'이고, ②는 영남지역의 <모심는 소리>인 교환창 '정자소리'인데, 부산지역에서는 이 정자소리를 일컬어 '등지'라고 부른다. 정자소리에는 다양한 내용을 담은 사설들이 존재하는데, 때에 구애받지 않고 부르는 사설들이 많지만, ②의 노래 중 1, 2, 3연에 소개된 것들처럼 사설의 내용에 따라 아침·점심·저녁 때 하는 소리가 어느 정도 구분되는 특징도 보인다. <모심는 소리>의 사설에는 농사와 연관된 내용들이 담겨 있기도 하지만, 농사와 연관 없는 남녀 간의 연정 및 인간사의 다양한 이야기들이 담겨 있는 것들도 많다.

논농사요 중에는 농사일과 직접 연관이 없는 것도 있는데, 마지막 논매기를 끝마친 뒤에 집으로 돌아가면서 하는 <뒷풀이하는 소리>가 바로 그것이다. 논매기란 모심기를 한 후 모가 어느 정도 자라면 벼의 성장을 방해하는 잡초를 뽑아 제거하는 일로 '김매기'를 말한다. 논매기는 일반적으로 세 차례에 걸쳐 이루어지는데, 벼가 거의 자란 즈음 마지막 논매기를 끝마치고 나면, 일꾼들은 논 주인의 상머슴을 소나 지게에 태우고 풍물을 치며 주인집으로 돌아와 잔칫상을 받는다. 이때 주인집으로 돌아오는 과정 중 부르는 노래가 바로 <뒷풀이하는 소리>인데, 지역에 따라 <풍장하는 소리>·<장원질하는 소리> 등으로 불리기도 한다. 여기서 '풍장'이란 '풍물놀이'의 다른 이

장원질소리 경남 '고성농요'에서 소 대신 무등을 타고 장원질소리를 하며 주인집으로 향하는 모습(국립무형유산원)

름이고, '장원질'이란 농사에서 장원壯元을 해 장원놀이를 한다는 말이다. <뒷풀이하는 소리>는 지역에 따라 다양한 악곡과 노랫말로 불리는데, 주로 '칭칭이소리(쾌지나칭칭나네)' 등과 같이 흥이 나는 노래들을 부른다.

밭농사는 논농사에 비해 비교적 작업 과정이 간단한데, 그중에서도 중심이 되는 것은 밭매기이다. 전통사회에서 밭매기는 여인들의 일이었던 관계로, <밭매는 소리>의 사설에는 여인들의 삶과 시집살이의 애환을 담은 내용들이 주를 이룬다. 이 <밭매는 소리>는 전국적인 분포를 보이지만, 형태가 고정된 것이 아니라 다른 유형의 민요들과 넘나드는 경우가 많다.

어업노동요는 '고기잡이요'와 '해물채취요'로 나뉘는데, 고기잡이요에는 <노젓는 소리>·<그물내리는 소리>·<그물당기는 소리>·<고기푸는 소리>·<고기터는 소리> 등 여러 종류가 있으며, 해물채취요에는 <미역싣는 소리>·<굴캐는 소리> 등이 있다. 어업노동요 중 그 종류가 가장 많은 것은 <그물당기는 소리>이다.

(메기는 소리)	오호 사리여	(받는 소리)	오호 사리여
	이 줄을 놓고		〃
	저 줄을 땡기라		〃
	저 줄을 놓고		〃
	이 줄을 땡기라		〃
	이 그물줄은		〃
	실렁줄이다		〃
	잡은 게기		〃
	도망간다		〃
	바삐바삐		〃
	땡기주소		〃

…(하략)…

좌수영어방놀이 중 <사리소리> - 수영고적민속보존회, 『수영전통예능』, 1993

위의 민요는 고기잡이요 중 <그물당기는 소리>이다. 바다에 풀어놓은 그물에 물고기가 들면 어부들이 해변이나 배 위에서 그물의 벼릿줄을 끌어당기면서 부르는 소리인데, 좌수영어방놀이에서는 <사리소리>[1] 라고 한다. 고기잡이요의 사설에는 위의 인용문에서 보듯 해당 작업과 연관된 내용들이 주로 등장하지만, 때로는 일상 속 다양한 이야기들을 끌어들여 노랫말로 활용하기도 한다.

그물당기는 소리 부산 '좌수영어방놀이'에서 <사리소리>를 하며 그물을 당기는 모습(국립무형유산원)

이러한 고기잡이요에는 고유한 우리의 노래가 있는가 하면, 우리 노래에 일본조의 사설이 혼재되어 나타나는 경우도 있다. 그 이유는 일제강점기 이후 일본식 어로법이 들어오면서 일본의 고기잡이요가 함께 들어와 자리를 잡았기 때문이다. 이러한 노래들은 우리 노래의 가락을 그대로 유지하면서도, 사설에는 "쎄~노야 / 요오~시매에" 등과 같은 일본말이 섞여 있다. [읽을거리 <멸치그물당기는 소리> 참조]

임업노동요는 '목재생산요'와 '임산물채취요'로 나누어 볼 수 있는데, 목재생산요에는 <나무베는 소리>·<나무내리는 소리>·<목도하는 소리> 등이 있으며, 임산물채취요에는 <나무하는 소리>·<나물뜯는 소리>·<잣따는 소리> 등이 있다. 임업노동요 중 가장 넓은 분포를 보이는 노래는 <목도하는 소리>와 <나무하는 소리>이다.

[그리 인자 나무 해 가지고, 떡 이래 한 짐 지고 산에서 내리오면 씻는 데가 있거등, 군데군데. 그러몬 인자 앞에 막대기 공가 놓고(괴어 놓고), 자기 인자 짊어진 지게에서 나와 밖에 나와 가지고 좀 쉬야 되거등. 그리 인자 쉬고 내리 오면서 인자 부르는 노래가 있지. 그리 인자 일날(일어날) 때는 인자,]

---

1 같은 부산지역이지만 '다대포 후리소리'에서는 <그물싣는 소리>, 즉 해변의 후리막에 놓아둔 그물을 어장 해변으로 옮겨 배에 실으면서 "에-헤이 사리야"라는 비슷한 형태의 뒷소리를 받는다.

에~ 훅쭈구여~

[카면 인자 지게를 짊어 일나제.]

엣쭈구여~ 이 후후후후~

[이카단 말이야. 그리 인자 내리오면서 다담다담 짝지 짚고 내리오면서,]

지리동산 갈가마구야~

해는 져서 더운데 너는 너는 어디 가노~

배는 고파 등에 붙고 목은 말라 불이 붙네~

[그래 가지고 온갖 노래가 많이 있어요. 그리 인자 내리오다가 또,]

잇쭈구여~ 이 후후후후~

[그리 인자 논 맬 때도 그런 노래로 많이 합니다.]

한태문 외, 『밀양민요집』 1, 밀양시, 2010, 474~475쪽

[이우택(남, 70세), 밀양시 무안면 고라리, 2010년 8월 6일 채록]

위의 소리는 밀양지역에서 나무를 할 때 하는 소리이다. <나무하는 소리>는 흔히 <어사용>으로 알려져 있는데, <어사용>은 영남지역에 널리 퍼져 있는 소리이다. 나무꾼들이 무거운 나뭇짐을 지고 험한 산길을 내려오다 보면 힘이 들기 때문에, 적당한 곳에 자리를 잡아 나뭇짐을 괴어두고는 잠시 앉아 쉬기도 한다. 이때 쉬면서 또는 나뭇짐을 지고 다시 일어서면서 소리를 하게 되는데, 이 소리를 지역에 따라 <나무꾼소리>, <나무하는 소리>, <어사용> 등으로 부른다. 영남지역의 <어사용> 사설에는 '갈까마귀'가 주로 등장하는데, 이 갈까마귀는 깊은 산속에서 나무꾼들이 늘상 마주하는 산새로, 나무꾼들의 정서를 담아내는 매개체가 되고 있다. 이러한 <나무하는 소리>는 남성 독창으로 불리는데, 사설에는 농사를 지으면서 때때로 땔감도 구해야 하는 일꾼들의 힘든 노동 상황과 신세 한탄이 주를 이룬다.

토건노동요는 '토목요'와 '건축요'로 나누어지는데, 토목요에는 <말뚝박는 소리>·<목도하는 소리>·<가래질하는 소리> 등이 있고, 건축요에는 <땅다지는 소리>·<흙이기는 소리>·<상량하는 소리> 등이 있다. 토건노동요 중에서는 <말뚝박는 소리>와 <땅

다지는 소리>가 널리 알려진 대표적인 소리이다. <말뚝박는 소리>에서는 망깨를, <땅다지는 소리>에서는 다짐돌을 줄에 매달아 당겼다 놓았다 하며 부르므로 <말뚝박는 소리>는 <망깨소리>, <땅다지는 소리>는 <지경다지는 소리>라고도 부른다. 그러나 지역에 따라서는 다짐돌을 '망깨'라고 부르는 까닭에 <땅다지는 소리>도 <망깨소리>라고 불리기도 한다.

망깨소리 부산 '구덕망깨소리'에서 작은 망깨를 들어올리는 모습(부산구덕민속예술보존협회)

망깨소리 부산 '구덕망깨소리'에서 큰 망깨를 들어올리는 모습(부산구덕민속예술보존협회)

<작은 망깨질>

(메기는 소리)		(받는 소리)	
	어여차 망깨야		어여차 망깨야
	이 망깨가 뉘 망깬고		〃
	여러분의 망깨로다		〃
	천근망깨는 공중에 놀고		〃
	우리내 망깨꾼들은		〃
	소리맞춰 잘도한다		〃
	다져주소 다져주소		〃
	동방지신을 다져주소		〃
	다져주소 다져주소		〃
	서방지신을 다져주소		〃

…(하략)…

<구덕망깨소리> - 부산구덕민속보존협회, 2023

위의 소리는 <땅다지는 소리> 중 <망깨소리>이다. 사설에는 주로 땅을 다지는 작업과 연관된 내용들이 등장하는데, 작업이 길어지게 되면 일상의 다양한 이야기들이 그 속에 녹아들면서 사설이 이어지게 된다. 민간에서는 땅을 다질 때도 말뚝을 박을 때와 마찬가지로 망깨나 달구를 사용하는 까닭에 지역에 따라서는 <땅다지는 소리>를 <망깨소리>·<달구소리> 등으로 부르기도 하는데, 부산지역에서도 <땅다지는 소리>를 <망깨소리>라고 부른다.

가사노동요는 여인네들이 집안에서 갖가지 일을 하면서 혼자 부르거나 흥얼거리는 민요를 말한다. 가사노동요에는 <다듬이질하는 소리>·<아기어르는 소리>·<아기재우는 소리> 등이 있는데, 이들 중 <아기어르는 소리>와 <아기재우는 소리>는 전국적인 분포를 보이는 소리이다.

둥개 둥개 둥개야　　어디 갔다 인제 왔나
낙엽 밑이(밑에) 묻혀 왔나　　바람결에 싸여 왔나
썩은 나무 부엉이냐　　날라가는 학녀든가
구름 밑이 선녀냐　　얼음 구녁이(구멍에) 수달피냐
건둥(언덕 밑 도랑) 밑이 까재(가재)든가
자는 놈 밑이 까재든가　　둥개 둥개 둥개야
높은 가지는 꾀꼬리고　　낮춘(낮은) 가지는 유자든가
고마춤 꽂감(곶감)이냐　　하구열상 알밤이냐
약대같이 실해라　　구들대같이 굳시라(굳세라)

한국학중앙연구원, "한국구비문학대계" 사이트
[김봉순(여, ?-?), 전북 무주군 부남면, 2009.02.13(금)]

위의 소리는 <아기어르는 소리> 중 '둥개둥개 둥개야'라고 일컫는 소리이다. <아기어르는 소리>에는 '금자동아 은자동아', '알캉달캉', '불매불매 불매야' 등 다양한 소리가 있다. <아기어르는 소리>와 <아기재우는 소리>는 원래 여인네들이 아이를 어르거나 재우면서 혼자 나직이 읊조리는 음영조의 노래이기 때문에 개인에 따라 각편의 변화가 심한 편이다.

2) 의식요

의식요儀式謠는 민중들이 그들의 삶 속에서 그때그때 치르는 의식의 과정 중 부르는 민요를 말한다. 의식요 중에는 <성주풀이>나 <회심곡>처럼 무가巫歌나 불가佛歌에서 파생되어 민요화한 것들도 있지만, 민간에서 풍속에 따라 의식을 거행하면서 부르는 노래가 주를 이룬다. 의식요는 의식의 기능과 내용에 따라 기원의식요·벽사의식요·통과의식요로 나뉜다.

기원의식요는 민중들이 그들의 염원하는 바를 초자연적인 힘에 의지하여 이루어 보고자 하는 마음에 의식을 행하면서 부르는 민요이다. 기원의식요에는 <지신밟는 소리>·<비손하는 소리>·<굴부르는 소리>·<비부르는 소리>·<뱃고사지내는 소리> 등이 있는데, 대표적인 소리로는 <지신밟는 소리>를 들 수 있다.

성주로다 성주로다　　　성주본향이 어드메뇨
경상도 안동땅　　　제빌원(제비원)이 본이러라
제빌원의 솔씨받아　　　서평대평 던졌더니
그솔이 점점자라　　　밤이며는 이슬맞고
낮이며는 강풍맞아　　　그솔이 점점자라
소부둥(소부등)이 되았소　　　대부둥(대부등)이 되았소
청장뫽(청장목)이 되았소　　　횡장뫽(횡장목)이 되았소
도리기둥이 되았소
앞집에 박대목　　　뒷집에 김대목
옥도끼를 쑥쑥갈아 질마지고(짊어지고)

서산에올라 소목매고	대산에올라 대목매아
곧은나무 곧기잡고	큰나무는 곧기잡아
초가삼간 집을지어	네귀에다 핑경(풍경) 달고
양친부모 뫼셔다가	천년만년 살고지고
천년만년 살고지고	

조희웅, 『한국구비문학대계』 1-1(서울시 도봉구 편), 한국정신문화연구원, 1980, 174~177쪽(괄호 안 표기 - 인용자)
[곽동원(남, 68세), 서울시 도봉구 미아동 석산노인정, 1979.03.18.]

위의 소리는 세시행사인 지신밟기를 하면서 부르는 <지신밟는 소리> 중 '성주풀이'인데, 이 성주풀이에 이어 '지신풀이', '조왕풀이', '청룡풀이', '장독풀이' 등이 펼쳐진다. 지신밟기는 주로 정월 대보름날을 전후하여 행해지는데, 마을 사람들이 농악대를 앞세워 각 가정을 돌며 잡귀를 쫓고 집안의 복덕과 평안을 빌어주면서 걸립도 하여 마을의 공동경비를 마련하는 세시의식이다. 이때는 집안의 마루, 부엌, 우물, 곳간, 장독대 등을 돌며 그곳에 좌정한 신神들, 즉 성주신, 조왕신(부엌), 용왕신(우물) 등을 부르며 간단하게 기원하는 소리만을 하는 경우도 있지만, 마을에 따라서는 '성주풀이'로 시작하기도 한다. 성주풀이는 집안을 관장하는 가신家神 중 우두머리 신격인 성주신의 내력을 읊어 성주신을 기리는 노래로, 무당이 부르던 무가가 민간에 퍼져서 민요화한 것이다.

<비손하는 소리>는 개인이 드리는 치성으로, 가정의 주부 또는 연장자가 기원하는 바를 이루어 주도록 손을 비비며 부르는 소리이다. <굴부르는 소리>는 어촌마을의 여인네들이 정월 대보름날 높은 언덕에 올라 굴을 많이 채취할 수 있도록 해달라고 부르는 소리이다.

벽사의식요는 이미 닥친 재앙·우환 등을 물리치거나, 그것들의 범접을 미리 막고자 하는 의도로 부르는 민요로, 의식요 중에서도 주술성이 가장 강한 소리이다. 벽사의식요에는 속신俗信에 기반을 둔 것들이 많은데, <잡귀물리는 소리>·<살내리는 소리>

·<학질떼는 소리>·<액막는 소리> 등이 여기에 속한다. 이 중 <살내리는 소리>는 혼사나 장례를 치르는 집에 다녀왔던 사람이 이유 없이 몸이 굳어버리는 병에 걸렸을 때, 그것을 치료하기 위해 부르는 소리이다. '살煞'이란 사람이나 생물·물건 등을 해치는 모질고 독한 잡귀 잡신의 기운을 말한다. 또한 민간에서는 집안에 아픈 사람이 생기면 그것이 밖에서 들어온 잡귀 때문이라고 믿어 잡귀를 물리치는 주술 행위와 함께 소리를 하는데, 그 소리를 <객귀물리는 소리>[**읽을거리 참조**]라고 한다.

통과의식요는 인간이 출생하여 죽음에 이르기까지의 과정에서 생의 전환이 되는 마디마다 치르는 통과의식 때 부르는 민요이다. 통과의식요에는 혼례 때 신부를 가마에 태우고 가면서 부르는 <가마메는 소리>, 신랑을 말에 태우고 가면서 부르는 <권마성하는 소리>, 회갑이나 칠순 등의 잔치에서 부르는 <잔치받는 소리> 등이 있으며, 장례를 치르면서 부르는 <출상하는 소리>·<운상하는 소리>·<묘다지는 소리> 등이 있다. <출상하는 소리>는 상여가 마을을 떠나기 전 마을 사람들과 영원한 이별을 고하면서 부르는 소리이고, <운상하는 소리>는 상여를 장지葬地로 운반하면서 부르는 소리이다. 민간에서는 이 소리들을 통틀어 <상여소리> 또는 <향두가香頭歌>라고 부른다. <상여소리>의 사설에는 대체로 망자를 보내는 슬픔과 인생의 허무함, 그리고 망자의 극락 천도를 기원하는 내용이 주를 이루는데, 불가佛歌인 <회심곡>이 많이 불린다.

상여 행렬의 앞모습(국립민속박물관)

상여 행렬의 뒷모습(국립민속박물관)

…(상략)…

(평길 갈 때)

(메기는 소리)	(받는 소리)
일가친척 다 버리고 고향산천 떠날라 하니	에헤 에헤오홍 에와 넘차 에에홍
앞이 캄캄 가리워서 발걸음조차 안 떨어진다	〃
동네분들 잘 있으소 일가친척 잘 있으소	〃
인지 가면 언제 올꼬 인지 가면 언제 올꼬	〃

…(하략)…

(평길 갈 때)

(메기는 소리)		(받는 소리)	
	에와 넘차		에와 넘차
	에와 넘차		〃
	서로 서로		〃
	밀어주소		〃
	에와 넘차		
	곁에 사람		
	힘들지요		

…(하략)…

(외나무다리 건널 때)

(메기는 소리)		(받는 소리)	
	에와넘차 에에홍		에에홍 에에홍
	에에홍 에에홍		〃
	이 다리를 건너가면		〃
	에에홍 에에홍		〃
	저승차사 기다린다		〃

…(하략)…

한태문 외, 『밀양민요집』 2, 밀양시, 2010, 152~155쪽

[천병수(남, 77세), 밀양시 부북면 무연리, 2010년 7월 7일 채록]

위의 소리는 장례의식요 중 <운상하는 소리>이다. 상여를 운구하여 장지에 이르기까지는 평길·좁은 길·오르막, 심지어는 외나무다리까지 타고 가야 하는 다양한 지형을 거칠 수 있다. 이 때문에 <운상하는 소리>는 지형의 변화에 따라 소리의 종류와 음률도 달라진다. 이는 상여를 운구하는 노동의 강도나 호흡이 지형에 따라 달라지므로 거기에 맞추어지기 때문이다.

<묘다지는 소리>는 상여가 장지에 이르러 하관下棺을 한 다음 광중壙中에 흙을 떠 넣으면서, 그리고 봉분을 쌓는 과정에서 흙을 다지면서 부르는 소리이다. 이때 가래나 달구, 괭이 등을 사용하여 작업을 한다고 해서 민간에서는 이 <묘다지는 소리>를 <가래소리>·<달구소리>, <괭이소리> 등으로 부르기도 한다.

3) 유희요

유희요遊戱謠는 노래 자체가 놀이로서, 또는 놀이의 진행을 돕기 위해서 부르는 민요를 말한다. 놀이 자체가 일상에서 활기와 즐거움을 찾는 행위라면, 이때 불리는 노래는 이 활기와 즐거움을 고조시켜주는 역할을 한다고 볼 수 있다. 이 놀이는 어른만 하는 것이 아니라 아이들도 하므로 동요도 유희요에 포함된다. 민요에는 노래 자체의 즐거움 때문에 부르는 노래도 있는데, 종래에는 이러한 노래들을 기능이 없다고 보아 비기능요로 분류해 사실상 민요의 분류에서 제외했다. 그러나 오늘날은 노래도 놀이의 일종으로 보아 이러한 노래들도 유희요의 범주에 포함해 '가창유희요'라고 명명하기도 한다.

유희요에는 동작유희요·도구유희요·언어유희요·놀림유희요·자연물대상유희요·생활유희요·조형유희요 등이 있다.

동작유희요는 아무런 도구 없이 몸만을 사용하는 놀이에서 부르는 민요이다. 동작유희요에는 <다리빼기하는 소리>·<손뼉치기하는 소리>·<술래잡기하는 소리>·<편불리기하는 소리>·<놋다리밟기하는 소리>·<강강술래하는 소리>·<월워리청청하는 소리> 등이 있다. 이들 중 <다리빼기하는 소리>는 동작유희요 중 분포가 가장 넓은 소리이다.

이거리 저거리 박거리
조리 장지 장두칼
짐 때기 열상면
까마우 까마우 앉은백이
도리야 사시야
방구야 퉁~태이
[일동 즐겁게 웃음]

한국학중앙연구원, "한국구비문학대계" 사이트
[김복님(여, ?-?), 경기도 가평군 상면 율길리, 2009.02.23.]

위의 소리는 <다리빼기하는 소리> 중 "이거리 저거리 각거리"로, 아이들이 두 다리를 뻗고 나란히 앉아 노래에 맞춰 다리를 하나씩 짚어가면서 하는 소리이다. 노래에 맞춰 다리를 짚어나가다가 마지막 어절에 걸린 다리를 오므려 빼내면, 거기서부터 다시 노래와 동작을 시작하는 방식으로 진행된다. 이 <다리빼기하는 소리>는 종류가 다양한데, 그중에 "이거리 저거리 각거리"는 전국적인 분포를 보이며 가장 많이 가창 되는 민요이다.

도구유희요는 도구를 사용하여 놀면서 부르는 민요이다. 도구유희요에는 <줄다리기하는 소리>·<고싸움하는 소리>·<고무줄놀이하는 소리>·<윷놀이하는 소리>·<그네뛰는 소리>·<널뛰는 소리>·<줄넘기하는 소리> 등이 있는데, 이들 중 가장 대표적인 소리가 <줄다리기하는 소리>라고 할 수 있다.

(메기는 소리)	오에 징산아	(받는 소리)	오에 징산아
	되아 도라(되어다오) 되아 도라		〃
	오늘 지녁(저녁)에 되아 도라		〃
	오늘 지녁에 안 되아 주면		〃
	느그 넘(놈)들은 물개똥 된다		〃

동부 줄머리는 불이 붙고 〃
서부 줄머리는 꽃이 피네 〃
징산 소리만 잘도 하면 〃
먼 데 사람은 구경하고 〃
절(곁)에 사람은 춤을 추네 〃
오에 징산아 〃
얼씨고 절씨면 〃
잘도 논다 잘도 노네 〃

…(중략)…

어여차 어여차
어여차 〃

…(하략)…

MBC, 『한국민요대전』 경상남도 편, (주)문화방송, 1994, 303~304쪽(괄호 안 표기 - 인용자)
[강판국(남, 1914년생) 외, 경남 창녕군 영산면 서리, 1992.01.23.]

위의 소리는 창녕의 '영산 줄다리기소리'로, 줄다리기를 하기 위해 마을 주민들이 줄을 메고 가면서 부르는 <줄다리기하는 소리>이다. 줄 위에 올라선 앞소리꾼이 앞소리를 메기면, 줄을 멘 마을 주민들이 뒷소리를 받는 형태로 이루어진다. 사설에는 주로 풍농을 기원하는 내용들이 담겨 있지만, 인간사의 다양한 모습들이 녹아나기도 한다.

이렇게 줄다리기 소리를 하면서 양편의 행렬이 줄다리기 현장에 도착하게 되면, 암줄의 머리에 수줄의 머리를 끼운 후, 수줄이 벗겨져 빠져나오지 않도록 '비녀목'이라고 부르는 굵은 나무를 수줄의 머리에 끼운다. 그러면 암수 두 줄이 하나의 줄로 연결되는데, 이때부터 본격적으로 줄을 당겨 승부를 가르는 줄다리기가 시작된다.

오늘날 줄다리기는 정월 대보름날 달집태우기 행사와 함께 공동체의 축제로 행해지는 경우가 대부분이다. 그러나 농경農耕에 기반을 둔 전통사회에서 행해졌던 줄다리

줄다리기를 하기 위해 암수 줄에 비녀목을 끼운 모습(국립민속박물관)

정월 대보름날 논바닥에서 줄다리기를 하는 모습(국립민속박물관)

기는 본디 성격에 있어 마을의 나쁜 액厄을 쫓고 풍농豊農을 기원하던 주술성 강한 놀이였다. 그 때문에 기우제祈雨祭의 일환으로 줄다리기가 행해지기도 했는데, 후대로 오면서 공동체의 단합과 신명이 더해지는 대동놀이의 성격이 강화된 형태를 보인다. 한국의 줄다리기는 2015년(제10차)에 베트남·캄보디아·필리핀의 줄다리기와 함께 유네스코 인류무형문화유산 대표목록에 등재되었다.

언어유희요는 말을 놀이의 대상으로 삼아 부르는 민요로, 사설의 구성과 내용이 놀이의 주된 대상이 된다. 언어유희요에는 <달풀이하는 소리>·<숫자놀이하는 소리>·<한글풀이하는 소리>·<화투풀이하는 소리>·<천자풀이하는 소리>·<수수께끼하는 소리>·<이야기꺼내는 소리>**[읽을거리 참조]** 등이 있다.

놀림유희요는 아이들이 재미 삼아 다른 사람을 놀리면서 부르는 민요이다. 놀림유희요에는 <까까머리놀리는 소리>·<곰보놀리는 소리>·<성난아이놀리는 소리>·<오줌싸개놀리는 소리>·<처녀놀리는 소리>·<이빠진아이놀리는 소리>**[읽을거리 참조]** 등이 있다.

자연물대상유희요는 아이들이 주변에서 보는 동물·천체 등을 놀이의 대상으로 삼아 부르는 민요이다. 자연물대상유희요에는 <가재잡는 소리>·<개똥벌레잡는 소리>·<잠자리잡는 소리>·<돈벌레부르는 소리>·<몸말리는 소리>·<비그치게하는 소리>·<두꺼비보고하는 소리>·<황새보고하는 소리> 등이 있다.

앉은뱅이 꽁꽁　　뒷짐뱅이 꽁꽁
붙은자리 붙어라　　먼데가면 죽는다

한국학중앙연구원, “한국구비문학대계” 사이트
[박예순(여, 1930년생), 부산시 기장군 장안읍 오리 판곡마을, 2010.01.21.]

잠자라 잠자라　　고깃국 말아주께
고기고기 앉아라[2]

인권환, 『한국구비문학대계』 4-1(충남 당진군 편), 한국정신문화연구원, 1984, 564쪽
[최병각(남, 11세), 충남 당진군 고대면 소소리, 1979.12.10.]

위의 소리는 아이들이 잠자리를 잡으면서 하는 <잠자리잡는 소리>로, 전국적인 분포를 보이며 사설은 지역에 따라 약간의 차이를 보이나 위의 내용들과 대동소이하다.

생활유희요는 아이들이 일상생활 가운데 흔히 겪을 수 있는 일과 그때그때의 상황에 맞추어 부르는 민요이다. 생활유희요에는 <놀이에끼어들며하는 소리>·<방귀뀌며하는 소리>·<우는아이달래는 소리>·<소꿉놀이하는 소리>·<성난아이웃게하는 소리> 등이 있다.

깡통에 보리밥 누가 누가 먹었네?
내가 내가 먹었지
방구뽕 방구뽕 냄새 난다 뽕뽕
(그러대. 하하하….)

류경자, 『현장에서 조사한 구비전승민요』 2(남해군 편), 민속원, 2011, 620쪽
[한점심(여, 70세), 경남 남해군 남면 죽전리, 2007.01.20.]

2 길에서 지나가는 아이와 동행이 되어 놀이하면서 부르는 노래가 있느냐고 물어서 녹음하게 된 것인데, 부끄러워 하면서 불렀다고 한다.

위의 소리는 아이들이 방귀를 뀌고 난 후 하는 소리이다. 제보자가 유치원에 다니는 6살짜리 손녀에게 배웠다고 하는 것으로 보아, 오늘날 아이들 사이에서 전승하고 있는 노래라고 할 수 있다.

4. 민요의 사회문화적 의미와 우리 민요의 현주소

1) 노래로 풀어낸 민중의 비판과 항거

민요가 지닌 사회문화적 의미를 짚어보기 위해서는 노래가 어떤 상황에서 불렸느냐 하는 기능상의 측면보다 그 속에 담겨있는 내용을 살펴보는 것이 효과적일 것이다. 민중들은 일을 하면서, 의식을 치르면서, 또 놀면서 노래를 불렀고, 그 노래들 속에 자신들의 생활상과 의식을 담아냈다. 이러한 노랫말 속에는 일과 직접 연관지어 지시를 하거나 행동 통일을 요하는 내용도 있고, 인간으로서의 도리나 자연의 이치, 삶의 애환 등을 담아낸 것들도 있으며, 남녀 간의 연정을 노래한 것들도 있다. 때문에 민요의 노랫말은 인간사 전반에 걸쳐 있으며 그 내용 역시 다양하다.

그런데 이처럼 다양한 민요 속에는 시대의 모순을 드러내고, 지배층의 부조리와 착취를 비판하는 노래들도 섞여 있다. 이러한 정치적 성격을 띤 민요들은 참요讖謠, 시정요市井謠, 동요童謠 등으로 일컬어져왔다. 이 용어들은 민요의 기능별 분류와는 상관없이 노랫말이 지닌 내용상의 특성을 두고 일컫는 것인데, 여기에서는 이들을 통틀어 '정치민요'라고 부르기로 한다. 정치민요가 담고 있는 내용을 보면 미래에 대한 예언, 잘못된 정치에 대한 풍자, 여론 형성, 사회 비판, 선전 및 선동, 외세에 대한 배격 등이 있다.

문헌에 보이는 정치민요는 삼국시대 이래로 꾸준히 이어져 오고 있다. 20세기 이전에는 이러한 정치민요가 '동요童謠'라는 이름으로 많이 일컬어졌다. 그 명칭은 중국 요堯임금 시대에 정치민요가 '동아요童兒謠'로 불린 것에서 유래한다. 당시 정치를 하는 사람들은 하늘이 그 뜻을 민중들의 입을 통해 세상에 드러낸다고 믿었는데, 특히 세상의 비리나 부정에 물들지 않은 아이들의 입을 통해 나타난다고 생각했다. 그래서 나라를 다스리는 임금은 이러한 민심의 동향을 살피기 위해 평복을 하고 민간의 거리를 돌며 암행을 했으며, 민간의 민요를 수집하여 그것을 토대로 현실 정치의 득실을 살피고자 했던 것이다.

특히 왕조가 멸망하는 시기에 이르면 정치민요들이 항간에 나도는 것을 흔히 볼 수 있다.

① 계림은 황엽이고 鷄林黃葉
곡령은 청송이라 鵠嶺青松

『삼국사기』 권46, 열전6, <최치원>

② 나무아들이 나라 얻네 木子得國
(李씨가 나라 얻네)

『고려사』 열전 권 제50, 신오왕 14년 5월조

인용문 ①은 <계림요>라고 일컬어지기도 하는데, 신라의 문장가 최치원이 신라말의 부패한 정치와 사회를 등지면서 고려의 태조 왕건에게 보낸 글 중 한 구절로 알려져 있다. '계림鷄林'은 신라의 다른 이름이고, '곡령鵠嶺'은 개성開城에 있는 송악산松嶽山의 별칭으로, "신라는 시들어 가는 누런 낙엽과 같고, 고려는 푸른 소나무와 같다."라는 말이다. 이는 신라가 쇠퇴하고 고려가 일어날 것을 예언하는 참언讖言이라고 볼 수 있는데, 이것이 민간에서 민요로도 불렸던 것으로 보인다.

인용문 ②는 <목자득국요木子得國謠>라고 일컬어지기도 하는데, 이성계가 위화도 회군을 할 무렵 민간에 널리 퍼져있었다는 작자 미상의 노래이다. 이 노래는 '왕의 혈육이 아닌 남의 아들(나무아들)'이 왕위를 계승하게 됨을 빗댄 것이라는 설도 있지만, 여기서 '목자木子'는 '이李'를 파자破字한 것으로, "이씨李氏가 나라를 얻는다."라는 뜻이다. 즉 고려가 멸망하고 이씨 왕조가 들어설 것임을 예언한 노래라고 할 수 있다.

그런가 하면 왕의 실정失政이나 실책을 풍자한 노래들도 등장한다.

충성이 사모인가?	忠誠詐謀乎
거동이 교동인가?	擧動喬桐乎
흥청, 운평 어디에 두고	興淸運平之何處
가시 밑으로 돌아가느냐?	乃向荊棘底歸乎

『용천담적기』

인용문은 중종 초 민간에서 불렸다는 정치민요로, 연산군이 폐위되어 강화도 교동에 유배되자 이 민요를 불렀다고 한다. 원가原歌는 전하지 않고, 『용천담적기』에 한역가漢譯歌와 함께 노래의 배경, 해석 등이 전하고 있다. 이 노래는 동음어를 사용해 시대상을 풍자했는데, '벼슬아치가 쓰는 모자'인 사모紗帽를 '남을 속이려는 모략'인 사모詐謀로 표기하고 있다. 이는 연산군이 재위 당시 충성을 강요하며 사모에 '충성'이라는 글자를 써서 붙이고 다니게 했지만 그 충성은 가장된 것이었으며, 끝내는 폐위되어 교동에 유배되었음을 풍자하고 있다. 노랫말 속에 등장하는 '운평'이란 연산군이 여색을 좋아하여 채홍사라는 관리를 파견해 전국에서 가무歌舞 잘하는 미녀들을 뽑아 들여 관리하도록 하면서 그들을 부른 이름이고, '흥청'은 운평 중에서도 미색이 뛰어난 일부를 엄선해 궁궐로 불러들여 곁에 둔 여인들을 부른 이름이다. '가시 밑'이란 유배장소를 뜻한다. 결국 이 노래는 연산군의 방탕한 생활로 인한 실정과 비참한 말로를 풍자한 정치민요라고 할 수 있다.

이러한 정치민요는 지속적으로 이어져 일제강점기에 이르면 항일적 내용으로 일제의 횡포와 착취를 드러내며 외세의 침탈을 규탄하기도 한다.

① 말깨나하는놈 裁判所(재판소)가고
일깨나하는놈 共同山(공동산)가고
아아깨나노을년은 갈보질가고
목도깨나멜놈은 일분(일본)가고
新作路(신작로)가상다리 아까시야木(목)은
自動車(자동차)바람에 춤을춘다

아리랑 아리랑 아라~리~요

아리랑 고개다 날넘기주소

김소운 편저, 『언문 조선구전민요집』, 동경제일서방, 1933, 323쪽(괄호 안 표기 - 인용자)

[경상남도 창원 편]

② 산 차지 물 차지 총독부 차지

이내 몸 차지는 어느 뉘가 헐꼬

에야 디야 에헤헤헝 에야

에야 디여라 산아이로고나

류경자, 『현장에서 조사한 구비전승민요』 2(남해군 편), 민속원, 2011, 91쪽

[이수영례(여, 79세), 경남 남해군 삼동면 영지리 고찬, 1999.11.26.]

인용문 ①은 일제강점기에 유행했던 노래로, '아리랑 53편' 중 하나이다. 이 노래는 일제의 침탈로 인해 빚어지는 현실 상황을 그려내고 있다. 말깨나 하는 똑똑한 사람은 감옥에 가고, 일깨나 하는 사람은 다 죽고, 아이를 낳을 수 있는 젊은 여자는 사창가로 팔려가고, 힘깨나 쓰는 젊은이는 일본으로 끌려가는 고통스럽고도 암울한 현실을 비판하고 있다. 인용문 ② 역시 일제강점기 외세의 침탈로 인해 삶의 터전을 송두리째 빼앗긴 민족의 현실을 그려내고 있다. 이러한 노래들은 제국주의 침략의 부당함과 그로 인해 고통당하는 민중의 삶을 여실히 담아냄으로써 체제에 순응하지 않는 민중적 항거를 표출해 내고 있다.

2) 우리 민요의 현주소

근대 이후 우리의 민요에 대한 수집과 연구는 일제강점기 일본인 학자들에 의해 시작되었다. 일제가 민요를 수집하고 연구한 목적은 식민지 정책의 합리화를 위한 전략적인 한 방편으로 활용하기 위해서였는데, 이러한 현상은 민요가 지닌 정치적 기능을 잘 대변해 준다고 할 수 있다. 이에 반해 초창기 우리의 학자들은 민족의식의 고양

을 목적으로 민요의 조사와 연구를 진행했다. 그러다 보니 제대로 된 수집은 물론이요, 민요의 본질적인 측면인 '음악·사설·기능'의 종합적인 연구가 이루어지지 못한 채 사설 중심의 연구에 몰두했다. 그러다가 1980년대에 이르러 범국가적이고도 대대적인 구비문학 자료 수집이 이루어지게 되는데, 그 결과물이 바로 각 지역의 대학교를 중심으로 전국적인 수집과 기록이 이루어져 편찬된 『한국구비문학대계』이다. 이때부터 민요에 대한 연구도 박차를 가하게 되었으며, 아울러 종합적인 연구가 이루어지게 되었다.

민중의 시대는 전파나 음향기기를 통해 전문적으로 만들어진 노래를 들을 수 있는 시대가 아니었다. 때문에 민중들은 그들의 일상 속에서 필요에 따라 상황에 적절한 노래들을 스스로 만들어 불렀다. 그리고 이 노래들은 그들의 욕구를 충족시키면서 삶 속에 뿌리내린 강한 생명력으로 시대에 따라 생성과 변이를 거듭해 왔다. 그 때문에 공동체의 구성원이라면 누구나 특별한 재능이나 학습이 없이도 민요를 가창할 수 있었다. 그것은 민요가 민중의 애환과 정서를 오롯이 담고 있는 민중의 소리이자 노래였으며, 민요의 가창은 그들 생활의 일부이자 문화였기 때문이다. 그러나 오늘날은 일상에서 쉽사리 민요를 접할 수 있는 시대가 아니다. 그 이유는 민요를 즐기던 사람들의 일상이 변했기 때문이다. 인간의 모든 예술 행위는 인간 삶의 방식과 깊이 연관을 맺고 있다. 그 때문에 삶의 방식이 변화하면 예술 행위 또한 변화할 수밖에 없고, 시대와 사회상이 변하면 행위 주체와 담아내는 메시지의 내용까지도 변화한다.

우리 사회는 민중이 주축이 되었던 농경사회에서 대중이 주축이 되는 산업사회로 넘어오면서 사회구조 전반에 일대 변혁이 일어났다. 산업화로 인해 농촌인구의 많은 수효가 대도시로 이동하는 범국가적 이동 현상이 빚어졌고, 이에 따라 농업의 중요성을 강조하던 '농자천하지대본農者天下之大本'이라는 말은 옛 시대의 유물에 지나지 않게 되었다. 그뿐 아니라 사람의 손에 의존하던 농업과 어업이 기계의 힘을 빌리게 되어 민요가 자생력을 키우는 데 있어 그 토대가 되는 노동 현장이 사라지게 되었다. 거기에 전파를 타고 흘러넘치는 대중가요는 민요를 민요세대 삶의 저편으로 밀려나게 했다. 그나마 죽음과 연관하여 우리 민간의 의식 세계를 지배해 오던 장례의식요인 <상여소리>만이 생활 속에서 겨우 명맥을 유지해 오다가 그마저도 '장례예식장'이라는 새로운 장례문화에 밀려나 이제는 그 모습조차도 찾아볼 수 없게 되었다.

그리하여 오늘날 우리가 민요를 접할 수 있는 여건을 보면, 크게는 지역축제 속 전통문화의 한 장場으로서의 공연이며, 작게는 라디오를 타고 간간이 흘러나오는 '우리의 소리를 찾아서'에서 간략한 소개와 함께 우리 민요 한 토막을 들을 수 있는 정도가 고작이다. 그 때문에 생활 속에서 민요를 접해보지 못한 오늘날의 젊은 세대에게는 이러한 것들이 한때의 볼거리에 지나지 않으며, 별 의미가 없는 낯선 소리에 불과할 뿐이다. 이러한 상황이다 보니 이미 자생력을 잃은 민요는 우리의 관심 밖으로 밀려나고, 그 자리를 대중가요가 차지하고 있다.

하지만 대중가요는 주제의 편향이 심해 우리의 일상을 제대로 담아내지 못할 뿐 아니라, 정서적 공감대 형성에도 세대 간 격차가 매우 심하다. 무엇보다 경제 원리에 따라 생산되고 유통되는 까닭에 생산과 소비의 경계가 명확해 노래의 생성에 있어 쌍방향의 소통이 불가능하다. 그 때문에 소비자인 대중은 노래의 생산에 관여할 수 있는 역동성을 발휘하지 못함으로 인해 민요세대가 지니고 있던 문화적 주권을 상실하고 있다.

오늘날 각 지자체地自體에서는 지역의 민요와 민속들을 보존하기 위해 무형유산[3]으로 지정하거나 민속경연대회 등을 개최하여 이것들을 재현해 내고 있다. 이러한 행사들이 민요나 민속 현상을 하나의 유형으로 고착화시키는 부정적인 측면도 없지는 않다. 그렇지만 보존이라는 측면에서 본다면 이러한 행사들은 지역의 문화행사로서뿐 아니라 민요나 민속놀이 등의 발굴과 보존에도 기여하는 바가 크다고 할 수 있겠다. 이러한 노력은 이미 전국적으로 여러 지역에서 성과를 거두고 있으며, 그 결과 민요나 민속놀이는 지역의 문화유산으로 자리 잡아 가고 있다. 즉 오늘날은 우리 민요가 문화자원의 하나로서 그 역할을 담당하고 있는 것이다.

3 기존에 사용되어 오던 '무형문화재'라는 용어가 2024년 5월부터 '무형유산'으로 바뀌었다.

읽을거리

1. 서사민요 <진주난봉가>

울도 담도 없는 집에　　시집살이 삼 년 만에　　* 울도: 울타리도
시아마님 하는 말씀이　　야야아가 며늘아가　　* 시아마님: 시어머님
진주낭군을 만날라면　　진주강으로 빨래가라
이 말을 듣던 며늘아기　　진주강으로 빨래가니
돌도 좋고 물도 좋아　　뚜드랑 뚜드랑 빨래하니
이것을 보던 ["아니야 틀렸다. 허허!" 하며 웃는다.]
하늘같은 갓을 씨고　　구름 같은 말을 타고
못 본 듯이도 지나가네　　이것을 보던 며늘아기
흰 빨래는 희게 씻고　　검은 빨랠라 검게 씻고
집이라꼬 돌아오니
시아마님이 하는 말씀　　야야아가 며늘아가
진주낭군을 만날라면　　사랑 웃방을 들어가라
이것을 보던 며늘아기가　　아룻방에 널어와야　　* 아랫방에 내려와서
명주수건 석장씩 쥐에　　목을 메어 죽었구나　　* 석장씩 쥐에: 석 자 석 치에
이것을 보던 며늘아기
아, ["아하하" 웃으며] 옛날에 하던 건데 잊어뿌랬어요.
이것을 보던 진주낭군이　　아룻방에 내려가야
기생첩은 삼 년이고　　본처 정은 백 년인데
애통애통 애통해라　　니 죽을 줄을 내 몰랬다

한국학중앙연구원, "한국구비문학대계"사이트

[최옥순(여, ?-?), 경상북도 울진군 기성면, 2011.02.08.]

2. 어업노동요 <멸치그물당기는 소리>

(메기는 소리)	(받는 소리)	
쎄~노야 /	쎄~노야	* 쎄노야: 별 뜻이 없는 일본어
쎄~노야 /	쎄~노야	
어이샤 /	어이샤	
어이샤 /	어이샤	
어이샤 /	어이샤	
요~오~ 시매에 /	요~오~ 시매에	* 요오 시매: 어허 조여라
요~오~ 시매에 /	요~오~ 시매에	('시매'는 '조여라'의 일본어)
	…(하략)…	

류경자, 『현장에서 조사한 구비전승민요』 2(남해군 편), 민속원, 2011, 121쪽
[(메기는 소리): 송병원(남, 85세), 경남 남해군 미조면 미조리 사항, 2007.01.06./
(받는 소리): 김성세(남, 83세) 외, 미조마을 주민들]

3. 벽사의식요 <객귀물리는 소리>

허시사! 허시사! 허시사!
당산 할배로 물리는 거 아이고
당산할매로 물리는 거 아이고
이 고을 고을지킴이도 물리는 거 아이고
객구[客鬼] 잡신을 물리 내니
칼 맞고 불 안 맞일라몬 썩~ 물러 나서거라
허시사! 허시사! 허시사! (허시사를 3번 허고 나서,)
정조편을 싸왔나 이조편을 쌌나 고무[姑母] 숙질 되나?
허시사! 허시사! 허시사!

[조사자: 허시사가 무슨 뜻입니까?]

(뜻은 모리제. '허시사'는 쫓아내는 말이라.)

꿈에 선몽[現夢] 주고 몽사夢事 걸고

춘하추동 사시절에 너거가 이 문전을 곰돌아 들었시니께너

앞으로는 몰라서 못 좇는데 오늘은 차단 받아가고 썩~ 물러나서라

안 나가몬 너거 이 칼에 목을 쳐서

국내 장내도 못 맡고로 맨들끼니 썩~ 물러 나서거라 * 국내 장내: 국 냄새 장 냄새

허시사! 허시사! 허시사!

…(하략)…

류경자, 『현장에서 조사한 구비전승민요』 2(남해군 편), 민속원, 2011, 410~411쪽

[박보배(여, 82세), 경남 남해군 창선면 동대리, 2007.02.06.]

훗세! 훗세!

천개 무자지방

지배 기축지방

인생에 경인지방

천지인출이 입지문오호

범물론 기진지독이 불파여론에 혹은염라대왕

훗세!

[그러면 감기가 썩 나가 버린다고 말한다.] [4]

한국학중앙연구원, "한국구비문학대계"사이트

[이종태(남, ?-?), 전라북도 무주군 무풍면, 2009.01.22.]

---

4 옛날에는 아픈 사람이 있으면 무당을 불러서 객귀물리기를 했다. 무당은 아픈 사람 머리에다 칼을 대고 귀신을 위협해서 객귀를 물렸다. 객귀(객구, 객고)는 잡신으로 몸이 아픈 것은 이 귀신이 들어온 것이라고 생각했다. 무당은 "훗세!"라고 외치면서 칼을 확 던지는데 잘 물리면 칼이 밖으로 쑥 나가고, 잡귀가 잘 안 물러 나가면 칼이 앞으로 들어오는데 그러면 다시 한다. 제보자는 옛날에 서당 다닐 때 한문선생님한테 이 주문을 배웠다 한다. 주문은 한문으로 하면 뜻이 통할 터이나 자세한 뜻은 제보자도 모른다 한다.

4. 언어유희요 <이야기꺼내는 소리>

이바구 대바구 간대바구　　간대 한짐 짊어지고　* 이바구: 이야기
밀양장에 팔로 갔더니　　밀양놈도 안 사고
양산장에 갔더니　　양산놈도 안 사고
그놈으 장으로 몬 가서　　집에 다부 가져왔다　* 다부: 도로

한태문 외, 『밀양민요집』 2, 밀양시, 2010, 206쪽
[한영애(여, 83세), 밀양시 삼랑진읍 임천리, 2010년 7월 6일 채록]

5. 놀림유희요 <이빠진아이놀리는 소리>

앞니 빠진 중강 새　　서울 길로 갔다가
암탉한테 채였네　　수탉한테 채였네　* 채였네: 차였네

한국학중앙연구원, "한국구비문학대계"사이트
[서복순(여, ?-?), 충청북도 진천군 중앙북로, 2011.01.07.]

앞니빠진 수만새
툇골로 가지마라　　퇴끼새끼 놀랜다　* 퇴끼: 토끼
도랑건네 뛰지마라　　종기새끼 놀랜다

한국학중앙연구원, "한국구비문학대계"사이트
[이수월(여, ?-?), 강원도 화천군 하남면, 2014.03.08.]

생각해보기

한살 먹어 엄마 죽고 두살 먹어 아바(아버지) 죽고
시(세)살 먹어 할매 죽고 니(네)살 먹어 할배 죽고
호부(겨우) 다섯 절에 올라 열 다섯에 글을 배와
책을랑 양옆에 찌고 책댈랑 손에 들고 붓을랑 입에 물고
이선달네 맏딸애기 하 잘났다 소문나
이선달네 집모랭이(집모퉁이) 이실 비실 돌어가니
이선달네 맏딸애기
저기 가는 저 손님은 앞은 보니 도령(도령)이요 뒤는 보니 수좌레라(수행승려인 듯하구나)
유해(묵고) 가소 유해 가소 하릿밤만 유해 가소
말씀은 좋건마는 질(길)이 바빠 안되겠소
저게 가는 저 자석(자식)은
한 모랭이 돌거들랑 을피돌피 때러 주소
한 모랭이 돌거들랑 급살 총살 맞어 주소
한 모랭이 돌거들랑 베락(벼락)이나 때려 주소
…(중략)…
신부방에 들거들랑 숨이 딸깍 넘어가소
사랑방에 아부님요 어제 왔는 새 손님이 숨이 딸각 넘어갔소
에구 야야 그 말 말고 삼단겉은 너의 머리 그 끝으로 풀어자라
…(중략)…
바늘겉은 이내 몸에 소복단장 왠 말이고
은가락지 찌던(끼던) 손에 상주막대 왠 말이고
은비네(은비녀)라 찌러든 머래(머리) 납비네가 왠 말이고
깜둥까시(깔신: 가죽신) 신든 발에 상신짝이 왠 말이고

서른 여덜 상두꾼아 새끼 닷발 꽈여(꼬아) 왔나 얼싸덜싸 미고(메고) 가자
이선달네 집모랭이 이실비실 돌어가니
서른 여덜 상두꾼이 발이 붙어 못가겠소
니 속중우(속바지) 벗어 걸게 어리 둥둥 잘도 간다
이선달네 맏딸아가 이케 아퍼 몬가겠다
니 속적삼 벗어 걸게 어리 둥둥 잘도 간다
이선달네 집모랭이 이실비슬 돌아가여 밀오심이
흰나비 뿔건(붉은)나비 노랑나비
득천 해가(해가지고) 하늘에 저 올라가더랍니더

MBC, 『한국민요대전』 경상북도 편, (주)문화방송, 1995, 232~233쪽(괄호 안 표기 - 인용자)
[진옥화(여, 1921년생) 외, 경북 군위군 우보면 모산리 소실, 1994.01.26.]

위의 노래는 이야기의 줄거리를 담고 있는 서사민요敍事民謠 중 혼사장애형婚事障碍型 민요이다. 어려서 고아가 된 도령이 절에서 글공부를 마치고 돌아오는 길에 이선달네 맏딸애기로부터 하룻밤만 자고 가라는 유혹을 받는다. 도령이 갈 길이 바쁘다는 핑계로 뿌리치자 맏딸애기는 저주를 퍼붓는다. 이후 다른 곳으로 장가들게 된 도령은 맏딸애기의 저주로 인해 장가들자마자 죽게 된다. 도령을 실은 상여가 이선달네 집을 지나는데, 집 앞에 이르자 상여가 움직이지 않는다. 맏딸애기가 나와 속바지와 속적삼을 벗어 상여에 걸어주자 상여가 움직이고, 도령은 나비로 환생하여 하늘로 날아오른다.

우리의 서사민요 중에는 다양한 혼사장애 모티프를 가진 노래들이 존재한다. 이러한 혼사장애형 민요들을 찾아보고 서사의 진행 양상에 대해 정리해 본 후, 민요 속 혼사장애의 요인에는 어떤 것들이 있는지 짚어보자.

[참고문헌]

『고려사』

『삼국사기』

김소운 편저, 『언문 조선구전민요집』, 동경제일서방, 1933

김승찬 외, 『부산민요집성』, 세종출판사, 2002.

김안로, 『용천담적기』(한국고전종합DB)

류경자, 『현장에서 조사한 구비전승민요』 2(남해군 편), 민속원, 2011.

수영고적민속보존회, 『수영전통예능』, 1993.

인권환, 『한국구비문학대계』 4-1(충청남도 당진군 편), 한국정신문화연구원, 1984.

조희웅, 『한국구비문학대계』 1-1(서울특별시 도봉구 편), 한국정신문화연구원, 1980.

한국구연민요연구회 엮음, 『임석재채록 한국구연민요』(자료편), 집문당, 1997.

한태문 외, 『밀양민요집』 1권·2권, 밀양시, 2010.

MBC, 『한국민요대전』 경상남도 편, (주)문화방송, 1994.

MBC, 『한국민요대전』 경상북도 편, (주)문화방송, 1995.

강등학 외, 『한국 구비문학의 이해』(개정판), 도서출판 월인, 2011.

강등학, 「<모심는소리>와 <논매는소리>의 전국적 판도 및 농요의 권역에 관한 연구」, 『한국민속학』 제38집, 한국민속학회, 2003.

권오경, 「어사용의 유형과 사설구조 연구」, 경북대 박사학위논문, 1997.

김혜정, 「민요의 개념과 범주에 대한 음악학적 논의」, 『한국민요학』 제7집, 한국민요학회, 1997.

나승만, 「전남지역의 들노래 연구」, 전남대 박사학위논문, 1990.

류경자, 『남해군 전승민요의 현장론적 연구』, 민속원, 2011.

류종목, 『한국민요의 현상과 재조명』, 민속원, 2006.

류해춘, 「조선시대 정치민요의 유형과 그 미학」, 『어문학』 71집, 한국어문학회, 2000.

박경수, 『한국 민요의 유형과 성격』, 국학자료원, 1998.

박노준, 『고려가요의연구』, 새문사, 1990.

박병채, 『고려가요의 어석 연구』, 국학자료원, 1994.

이창식, 「한국유희민요연구」, 동국대 박사학위논문, 1991.

최재남, 「문집 소재 조선후기 민요자료 정리 및 분류」, 『배달말』 38, 배달말학회, 2006.

최 철, 「한국 정치민요 연구」, 『인문과학』 60집, 연세대학교 인문과학연구소, 1988.

국립무형유산원(https://www.iha.go.kr)

국립민속박물관(https://www.nfm.go.kr)

부산구덕민속예술보존협회(https://www.saramin.co.kr)

한국학중앙연구원, "한국구비문학대계"(https://kdp.aks.ac.kr)

3장.

조선 후기 사람들이 사랑했던 종합 예술, 판소리

1. 목소리로 진행되는 연희물

많은 사람이 '전통문화'라는 말에 '국악國樂'을 떠올리곤 한다. 사람들이 떠올리는 '국악'은 어떤 모습일까? 그것은 신명나는 사물놀이의 강렬한 리듬일 수도 있고, 태평소 소리가 절묘하게 어우러진 슈가SUGA <대취타大吹打>의 한 대목일 수도 있지만, 한 손에 부채를 접었다 펼쳤다 하면서 노래하는 판소리일 수도 있다.

꽹과리나 태평소를 연주하는 음악이 악기를 사용한 기악물이라면, 판소리는 사람의 목소리로 진행하는 연희물이다. 판소리 공연에서는 부채를 든 창자唱者 한 사람이 고수鼓手의 북장단에 맞추어 말과 노래를 섞어놓은 긴 이야기를 엮어간다.

판소리가 처음 나타난 것은 조선 후기의 일이다. 타령이나 잡가, 창, 소리, 광대소리로 불리거나, 창악이나 극가, 가곡 혹은 창극조로도 지칭되던 이 공연물이 처음 '판소리'로 정리되어 나타난 것은 1940년 정노식鄭魯湜(1899~1965)의 『조선창극사』에서였다.

사람들은 왜 그런 공연을 '판소리'라 불렀을까? 판처럼 넓은 공간에서 이루어지는 공연이라 판소리로 부른다는 의견이 있다. 판소리가 공연을 위해서 놀이판을 차리기 때문인데, 이것은 판소리가 갖는 공연물로서의 성격을 강조한 이해라 할 수 있다. 장단과 변화가 있는 악조를 가리키는 '판'에서 판소리라는 명칭이 왔다고 보는 시각도 있다. 말과 노래를 엮어가는 공연물인 만큼, 판소리의 음악적 특성도 중요한 요소라는 생각이 반영된 설명이다. 내용상 처음부터 끝까지 완벽한 줄거리를 갖춘 한 판을 이룬다고 하여 판소리라 부른다는 견해도 있는데, 이것은 줄거리를 이룬 이야기에 노래를 섞어 공연하는 판소리의 특성을 염두에 둔 해석이다.

판소리 공연에는 보통 한 사람의 창자와 한 사람의 고수가 나서지만, 엄밀히 말해 판소리 공연은 창자와 고수, 청중이 함께 이끌어간다고 할 수 있다. 공연 중간 중간에 "얼쑤", "좋구나!" 같은 추임새를 넣어가며 공연에 참여하는 청중도 판소리 공연의 한 축을 담당하기 때문이다. '일一청중 이二고수 삼三명창'이라는 말에서 알 수 있듯, 판소리에서는 청중의 역할이 매우 중요하다. 판소리 감상 능력을 높이 치는 '귀명창'이라는 말이 있을 정도이다.

판소리 공연에서는 고수의 역할도 크다. 고수는 창자 옆에 바르게 앉아서 북을 치거나 추임새를 넣으며 공연에 나선다. 고수는 북의 리듬을 다양하게 구사하여 판소리의 빠르기를 조절하거나 북으로 일종의 음향 효과를 대신하면서 공연에 참여한다. 또, 추임새를 넣어 공연의 흥을 돋우거나 소리의 공백을 메우며, 때로는 창자의 상대역 대사를 대신하기도 한다. 이런 역할이 창자에 비해 보조적으로 느껴지고 쉬워 보일 수도 있지만, "소년 명창은 있어도 소년 고수는 없다."라고 할 정도로 많은 수련이 필요한 것이 또한 고수이다.

그래도 판소리 공연을 주도하는 것은 사실상 창자라고 할 수 있다. 판소리 광대 혹은 소리꾼이라 불리는 창자는, 부채를 들고 여러 가지 몸짓을 해 가며 이야기를 하거나 노래를 불러 공연을 이어 나간다. 창자가 구사하는 연극적 몸짓은 발림 또는 너름새라 하는데, 이것은 연기演技라기보다는 이야기를 효과적으로 전달하기 위해 사용

판소리 공연 국가무형문화재 판소리 <심청가> 보유자 성창순成昌順(1934~2017)의 2011년 판소리 공연 장면. 오늘날에도 판소리 공연에는 창자와 고수, 청중이 함께 참여한다.(국립무형유산원)

고수의 판소리 고법鼓法 시연 장면 전남 목포에서 출생한 김청만金淸滿(1946~현재) 고수는 김동준金東俊(1928~1990)으로부터 고법을 익혔고, 2013년 국가무형문화재 판소리 고법 보유자로 인정되었다.(국립무형유산원)

하는 비사실적 몸짓이다. 너름새가 소리꾼의 모든 신체 동작을 의미하는 데 반해 판소리에서의 발림은 춤 동작에 한정하여 이르는 경우가 많다.

말과 노래로 구성되어 있는 판소리 공연에서, 창자가 말로 이어가는 부분은 아니리라 한다. 창자는 아니리로 이야기를 진행하다가, 특정 장면을 부연할 때는 창을 한다. 설명은 말로 하고 장면은 노래로 묘사하는 것이다. 이런 점에서 판소리는 아니리와 창의 교체 반복 구조라 할 수 있다. 이런 구조는 긴장과 이완의 반복을 통해 청중이 정서적으로 더욱 풍부한 미감을 체험하게 하는 효과가 있다.

다음에 인용한 <수궁가>의 한 대목도 판소리의 이런 특징을 잘 보여준다. 창자는 자라가 범을 만나게 된 상황을 아니리로 먼저 설명한다. 자라가 "토생원 아니시오?" 하고 토끼를 부른다는 것이 "호생원 아니시오?" 하는 바람에 호랑이를 부르게 되었다는 것과, 호랑이는 자신을 생원으로 불러주는 것이 반가워서 부르는 소리가 난 곳으로 다가간다는 것을 이야기로 알려주는 것이다. 이어 창자는 호랑이가 내려오는 장면을 노래로 부른다. 이번에는 창으로 이 장면을 부연하는 것이다.[1]

[아니리]

이 자래가 목을 들어서 거그를 가만히 바래보니 온갖 길짐생들이 거그 쏵 굴헝에 모얏단말여. 화상畵像을 가지고 나갔는디 미차 못 내 펴 보고, 호랭이가 덜렁허니 가운데가 앉어 있으닌개, 고것을 그냥 퇴끼로 봤던 모양이여. "아 그 퇴끼가 조그만헌 줄 알았드니 굉장히 큰 놈의 짐생이로구만. 아 그놈 엄嚴하게 생겼는걸. 그러나 내 이왕 여까지 저를 보러 왔으니 내 한번 저놈 내 처신處身대로 불러 볼밖에. 저그 저 주둥이 벌건하고 몸에 바둑

1 이날치밴드가 2020년 5월에 발매한 정규 1집 《수궁가》의 타이틀곡 <범 내려온다>는 <수궁가>의 범 내려오는 대목을 노래한 것이다.

점 백이고 얼숭덜쑹헌 것이 퇴생원 아니시오." 허고 부른단 것이 원해삼만리遠海三萬里를 아래 택으로만 차고 밀고 내오자니, 아래택이 뻣뻣해서 퇴끼 퇴자를 조끔 늦춰 논 것이 "호생원虎生員 아니시오?" 허고 마구 불러 놨던가 보더라. 첩첩산중疊疊山中 호랭이가 생원生員 말 듣기는 제 생전生前 처음인디, 되야지고 뭣이고 다 집어 내버리고 호생원이란 말에 그양 좇아 내려오는디,

[엇모리]

범 내려온다 범이 내려온다 송림 깊은 골로 한 짐생 내려온다 누에머리를 흔들며 양귀 찢어지고 몸은 얼쑹덜쑹 꼬리는 잔 한 발이 남고 동개 같은 앞다리 전동 같은 뒷다리 새 같은 발톱으로 엄동설한 백설격으로 잔디 뿌리 왕 좌르르 좌르르 비틀며 주홍 입 떡 벌리고 홍행흥행행 하는 소리 산천이 뒤넘고 땅이 툭 꺼지난 듯 자래가 깜짝 놀래여 목을 움치고 가만히 엎졌을 제 (임방울 가창 <수궁가>)

실제 공연에서 판소리 연행演行은 허두가虛頭歌와 본사설로 이루어진다. 단가라고도 하는 허두가는 본격적으로 판소리 창을 하기 전에 부르는 짧은 노래이다. 창자는 먼저, 민요나 잡가, 또는 창작한 노래나 판소리의 한 대목을 허두가로 부른다. 판소리 창 전에 목을 풀면서 소리를 통해 청중을 모으는 것이다. 청중이 모여들고 허두가가 끝나면 본사설로 들어가는데, 본사설은 아니리로 시작해서 감정을 고조시킨 후 창으로 넘어가는 것이 보통이다.

판소리를 완창하는 데에는 짧게는 두세 시간, 길게는 일고여덟 시간이 필요하다. 이런 긴 공연은 창자에게도 무리가 되지만 청중들에게도 지루하고 힘든 일이기 때문에, 특별한 경우가 아니라면 창자는 전체 판소리 중 한 대목을 부른다. 이것은 청중들이 전편의 내용을 다 알고 있기 때문에 가능한 것으로, 다 아는 이야기와 다 아는 노래임을 전제하고 이루어지는 판소리 공연의 특징이라 할 수 있다. 그러다 보니 창자들은 특정 대목을 특별히 잘 부르는 것을 더욱 중요하게 여기게 되었고, 차츰 자기만의 장기도 갖추게 되었다. 판소리에서 특정 대목을 독특하게 부르는 창자만의 장기를 더늠이라 하는데, 구비 서사시인 판소리는 더늠이 쌓여 이루어진 작품군이라 할 수 있다.

2. 상하층 사람 모두가 애호한 공연물

1) 발생과 기원

조선 후기에는 판소리 창자를 '광대'라고 불렀다. 광대라는 말은 고려 때부터 있었지만, 조선 후기에는 특히 판소리 창자를 지칭하는 말로 사용되었다.

신재효申在孝(1812~1884)는 <광대가>에서 판소리 광대가 갖추어야 할 조건을 '광대치레'로 제시하였다. 신재효에 따르면 좋은 광대에게는 인물치레, 사설치레, 득음과 너름새가 필요하다. 좋은 판소리 창자라면 인물이 뛰어나야 하지만, 사설을 이어가는 능력과, 수련을 통해 자기만의 소리를 갖게 되는 득음은 물론, 너름새 구사 능력도 갖추어야 한다는 것이다.

판소리 광대는 대부분 신분이 낮았다. 간혹 양반 출신이 광대가 되기도 했는데 이는 따로 '비가비'라고 불렸다. 하지만 비가비가 나온 것은 판소리가 전국적으로 퍼진 후의 일이고, 초기의 판소리 광대는 대개 전라도의 세습무世襲巫 집단에서 나왔다고 본다.

강신입무降神入巫의 종교 체험을 거쳐 자신이 무당이 된 강신무降神巫와 달리, 부모로부터 무당의 직능을 물려받고 무의巫儀를 배운 세습무는 공수[2]를 주기보다 주로 굿을 통한 제의를 집전한다. 모계로 전승되는 이런 세습무의 집안에서, 여무는 굿을 맡고 남무는 악공 등의 역할을 통해 굿을 보조하며 생계를 이었다.

세습무의 주요 수입원은 마을굿이었는데, 유교적 합리주의를 표방했던 조선시대에는 마을굿도 차츰 제사 형태로 바뀌게 되었다. 마을굿이 줄어들면서, 제의를 집전하며 그 대가로 생활을 영위하던 세습무들은 생계를 유지하는 데에 어려움을 겪게 되었다. 이런 상황이 이어지자 남무들은 땅재주, 줄타기, 판소리 등으로 그 영역을 확장했고, 그 중에서 판소리가 특히 큰 호응을 얻게 되면서 재주 있는 남무들이 아예 직업적 소리꾼으로 나서게 된 것이다. 상업 발달 과정에서 생겨난 조선 후기의 부호층이 무가 집단의 무속적 종교 제의보다는 현실적이고 흥미로운 예술을 더 선호한 것도 이런 변화의 한

---

2 공수는 아는 말이라고도 하는데, 신이 무당의 입을 빌려 인간에게 전하는 말을 가리킨다.

판소리 창자 국가무형문화재 판소리 <적벽가>보유자로 인정된 명창 송순섭宋順燮(1936~현재)의 2011년 판소리 공연 장면.(국립무형유산원)

배경이라 할 수 있다.

그렇다면 판소리가 유독 전라도 지역에서 발전하게 된 이유는 무엇일까? 그것은 우선, 전라도 음악의 악조가 판소리를 키우기에 적합했던 때문이라 할 수 있다. 판소리의 중심 선율은 대개 계면조인데, 계면조는 육자배기토리와 유사하다. 육자배기토리란, 전라도 지역 대표 민요인 '육자배기'에 민요 선율의 지역적 특색을 가리키는 '토리'를 붙인 말이다. 그런데 전라도의 독특한 선율형인 이 육자배기토리가 판소리의 계면조와 매우 비슷하다. 이런 점을 근거로, 전라도의 민요 선율이 판소리에 영향을 주면서 판소리를 발전시킨 모태가 되었다고 추정하기도 한다.

판소리의 내용을 다채롭게 하는 데 활용할 만한 구비 전승이나 민속 예술적 소재가 전라도 지역에 많았던 것도 판소리가 전라도에서 발생한 배경의 하나였다고 볼 수 있다. 제주도의 <이공본풀이>, <세경본풀이> 등이 제주도와 지리적으로 가까운 전라도에 알려져 자극을 주었을 수 있다는 설명이나, 탈춤이 없던 전라도 지역에서는 다른 지역에서 탈춤이 맡았던 연행의 역할을 판소리가 담당했고 이것이 판소리 발전에 영향을 끼쳤다는 분석도 같은 맥락에서 이해할 수 있다. 이런 과정을 거치면서 전라도 세습무의 가계에서 시작한 초기 판소리가 전국적으로 퍼져 나갔고, 하층의 문화에 그 뿌리가 있는 판소리를 차츰 상층의 사람들까지 사랑하게 된 것이다.

2) 전승과 변화

영조 때인 1754년에 만화晩華 유진한柳振漢(1711~1791)이 지은 <가사춘향가이백구歌詞春香歌二百句>, 흔히 '만화본 춘향가'로 불리는 이 시는 조선 후기 판소리의 발생과 전승 상황을 짐작하는 근거가 된다. 이 시는 천안 목천에 살던 유진한이 호남 지역을 돌다가 판소리로 부르는 <춘향가>를 접한 후 그 가사를 200구의 한시로 옮긴 것으로, 판소리에 대한 가장 오래된 기록이라 할 수 있다. 이 시기에 유진한이 <춘향가>를 접했다는 것은, 18세기 중반에는 최소한 호남지역에 판소리 <춘향가>가 존재했을 뿐 아니라 유진한이 감동을 받아 한시로 옮길 만큼 그 <춘향가>가 예술적으로도 일정한 형식과 세련미를 갖추고 있었음을 의미한다. 이런 점을 근거로, 숙종 말 영조 초 무렵인 늦어도 18세기 초에는 판소리가 생겨났다고 추정한다. 만화본 <춘향가>가 시사하는 대로, 18세기는 판소리의 형성기였던 것이다.

정노식의 『조선창극사』에 따르면, 이 시기에는 하한담(혹은 하은담), 최선달, 우춘대 등의 소리꾼이 활약했다. 소리꾼들은 소리판에서 역대 명창의 이름을 불러가며 이를 창으로 부르기도 하는데, 이때 제일 먼저 거론되는 하한담과 최선달은 판소리의 시창자始唱者라 할 수 있다.

판소리 열두 마당이 성립된 것도 이 시기의 일이었다. '마당'은 놀이하는 넓은 공간을 가리키는 말로 '바탕'이라고도 하는데, 판소리에서 이 말은 놀이 한 편을 의미한다.

19세기는 판소리의 전성기였다. 판소리가 전국적으로 인기를 끌면서, 이 시기에는 상하층 모두가 판소리를 즐기게 되었다. 하층을 상대로 하는 광대들이 여전히 있었지만 왕실에까지 불려가는 소리꾼도 생겨났다. 이름난 광대들의 신분 상승이 이어지는 한편, 남창男唱에 이어 여창과 동창童唱이 등장하는 등 공연자의 범위도 확대되었다. 권삼득, 모흥갑, 김성옥, 송흥록, 염계달, 고수관 등의 전기 8명창이 하층의 문화였던 판소리를 상층의 미의식에 더 가까이 접근하게 했다면, 박유전, 이날치, 김세종, 송우룡 등의 후기 8명창은 전기 8명창의 업적을 계승하면서 이를 바탕으로 다양한 더늠을 개발했다 할 수 있다.

경복궁 낙성을 기념하며 열린 1867년의 공연은 이러한 판소리의 위상 변화를 실감하게 한다. 하층의 문화로 인식되던 판소리가 국가 차원의 행사에서 공식적으로 불리게 되었기 때문이다. 이것은 이 시기 판소리가 상하층 모두의 사랑을 받고 있었음을 실제로 보여준 사건이다.

경복궁 낙성연의 기획은 신재효가 맡았다. 신재효는 판소리사에서 매우 중요한

동리 신재효의 모습 전북 고창에는 신재효의 고택과 서재, 묘소가 보존되어 있고, 그의 호를 딴 동리국악당, 판소리 박물관, 신재효 판소리공원도 조성되어 있다.(고창 동리국악당)

인물이다. 경아전京衙前이던 아버지의 영향으로 전북 고창의 아전으로 정착한 신재효는 부친의 유산 등을 바탕으로 상당한 재력을 갖추고 있었다. 판소리 애호가였던 신재효는 사재를 털어 판소리 광대들의 후원자가 되는 한편 판소리 이론을 정리하였고, 단가 여러 편을 창작하는가 하면 판소리 사설도 개작하였다.

신재효는 판소리의 다양화를 시도하였다. 진채선 등의 여성 광대를 양성하였고, <춘향가>를 남창과 동창을 위한 소리로 버전을 나누어 고쳐 쓰기도 했다. 또한, 판소리를 여섯 마당으로 정리하여 판소리의 수준 향상을 꾀하였고, 자신이 더늠을 개발하기도 하였다. 변학도에게 곤장 맞고 옥에 갇힌 춘향의 모습을 묘사한 <쑥대머리>는 일제 강점기에 임방울(1904~1961)이 불러 유명해졌지만, 이는 신재효의 더늠으로 추정되는 곡이다. 이밖에도 신재효는, <치산가治産歌>, <오섬가烏蟾歌>, <도리화가桃李花歌>, <십보가十步歌> 등의 허두가를 창작하여 허두가를 본 사설 못지않은 독자적 가치를 지닌 예술로 만들고자 노력하였다.

19세기가 판소리의 전성기가 된 데에는 판소리 애호의 범위가 상층까지 확대되었다는 점이 중요하게 작용했지만, 이것이 반드시 긍정적인 것만은 아니었다. 상층의 판소리 애호는 판소리 발전의 원동력으로 작용한 동시에 판소리 변질의 기폭제로도 기능했기 때문이다. 하층에서 출발한 초기 판소리 특유의 발랄함과 생동감, 특히 비판정신은 상층의 기호를 반영하는 과정에서 오히려 약화되었다.

신재효의 판소리 사설 정리에 대해서도, 공연물을 독서물처럼 만들었다는 평가와 함께 양반들의 미의식을 염두에 둔 개작이라는 비판이 있다. 실제로, 개작 과정을 거치며 살아남은 작품들은 비교적 긴 분량 때문에 양반 취향의 문투를 삽입하기 좋은 작품들이었다. <춘향가>, <흥부가>, <심청가>, <수궁가>의 경우처럼, 그 표면적 주제 역시 각각 정절이나 우애, 효성과 충성 등 양반의 이상에 부합하는 것들이었다.

20세기는 판소리의 쇠퇴기였다고 할 수 있다. 박기홍, 김창환, 이동백, 김창룡 등이 전기 5명창으로 이름을 얻었으나, 무대예술로 변모한 판소리는 사실상 이전 시기보다 쇠퇴하였다. 이 배경에는 협률사와 원각사가 있었다. 1867년의 경복궁 낙성연처럼, 1902년에도 고종 즉위 40주년을 축하하기 위해 대규모 판소리 공연이 기획되었다. 2층 500석 규모의 상설극장인 협률사協律社를 건축하고, 협률사協律司를 설립하여 200여 명에 달하는 전국의 명창과 가기歌妓를 모아 성대한 관급官給 공연을 준비한 것이다.[3] 그러나 두 번의 연기 끝에 공연은 처음 계획보다 간략하게 치러졌다. 협률사協律社도 몇 차례의 휴관과 재개관을 거쳐 1908년 협률사協律司의 전용극장인 원각사圓覺社로 바뀌었다. 이 시기에는 이동백李東伯(1867~1950) 중심의 전속단체가 판소리 등의 연희를 공연하였고, 여기에는 김창환, 송만갑 등도 참여하였다.

그러나 이 시기에 이미 나라의 운명은 기울고 있었다. 국권 침탈기는 판소리 역사에서도 어려운 시기였다. 판소리의 강력한 지지층이던 왕족과 양반층이 해체되면서 판소리는 경제적 기반을 잃게 되었다.

판소리 공연이 정치적 도구로 이용되는 경우도 생겨났다. 이인직, 송병준 등의 친일파 인사가 관여하여 여론 조작에 원각사를 이용하였고, 이와 관련해 단재丹齋 신채호申采浩(1880~1936) 등은 원각사를 규탄하는 논설을 발표하기도 했다. 원각사에 소속된 명창들은 소극적으로나마 판소리의 발전을 꾀하면서, 기존의 판소리를 개작하는 한편 <은세계>라는 제목의 창극도 만들어 공연하였다. <은세계>는 나중에 이인직이 내용 일부를 고쳐서 자기 이름의 신소설로 발표하는데, 명창들이 만든 창극을 친일 작가가 자기 작품으로 발표하면서 원작의 현실 비판적 내용을 수정한 것도 이 시기 판소리의 어려움을 보여준다. 이런 어려움은 광복 때까지도 계속되어, 1940년대에는 민족말살 정책 때문에 판소리를 일본어로 불러야 하는 상황도 전개되었다.

이 시기의 판소리는 대중의 기호에 영합하면서 차츰 속화俗化의 방향으로 변모하였다. 1920년대부터 보급되기 시작한 유성기留聲機도 판소리의 이런 변화에 영향을 주었다. 유성기 보급이 확대되면서 임방울과 이화중선李花中仙(1898~1943)의 경우처럼 판소리 창자들의 레코드 취입이 활발해졌고, 판소리는 대중의 기호에 더욱 더 가까이

3 협률사協律社는 극장의 이름이며, 협률사協律司는 단체의 이름이다.

현대의 판소리 공연 국립부산국악원에서 열린 2021년의 판소리 공연의 한 장면. 미산 박초월의 더늠을 계승한 미산제 <수궁가>를 신진원이 완창하고, 이진희와 윤승환이 고수로 참여하였다.(개인 소장)

다가서게 되었다. 대중의 취향에 대한 판소리의 의존이 심화되면서 이를 따라가려는 사람과 이런 흐름에 반대하는 사람들이 생겨났고, 이 과정에서 판소리는 차츰 전승의 생명력을 잃게 되었다.

판소리가 원각사에서 공연되면서 판소리의 형식에도 변화가 생겼다. 연행 공간이 서양식 극장으로 달라지면서 판소리 공연에도 내적 변화가 불가피했던 것이다. 이 시기에는 배역을 나누어 부르는 연극적 판소리인 창극唱劇과, 가야금과 함께 부르는 가야금 병창竝唱 등이 새로 등장하였다. 1933년 조선성악연구회 결성 이후에는 연극적 요소를 갖춘 본격적인 창극이 나타났다.

현대의 판소리는 이전에 비해 볼거리의 요소가 강화되었고 음악적으로는 슬픈 느낌을 주는 계면조가 주를 이룬다고 평가받는다. 현대 판소리의 양대 산맥은 소리 중심의 보성소리와 너름새 중심의 김연수제라 할 수 있는데, 이런 현대 판소리의 틀을 완성한 것은 정정렬丁貞烈(1876~1938)이었다. 창극의 형태를 만든 것으로 알려진 정정렬은 특히 <춘향가>에서 최고의 경지에 이르렀다고 평가된다.

1962년에는 동초東超 김연수金演洙(1907~1974)를 수장으로 한 국립창극단도 창단되었다. 국립창극단은 기존의 전통 판소리와 함께 새로 만든 창작 판소리도 공연하였다. 정확하고 격조에 맞는 사설을 목표로 판소리 정리에 힘썼던 김연수는 대한국악원장에 이어 초대 국립창극단 단장을 지내면서 이 시기 판소리 발전에 기여하였다.

1970년대에는 이전에 탈락한 일곱 마당의 판소리를 복원하는 작업과 함께 <성웅 이순신>, <성서 판소리>, <유관순전> 등이 창작되었는데, 특히 박동진朴東鎭(1916~2003)이 대중적으로 인기를 얻었다.

80년대에 들어서면서는 임진택의 <똥바다>, <오월 광주> 등의 경우처럼 판소리로 사회를 비판하거나 현실을 풍자하는 경우가 많았다. 사회 변혁 운동의 하나로 전통 예술을 활용하는 과정에서 판소리도 이런 목적에 맞게 새로이 창작되었던 것이다.

3. 음악과 문학의 복합 연희

1) 음악적 양상

판소리는 더늠의 예술이라 할 수 있는데, '제'는 더늠의 상위개념이다. 더늠이 소리꾼 개인의 특성을 드러낸다면, '제'는 판소리의 유파를 보여준다. 정노식은 『조선창극사』에서 판소리 전승의 큰 줄기인 '대가닥'이라는 말을 사용해 이를 설명하였다. 대가닥에는 동편제, 서편제, 중고제, 호걸제가 있지만, 판소리는 대체로 동편제와 서편제로 나누며 중고제와 호걸제는 극히 적다.

보통, 동편제와 서편제는 섬진강을 기준으로 전승 배경을 구분한다. 동편제는 운봉, 순창, 구례 등 섬진강 동쪽인 지리산 부근의 산악지역을, 서편제는 광주, 보성, 나주, 고창 등 섬진강 서쪽인 평야지역을 각각 그 전승 배경으로 보는 것이다. 송흥록의 법제를 표준으로 하는 우람한 기풍의 동편제는 호령조가 많은 우조羽調나 평조平調를 즐겨 쓰고 장단도 비교적 빠른 편이다. 이에 비해 서편제는 다양한 기교를 사용하며 슬픈 계면조를 많이 쓰는데, 박유전의 법제를 표준으로 하며 장단도 동편제에 비해 느리다. 경기 충청 지역을 배경으로 염계달, 김성옥으로 전승되던 중고제는 일제 강점기 이후 전승이 끊긴 상태이지만, 동편제는 송만갑, 임방울, 김소희로 이어져 내려왔고, 서편제는 이날치, 정정렬, 김여란 등으로 전승되었다.

동편제와 서편제에서 거론되는 조調는 선율적 특징을 의미한다. 서양 음악에서 장조와 단조가 서로 다른 느낌을 주는 것처럼 판소리도 조에 따라 곡의 분위기가 달라진다. 판소리에서는 우조, 평조, 계면조가 많이 사용되는데, 판소리 조의 기본이라 할 수 있는 계면조는 슬프면서도 부드러운 느낌을 준다. 사대부 음악인 정악正樂의 가락을 차용한 우조는 장엄하고 씩씩한 느낌 때문에 호령조로 불리며, 역시 정악의 영향을 받

동편제 마을 전북 남원시 운봉읍 화수리 비전마을. 판소리의 중시조라 할 수 있는 가왕歌王 송흥록(1780년경~1863년경)과, 국가무형문화재 판소리 <수궁가> 보유자로 인정되어 국창國唱이라 불리게 된 미산 박초월(1916~1983)의 생가가 있다.(개인 소장)

은 평조는 밝고 화평하며 명랑한 느낌을 준다. 이밖에, 경쾌한 느낌의 경조 혹은 경드름, 씩씩한 느낌의 설렁제 등이 있어서, 판소리 창자는 사설의 내용에 따라 조를 가려 사용한다.

그런데 같은 조를 사용해도 소리꾼의 목소리에 따라 곡의 느낌이 달라진다. 이런 점 때문에 판소리는 종종 '성음놀음'이라고도 한다. 성음은 목소리와 발성법에 따라 여러 가지로 구분하는데, 판소리에서는 거칠고 탁한 소리를 기본으로 한다. 걸걸하면서도 거친 목의 수리성, 거칠면서도 맑고 우렁찬 천구성을 높이 치며, 수리성보다 거친 떡목이나, 천구성보다 맑은 양성은 이보다 아랫길로 친다.

발성할 때는 소리를 평평하게 내는 대신 떨거나 꺾는 등의 변화를 주는데, 이런 것을 반영한 것이 '목'이다. 판소리에서 자주 거론되는 것은 감는목, 푸는목, 찍는목, 떼는목, 끊는목, 엮는목, 깎는목, 짜는목 등인데, 이것은 소리꾼의 능력과 기교에 따라 다르게 구사된다. 명창이라면 물론 자신만의 목이 있지만, 목은 소리의 계보에 따라서도 특성을 달리한다.

판소리에서는 또한 장단이 중요하다. 장단은 서양 음악에서의 박자와 비슷한 개념으로 이해할 수 있는데, 소리꾼은 사설의 상황과 내용에 따라 각기 다른 장단을 선택하면서 판소리 연행에 변화를 준다. 느린 장단인 진양, 보통 빠른 장단인 중모리, 조금 빠른 장단인 중중모리와, 매우 빠른 장단인 휘모리 등이 판소리의 대표적 장단이다.

박자의 박에 사설을 어긋나게 붙이는 것은 부침새라 하여, 본래의 소박한 리듬인 대마디 대장단 혹은 대머리 대장단과 구별한다. 리듬의 변주 기교라 할 수 있는 부침새는 단순한 리듬을 생동감 있게 바꾸거나, 너무 길거나 짧아 장단에 맞지 않는 사설을 장단에 맞추거나 할 때 사용한다. 리듬 기교가 잘 된 것은 부침새가 좋다고 하지만, 그것이 자연스럽지 않은 경우에는 쌩자부침 또는 억지부침이라 하여 자연스러운 자연부침에 비해 좋지 않게 여겼다. 다만, 정정렬은 부침새를 많이 부렸으나 이동백이나 송만갑은 부침새를 적게 부렸다고 전하는 데에서 알 수 있는 것처럼, 부침새를 많이 사용해야만 좋은 음악인 것은 아니었다.

2) 문학과의 관련성

음악적 요소를 제외한 판소리의 가사는 사설이라 한다. 판소리의 사설은 어디에서 왔을까? 판소리 사설의 바탕에는 설화가 있고 이런 근원설화로부터 판소리가 발생했다는 설명이 있다. 그러나 서사문학 중 가장 먼저 형성된 것이 설화이므로 설화의 영향에서 다른 서사물들이 자유로울 수 없다는 점에서 이 설명은 곤란한 점이 있다.

『삼국지』 파생 설화에서 발생한 <적벽가>의 경우처럼 소재 원천이 분명한 판소리가 있다는 사실도 근원설화를 탐색하는 소재론적 접근으로는 판소리의 발생을 설명하기가 쉽지 않음을 보여준다.

오히려 판소리의 장르 계보는 서사무가敍事巫歌에서 찾아야 한다. 초기의 판소리 광대가 전라도의 세습무 집단에서 나왔다는 점을 차치하더라도, 창자가 일어선 채로 긴 서사시를 말과 창으로 섞어 부르는 판소리의 구연 방식은 주로 앉아서 구연하는 설화보다는 서사무가 쪽에 더 가깝다. 대부분의 판소리 사설에서는 여성이 주인공이거나 여성의 역할이 크며 주로 가정을 배경으로 가족 관계를 다루는데, 이런 점도 서사무가에서 자주 나타나는 방식이다. 어려움을 극복하는 남녀의 사랑이야기를 담고 있는 판소리 <춘향가>와 서사무가 <성주본풀이>는 기본적 서사구조와 주제의 성향이 비슷하며, 효행으로 가족과 사회를 구원한다는 점에서 판소리 <심청가>와 서사무가 <바리공주>도 그 서사가 유사하다. 무속 신앙의 위상이 변화하면서 서사무가에도 해학적인 장면이 종종 삽입되었는데, 이런 해학성 역시 판소리에 많이 나타난다. 서사무가가 보여주는 작품 세계의 특성을 판소리가 여러 모로 수용하고 있는 것이다. 이런 점들은 판소리 사설이 서사무가의 영향을 받았다는 사실을 잘 보여준다.

판소리는 대개 설화를 바탕으로 한 기본 골격에 여러 창자의 창작이 누적되어 이루어진 일종의 적층積層 예술이다. 그러다 보니, 얼핏 보아 상충相衝하는 것처럼 느껴지는 특징들이 한 작품에서 동시에 발견되기도 한다. 상층의 음악인 정악 영향과 하층의 음악인 굿거리 영향이 함께 나타난다든가, 상층 취향의 한문 문투와 하층 취향의 속어 표현이 뒤섞여 사용된다든가 하는 것이다. 다음에 제시된 <흥부가>의 박 타는 장면에서도 이를 확인할 수 있다.

[아니리]

흥보 자식들이 춤을 추자고 해도 춤 출 줄을 모르니, 이놈들이 절굿대 뛰듯 함부로덤부로 뛰어다니더마는, "아버지! 우리 춤 그만 추고 또 박 탑시다." "그러자." 다시 시작해서 박을 타는데, 흥보가 이번에는 밥타령으로 앞소리를 먹이던 것이었다.

[중모리]

또 한 통을 들여놓고, "당기어라, 톱질이야, 좋을시고 좋을시고, 밥 먹으니 좋을시고. 수인씨 만든 음식 날 위하여 마련했나? 요순시절 태평노인 나 정도나 먹었으며, 배 부르고 등 따순들 나 정도나 먹고 즐기던가. 어여루 당겨 주소. 옛날의 영웅들도 밥 없으면 살 수 있나. 오자서 도망갈 때 오시서 빌어먹고, 한신이 곤궁할 때 남의 집서 얻어 먹고, 진왕도 밥을 비니, 옛 글의 문장에도 중한 것은 밥뿐이라. 실건 실건 톱질이야. 어여루 당기어라. 시르렁 실건 당겨 주소. 강물에 둥둥 떴는 배가 수천 석을 실었은들 내 박 한 통을 당할손가? 이 박을 타거들랑 은금보화만 나오너라. 이 박에서 나오는 보화는 우리 형님 갖다가 드리련다. 시러렁 실건 시르렁 실건, 어여루 당겨 주소." (김연수 바디, <흥보가>)

혼재混在의 양상은 판소리 사설의 세계관에서도 발견된다. 판소리 작품에서는 상층의 세계관과 하층의 세계관이 뒤섞여 나타날 뿐 아니라 서로 모순을 보이기도 한다. 이런 세계관의 모순은 판소리를 개작하는 과정에서 어느 정도 해소되었다. 모순의 해소는 기층민의 세계관 일부가 상층의 기호에 맞게 약화되거나 수정되는 방향으로 이루어졌다. 그런 점에서, 판소리 열두 마당 가운데 현재에도 전하는 전승 5가는 상하층 세계관 사이의 모순과 충돌이 어느 정도 해결된 결과라고 볼 수 있다. 탈락한 일곱 마당에 대해서도 그 작품들이 상대적으로 상층의 미의식에 미치지 못하여 탈락한 것으로 이해할 수 있다 하겠다.

판소리의 변모 과정은『조선창극사』이전의 여러 한시를 통해 재구해 볼 수 있다. 신위申緯(1769~1845)의 <관극절구觀劇絶句> 12수는 19세기 전기의 판소리 연행 장면을 보여주며, 판소리 열두 마당에 대한 내용은 송만재宋晩載(1788~1851)의 <관우희觀優戲>를 통해 알 수 있다. <관우희>에서 <춘향가>, <심청가>, <흥보가>, <수궁가>, <적벽가>, <변강쇠가>, <배비장타령>, <강릉매화타령>, <옹고집타령>, <장끼타령>, <왈자타령>, <가짜신선타령> 등 12편이 언급되었기 때문에 <관우희>는 판소리가 열두 마당으로 늘어났음을 보여주는 기록으로 평가된다.

<관극팔령觀劇八令>은 이유원李裕元(1814~1888)이 <춘향가>, <심청가>, <흥보가>, <장끼전>, <수궁가>, <적벽가>, <배비장전>, <변강쇠가>의 8편을 각각 한시로 노래한 것이다. 이것은 앞선 시기 <관우희>에서 언급된 열두 마당 중 <왈자타령>, <강릉매화타령>, <가짜신선타령>, <옹고집전> 등이 빠진 것으로, 이를 통해 이 시기에는 판소리 열두 마당이 여덟 마당으로 줄어들었음을 짐작할 수 있다.

판소리 <춘향가>를 소재로 한 송만재와 이유원의 한시 일부를 살펴보자.

(가) 송만재 <관우희>

琴瑟繁華憶會眞	금슬 번화했던《회진기》[4] 추억하며
廣寒樓到繡衣人	광한루에 수의어사 이르렀다네

4 《회진기會眞記》는 당나라 때 원진元稹이 지은 연애소설로, 장생張生과 앵앵鶯鶯의 사랑을 그리고 있어 《앵앵전鶯鶯傳》이라고도 한다.

情郎不負名娃節	다정한 이도령이 고운 절개 잊지 않아
鎖裏幽香暗返春	옥중 춘향은 어둠 보내고 봄 맞았네

(나) 이유원 <관극팔령>

廣寒五月綠楊垂	광한루 오월에는 푸른 버들 늘어져서
娘子鞦韆絳碧絲	낭자 타는 그네가 붉고 푸른 실 같구나
手折一枝橋上贈	손으로 가지 꺾어 다리 위에서 이별하니
風流御史不勝悲	풍류 높은 어사는 슬픔 이기지 못 하네

여덟 마당으로 줄어든 판소리는 신재효에 의해 다시 변모를 겪는다. 신재효는 <춘향가>, <심청가>, <박타령>, <토별가>, <적벽가>, <변강쇠가>의 여섯 마당을 골라 그 사설을 개작하였다. 사대부 취향의 전아하고 수식적인 문투를 사용한 신재효의 개작은, 입체적인 공연물을 평면적인 독서물로 만들었다는 비판과 함께 그 개작이 하층민의 현실 인식이 약화되는 방향으로 이루어졌다는 지적을 받기도 한다. 그러나 아전으로서의 경험에 기반 한 비판적 현실 인식과 함께 상층의 미의식까지 합리적이고 체계적인 구성으로 작품에 담아냈다는 점에서, 신재효의 개작이 결과적으로는 판소리의 수준을 높였다는 평가가 지배적이다.

『조선창극사』에 기록된 판소리 열두마당은 <장끼타령>, <변강쇠타령>, <무숙이타령>, <배비장타령>, <심청전>, <흥보전(박타령)>, <토별가(수궁가, 토끼타령, 별주부타령)>, <춘향전>, <적벽가>, <강릉매화전>, <숙영낭자전>, <옹고집>의 12편이다. 정노식은 이 중에서 보편적으로 애창된 것이 <춘향가>, <심청가>, <흥보가>, <토별가>, <적벽가> 등이라 밝히고 있는데, 이것은 현재에도 불리는 전승 5가 <춘향가>, <흥보가>, <심청가>, <수궁가>, <적벽가>와 일치한다.

한편, 판소리는 자아와 세계의 대결이라는 서사의 특징을 소설과 공유하면서 소설의 발전에 크게 기여하였다. 가창하던 판소리를 글로 적은 것은 그 자체로 소설이라 할 수 있는데, <춘향가>, <심청가>, <흥부가>, <수궁가>는 각각 <춘향전>, <심청전>, <흥부전>, <토끼전>의 판소리계 소설로 발전하며 다양한 이본異本을 생산하였다. 판소리계 소설은 처음부터 글로 쓴 소설에 비해 율문성이 강하며, 특정 장면을 강조하여 묘사하는 장면의 극대화가 두드러지는 특징이 있다.

판소리계 소설에서도 표면적 주제와 이면적 주제의 모순이 문제가 된다. 표면적으로 심청의 효를 내세운 <심청전>이 다른 한편으로는 앞 못 보는 아버지를 홀로 두고 죽을 길로 떠난 행위가 진정한 효행인가를 반문하는가 하면, 별주부의 충심을 칭송하는 <토끼전>에서는 자신의 연명延命을 위해 신하를 사지死地로 내몬 용왕의 행동이 정당한가를 질문하고 있기 때문이다. 여성의 정절을 주제로 내세운 <춘향전> 역시 그 이면의 주제는 신분적 질곡桎梏에서 벗어난 인간 해방이라고 본다면, 작품에 숨어있는 이면적 주제가 결과적으로는 상층의 관념과 이상에 맞는 충忠·효孝·열烈의 표면적 주제에 문제를 제기하고 있다고 할 수 있다.

개화기에는 이해조李海朝(1869~1927)에 의한 판소리 개작도 이루어졌다. 이해조는 명창들의 구술을 토대로 판소리를 개작하여 <옥중화獄中花>, <연燕의 각脚>, <강상연江上蓮> 등의 신소설을 발표하였다. 이해조의 개작은 신재효의 판소리 개작 이후 50년 만의 일이었는데, 신재효의 경우가 판소리의 수준을 높이기 위한 노력의 하나로 이해되는 반면, 이해조의 개작은 이미 대중성이 입증된 판소리를 이용해서 잘 팔릴 수 있는 소설을 마련하고자 한 것으로 평가된다.

4. 지금도 향유되는 민족의 문화 예술

판소리는 조선 후기의 대표적인 문화 예술로 발전하는 과정에서 많은 변화를 겪었다. 기층민의 문화에서 출발한 판소리가 상층의 애호를 받게 되면서 향유층의 범위는 확장되었으나 원래 지녔던 비판의 목소리와 풍자정신이 약화되는 일도 있었다. 그러나 판소리가 상층의 취향에 영합하기만 한 것은 아니었다. 판소리는 당대의 도덕률을 표면적 주제로 내세웠지만, 현실 비판이라는 원래의 주제도 이면화裏面化 하는 방식으로 작품에 녹여내었다. 판소리의 이런 존재 방식은 상층의 관념적 도덕률을 전복시키는 효과를 낳았다. 결과적으로는 하층민의 현실주의적 세계관이 승리를 거둔 것이다.

판소리 광대의 위상 변화도 시대상을 반영한다. 전라도 세습무 집안에서 출발한 천한 신분의 판소리 광대는 판소리의 발전과 함께 그 신분이 상승하면서 왕에게 벼슬을 받는 사례도 생겨났다. 이는 중세에서 근대로 이행하는 과정에서 위항인이나 여성 작가들에게까지 문학 담당층이 확대된 것과 유사한 경우라 볼 수 있다. 존귀와 비천을 따지던 중세적 가치관이 붕괴하면서 비천한 신분의 판소리 광대도 이 시기 문학 담당층이자 문화 예술인으로 일정한 역할을 맡게 되는 것이다.

상하층 모두의 사랑을 받으며 전성기를 구가하던 판소리는 국권 침탈의 시기 동안 어려움을 겪기도 했다. 그러나 주권을 되찾고 광복을 맞은 민족의 상황처럼, 판소리 역시 광복 이후에 민족 문화로서 그 위상을 확립하고 민족 예술의 역할을 잘 수행하고 있다. 조선 후기 사람들이 사랑했던 종합 예술 판소리가, 지금은 우리 시대의 대표적 전통 문화이자 민족 문화로서 새로운 역사를 써나가고 있는 것이다.

대한민국의 국가무형문화재 제5호 판소리는 2003년 유네스코에 의해 인류무형유산으로 지정되었다. 우리의 전통 예술 판소리가 인류의 소중한 무형유산이라는 점에 전 세계적으로도 공감하고 있다고 할 수 있다.

읽을거리

신재효의 <광대가>를 읽으며, 신재효가 생각했던 판소리 창자의 모습을 살펴보자.

고금에 호걸문장 절창으로 지어 후세에 유전하나 다 모두 허사로다 송옥의 고당부와 조자건의 낙신부는 그 말이 정영한지 뉘 눈으로 보았으며 와룡선생 양보음은 삼장사의 탄식이요 정절선생 귀거래사 처사의 한정이라 이청연의 원별이와 백낙천의 장안가며 원진의 연창궁사 이교의 분음행이 다 쓸어 처량사설 차마 어찌 듣겠는가 인간의 부귀영화 일장춘몽 가소롭고 유유한 생이사별 뉘 아니 한탄하리 거려천지 우리 행락 광대행세 좋을시고

그리하나 광대 행세 어렵고 또 어렵다 광대라 하는 것이 제일은 인물치레 둘째는 사설치레 그 즉차 득음이요, 그 즉차 너름새라 너름새라 하는 것이 구성지고 맵시 있고 경각의 천태만상 위선위귀 천변만화 좌상의 풍류호걸 구경하는 노소남녀 울게 하고 웃게 하는 이 구성 이 맵시가 어찌 아니 어려우며 득음이라 하는 것은 오음을 분별하고 육률을 변화하여 오장에서 나는 소리 농락하여 자아낼 제 그도 또한 어렵구나 사설이라 하는 것은 정금미옥 좋은 말로 분명하고 완연하게 색색이 금상첨화 칠보단장 미부인이 병풍 뒤에 나서는 듯 삼오야 밝은 달이 구름 밖에 나오는 듯 새눈 뜨고 웃게 하기 대단히 어렵구나 인물은 천생이라 변통할 수 없거니와 원원한 이 속판이 소리하는 법례로다

영산초장 다슬음이 은은한 청계수가 얼음 밑에 흐르는 듯 끄을러 내는 목이 순풍에 배 노는 듯 차차로 돌리는 목 봉희노전 기이하다 돋우어 올리는 목 만장봉이 솟구는 듯 툭툭 굴러 내리는 목 폭포수가 솟치는 듯 장단고저 변화무궁 이리 농락 저리 농락 안일리 짜는 말이 아리따운 제비말과 공교로운 앵무소리 중머리 중허리며 허성이며 진양조를 달아두고 놓아두고 걸리다가 들치다가 청청하게 도는 목이 단산의 봉의 울음 청원하게 뜨는 목이 청전에 학의 울음 애원성 흐르는 목 황영의 비파소리 무수히 농락변화 불시에 튀는 목이 벽력이 붙드는 듯 음아질타 호령소리 태산이 흔드는 듯 어느 덧 변화하여 낙목한천 찬바람이 소슬하게 부는 소리 왕소군의 출새곡과 척부인의 황곡가라 좌상이 실색하고 구경꾼이

낙루하니 이러한 광대노릇 그 아니 어려운가

우리나라 명창 광대 자고로 많거니와 기왕은 물론하고 근래 명창 누구누구 명성이 자자하여 사람마다 칭찬하니 이러한 명창들을 문장으로 비길진대 송선달 흥록이는 타성주옥 방약무인 화란춘성 만화방창 시중천하 이태백 모동지 홍갑이는 관산월색 초목충생 청천만리 학의 울음 시중성인 두자미 권생원 사인씨는 천층절벽 불끈 솟아 만장폭포 월렁꿀껄 문기팔대 한퇴지 신선달 만엽이는 구천은하 떨어진다 명월백로 맑은 기운 취과양주 도목지 황동지 해청이는 적막공산 밝은 달에 다정하게 웅창자화 두우제월 맹동야 고동지 수관이는 동아부자 염피남묘 은근문답 하는 거동 권과농상 백낙천 김선달 계철이는 담탐한 산현영기 명랑한 산하영자 천운영월 구양수 송낭청 광녹이는 망망한 장천벽해 걸릴 데가 없었으니 만리풍범 왕마힐 주낭청 덕기는 둔갑장신 무수변화 농락하는 그 수단이 신출귀몰 소동파 이러한 광대들이 다 각기 소장으로 천명을 하였으나 각색구비 명창광대 어디 가 얻어보리 이 속을 알건마는 알고도 못 행하니 어찌 아니 답답하리

생각해보기

판소리는 더늠이 쌓여 이루어진 예술이라 할 수 있다. 정노식의 『조선창극사』에 실려 있는 <춘향가>의 한 대목을 세 사람의 더늠으로 비교해 보고, 더늠의 특징을 이해하여 보자.

1. 모흥갑 <이별가>

여보 도련님 여보 도련님, 날 데려가오 날 데려가오. 나를 어쩌고 가랴시오. 쌍교도 싫고 독교도 싫네. 어리렁 충청 거는단 말게 반부담 지어서 날 데려가오. 저 건너 늘어진 장송 깁수건을 끌러내어 한끝은 낭기 끝끝에 매고 또 한끝은 내 목 매어 그 아래 뚝 떨어져서 대롱대롱 내가 도련님 앞에서 자결을 하여 영이별을 하제 살려두고는 못 가느니. 운운. [전도성全道成 방창倣唱[5]]

모흥갑의 생몰 연대는 알 수 없으나 만년에 전주에 살았다 한다. 전기 8명창의 한 사람으로, 높은 소리를 계속 질러내는 고동상성에 능해서 '설상雪上에 진저리치듯'이라는 별명을 얻었다. <이별가>의 "날 데려가오"하는 대목이 고동상성으로 부르는 대목이다. 정노식은 모흥갑의 이 더늠을 전도성의 소리로 듣고 기록하였다.

2. 이날치 <망부사望夫詞>

춘하추동 사시절을 망부사望夫詞로 보낼 적에 동풍이 눈을 녹여 가지가지 꽃이 되고 작작灼灼한 두견화는 나를 보고 반기는데, 나는 뉘를 보고 반기란 말이냐. 꽃이 지고 잎이 되니 녹음방초 시절이라, 꾀꼬리는 북이 되어 유상세지柳上細枝 늘어진 데 구십춘광九十春光

5 정노식은 모흥갑의 소리를 직접 들은 것이 아니라 전도성이 부르는 모흥갑의 더늠을 듣고 이를 기록하였으므로, '방창'이라 적어 이런 사정을 밝혀두었다.

짜는 소리 머금이 가득한데 뉘와 함께 듣고 보며, 잎이 지고 서리치니 구추단풍九秋丹楓 시절이라. 낙목한천落木寒天 찬바람에 홀로 핀 저 국화는 능상고절凌霜高節이 거룩하다. 북풍이 달을 열어 백설은 펄펄 흩날릴 제 설중의 푸른 솔은 천고절千古節을 지켜 있고 나부羅浮의 찬 매화는 미인태美人態를 띠었는데, 푸른 솔은 날과 같고 찬 매화는 낭군같이 뵈는 것과 듣는 것이 수심 생각뿐이로다. 어화가련 어화가련 이 무슨 인연인고. 인연이 극중極重하면 이 이별이 있었으랴. 전생 차생 무슨 죄로 이 두 몸이 생겼는가. 창 잡고 문을 여니 만정월색滿庭月色은 무심히 방에 든다. 더진 듯이 홀로 앉아 달더러 묻는 말이 저 달아 보느냐, 님 계신 데 명기明氣를 빌려라. 날과 함께 보자. 우리 님이 누웠더냐 앉았더냐 노는 대로만 네가 일러 나의 수심 풀어다고. 달이 말이 없으니 자탄으로 하는 말이, 오궁추야梧宮秋夜 달 밝은데 님의 생각으로 내 홀로 발광이로다. 인비목석人非木石 아니거든 님도 응당 느끼련만 흉중에 가득한 수심 나 혼자뿐이로다. 밤은 깊어 삼경인데 앉았은들 님이 오며 누웠은들 잠이 오랴. 님도 잠도 아니 온다. 다만 수심 벗이 되고 구곡간장 굽이 썩어 솟아나니 눈물이라. 눈물 모여 바다되고 한숨지어 청풍되면 일엽주一葉舟 무어타고 한양낭군 찾으련만 어이 그리 못하는고. 이 일을 어이하리. 아이고 아이고 내 신세야. 이렇듯이 세월을 보내는데. 운운. [김창환金昌煥·전도성全道成 방창倣唱]

후기 8명창의 한 사람인 이날치(1820~1892)는 박유전의 법제를 이어받은 서편제의 제일 명창이다. 이날치가 박유전에게 배운 <새타령>을 부르면 그 소리를 듣고 실제로 새가 날아들었다는 이야기가 전할 정도로 특히 <새타령>을 잘했다 한다. 정노식은 이날치의 이종인 김창환과, 전도성의 소리를 듣고 이를 기록하였다.

3. 전상국 <수심가>

세월이 여류하여 구관은 올라가고 신관은 도임하여 수삭을 지낼 적에, 이때에 춘향이는 수심병愁心病이 나서 문을 닫고 홀로 누워 상사곡相思曲 단장성斷腸聲으로 님을 그려 울더니라.

옥 같은 님의 얼굴 달 같은 님의 태도 지리상사支離相思 보고지고, 동풍이 온화하니 님의 회포 불어온가 반가올사 춘풍이여. 춘풍에 피는 꽃은 웃는 듯 님의 얼굴 저 꽃같이 보고지고. 우수憂愁를 수여소誰與訴할꼬 상사지자지相思知者知라. 노천老天이 불관인초췌不管人憔悴하니 누첨구곡황하일淚添九曲黃河溢이요, 한압삼봉화악저恨壓三峰華岳低로다. 오매불망 두 눈물이 밤낮없이 흐르는데 이촌간장二寸肝腸 좁은 곳에 만곡수萬斛愁를 넣어두고 우리 님을 다시 보면, 이 설움이 개련마는 어느 때 다시 만나 악수논정握手論情하여 볼까. 그리워 못 보는 님 잊어 무방하건마는 든 정이 병이 되어 사노나니 창자로다. 아마도 죽지 말고 명대로 보전타가 어느 해 어느 때 낭군 만나거든 세세원정細細冤情하오리라. 운운.

전상국은 철종과 고종 연간의 인물로, 동편제의 명창이다. 정노식은 전상국이 동편제로 당세에 쟁쟁했다고 적고 있는데, 여기에 인용한 <수심가>는 정노식이 전상국의 더늠을 직접 듣고 기록한 것이다.

[참고문헌]

강한영, 『신재효 판소리 사설집』, 교문사, 1984.

강한영 외, 『판소리』, 사단법인 적분애향운동본부, 1988.

김미숙, 『김소희 바디 <춘향가>의 사설구성과 음악적 특징』, 민속원, 2016.

김석회, 「판소리 문화의 현주소」, 고전문학과교육학회, 『고전문학과 교육』 5권, 2003.

김헌선, 「<강릉매화타령> 발견의 의의」, 『국어국문학』 109권, 1993.

김혜정 외, 『국창 임방울 수궁가·적벽가 채보집』, 사단법인 임방울국창진흥재단, 2004.

남궁윤, 「19세기 지식인의 문예 향유의 일면:<관우희>·<관극팔령>·<광한루악부>를 통해」, 『동악어문학』 84집, 2021.

서대석, 「판소리 기원론의 재검토」, 한국고전문학회, 『고전문학연구』 16권, 1991.

서대석, 「성주풀이와 춘향가의 비교연구」, 판소리학회, 『판소리연구』 1권, 1989.

송미경, 「'판소리 유파 발표회'에 나타난 유파 인식의 변천」, 『판소리연구』 52권, 2021.

송방송, 『증보 한국음악통사』, 민속원, 2007.

유광수 엮음, 『쟁점으로 본 판소리문학』, 민속원, 2011.

유영대, 「판소리 후원자 신재효와 박봉헌에 대하여」, 국제언어인문학회, 『인문언어』 9집, 2007.

이명현, 「판소리의 탈맥락화와 문화 혼종: 이날치 밴드의 <범 내려온다>를 중심으로」, 『다문화콘텐츠연구』 37집, 2021.

인권환, 「<가짜신선타령>과 <금강탄유록> - 형성 과정과 관련 양상 및 인물의 문제」, 『어문논집』 40권, 1999.

장석규, 「<관우희>·<관극팔령>의 창작방법과 송만재·이유원의 작가의식」, 『문화와융합』12권, 1991.

장미영 외, 『현대화사설본 심청가 흥보가』, 민속원, 2005.

정노식, 『조선창극사』, 동문선, 1994.

정병헌, 「신재효의 사설 개작과 가사 창작의 의미」, 한국시가문화학회, 『한국시가문화연구』 29권, 2012.

조동일·김흥규, 『판소리의 이해』, 창작과비평사, 1978.

조동일, 『한국문학통사』 제4판, 지식산업사, 2005.

최동현, 『판소리란 무엇인가』, 에디터, 1994.

한창훈, 「<강릉매화타령>을 통해 본 판소리 실전 사설의 특성 검토」, 『강원문화연구』 44집, 2021.

판소리학회 엮음, 『판소리의 세계』, 문학과 지성사, 2000.

고창 판소리 박물관(https://www.gochang.go.kr/pansorimuseum)

국립무형유산원(https://www.nihc.go.kr)

국가유산청 국가문화유산포털(https://www.heritage.go.kr)

4장.
놀이꾼과 구경꾼을 아우르는 난장의 마당, 민속극

1. 전통과 민중성을 갖춘 연극

유몽인(1559~1623)이 엮은 야담집 『어우야담』에 배우 귀석이 왕 앞에서 관료를 풍자한 이야기가 실려 있다.

> 공헌대왕이 대비전을 위해 대궐 내에서 '진풍정進豊呈'을 펼쳤다. 서울 우인優人인 귀석貴石이 배우희를 잘해 진풍정에 나갔다. 풀을 묶어 꾸러미 네 개를 만들었는데 큰 것이 두 개, 중간 것이 하나, 작은 것이 하나였다. 귀석이 자칭 수령이라 하며 동헌에 앉아 진봉색리進奉色吏를 불렀다. 한 배우가 자칭 진봉색리라 하고 무릎으로 기어 앞으로 나왔다. 귀석이 소리를 낮추고 큰 꾸러미 하나를 들어 그에게 주며 말하기를 "이것은 이조판서에게 드려라." 하고, 또 큰 꾸러미 하나를 들어 그에게 주며 말하기를 "이것은 병조판서에게 드려라."했다. 또 중간 것 하나를 주며 말하기를 "이것은 대사헌에게 드려라."했다. 그리고 나서 작은 꾸러미를 주면서 "이것은 임금에게 진상해라."했다. - 『어우야담』

진풍정은 조선시대 궁궐에서 새해나 동지 또는 왕실에 경사가 있을 때, 왕실의 웃어른을 위해 진설한 연회이다. 이 자리에서 잔치의 흥을 돋우기 위해 궁중의 가무歌舞와 기예技藝가 펼쳐졌는데, **배우희**는 그중의 하나로 주로 특정인의 모습이나 행동을 흉내 내는 연극을 가리킨다. 인용문에서 귀석은 지방 수령을 흉내 내며, 진상을 담당하는 아전인 진봉색리를 상대로 고위 관료의 실세가 임금의 권력을 능가하는 실상을 풍자하고 있다. 잠깐 연극 무대를 상상해보자. 수령과 진봉색리[1]의 익살스러운 대사와 몸짓, 역할에 맞는 의상(어쩌면 인물의 특성을 나타내는 가면도), 진상하는 공물의 과장된 크기, 그리고 극을 진지하게 보고 있을 왕실 가족과 불편한 표정을 감추려는 고관들의 모습이 그려진다. 이처럼 배우희는 세태를 풍자하거나 비리를 고발하여 왕을 비롯한 지배층의 폭정을 경계했다. 귀석보다 앞서 연산군 때의 공길은 늙은 선비의 역을 맡아 "임금이 임금답지 않고 신하가 신하답지 않은데, 내가 그 곡식을 먹을 수 있으랴."하며 왕을 신랄하게 비판하여, 곤장을 맞고 유배를 당하기도 했다.

배우희의 역사는 알려진 바가 없지만, 중세시대 궁중을 중심으로 세태를 풍자하는 극을 했다는 단편적인 기록이 있어 우리 극 문화의 전통을 가늠할 수 있게 한다. 궁중과 달리 민간에서 전해오는 극을 **민속극**이라 하는데, 이 또한 오랜 시간 활발하게 전승되었지만, 아쉽게도 극의 실상과 발전 과정을 구체적으로 알기는 힘들다. 조선시대까지 민속극은 민간에서 구전口傳의 방식으로 전승되었고, 상층 지식인들은 이것을 천민들의 비속한 놀이로 여겨 자세한 기록을 남기지 않았다. 따라서 민속극의 발생과 전개 과정을 알기 위해서는 문헌, 유적, 유물, 구전 자료 등의 다양한 자료를 참고할 필요가 있다.

김홍도의 무동舞童 풍물 장단에 맞춰 어린아이가 춤을 추고 있다. 민속극은 이처럼 특별한 무대 없이 마당에서 배우와 악사가 함께 연행했다.(국립중앙박물관)

현재 연행되는 민속극으로 만석중놀이, 가면극, 꼭두각시놀음, 발탈, 무극, 판소리가 있다. 만석중놀이는 그림자 인형극으로 일제강점기를 거치며 단절되었다가 1983년에 복원되었다. 무극은 무속 사제인 무당이 굿에서 행하는 극으로 종교적 성격이 강하고, 판소리는 민간에서 큰

1 지방의 토산품을 윗사람이나 임금에게 바치는 일을 담당하는 아전

인기를 끌었지만 전문 광대의 1인극이므로 둘 다 민간의 백성들이 연행했다고 보기는 힘들다. 따라서 전근대 사회부터 현대까지 민간의 백성들이 주축이 되어 연행한 대표적인 극은 가면극, 꼭두각시놀음, 발탈이라고 할 수 있다. 이중 가면극과 꼭두각시놀음은 대중의 인지도가 높고 비교적 많은 연구가 이루어졌으므로, 이들을 중심으로 민속극에 대해 알아보고자 한다.

가면극은 지역을 기반으로 전승되는데, 극이 형성된 배경에 따라 본산대놀이 계통 가면극과 마을굿놀이 계통 가면극으로 나눌 수 있다. 본산대놀이 계통 가면극은 궁중의 산대놀이에 연원을 두고 있으며, 황해도에서는 '탈춤', 서울과 경기도에서는 '산대놀이', 낙동강을 경계로 경상남도 동부에서는 '야류', 경상남도 서부에서는 '오광대'라고 부른다. 마을굿놀이 계통 가면극은 마을이나 고을의 제사에 연원을 두는데, 대표적으로 하회별신굿탈놀이, 강릉관노가면극, 북청사자놀이 등이 있다. 한편 전문 광대가 마을을 떠돌며 가면극을 연행하기도 했는데, 현재 남사당패의 덧뵈기가 전한다.

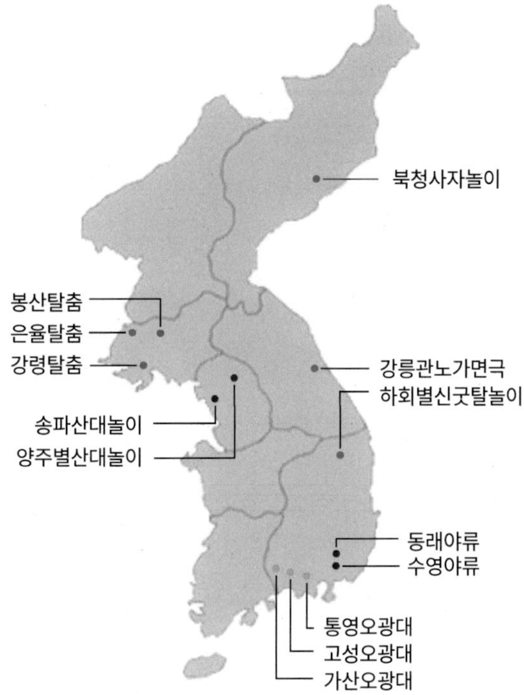

우리나라 가면극 분포도(안동세계탈박물관)

꼭두각시놀음은 인형극으로 덧뵈기와 함께 남사당패의 대표적인 놀이 중 하나이다. 별칭으로 '박첨지놀음', '홍동지놀음'으로도 불리는데, 연희자들 사이에서는 '목덜미를 잡고 논다.'에서 비롯된 '덜미'라는 말을 쓰기도 한다. 남사당패는 유랑 광대로 경기도를 중심으로 전국을 떠돌며 놀이판을 펼쳤다. 이들은 풍물을 비롯한 전문적인 기예를 선보인 후 마지막에 꼭두각시놀음을 놀았다. 꼭두각시놀음의 인기가 높아지자 지역민들이 주축이 되어 인형극을 연행하기도 했는데, 현재 전승되는 서산의 '박첨지놀음'이 그러한 사례이다.

<표1> 국가중요무형문화재로 지정된 민속극

계통	가면극 이름	전승 지역	연희 내용
마을굿 놀이	하회별신굿탈놀이	경상북도 안동	무동마당, 주지마당, 백정마당, 할미마당, 파계승마당, 양반·선비마당, 당제, 혼례마당, 신방마당
	강릉관노가면극	강원도 강릉	장자말이, 양반·소매각시, 시시딱딱이, 소매각시 소생과 군무
	북청사자놀이	함경북도 북청	길놀이, 마당놀이, 애원성, 사자춤, 칼춤, 무동춤, 꼽새춤, 사자춤, 재담, 넋두리춤
본산대 놀이	양주별산대놀이	경기도 양주	상좌춤, 옴중과 상좌, 옴중과 목중, 연잎과 눈끔적이, 팔목중, 노장老長, 샌님, 신할아비와 미얄할미
	송파산대놀이	서울시 송파	상좌춤, 옴중, 연잎과 눈끔적이, 팔먹중, 노장, 샌님, 신할아비와 신할미
	봉산탈춤	황해도 사리원	사상좌춤, 팔목중춤, 사당춤, 노장춤, 사자춤, 양반·말뚝이춤, 미얄할미·영감춤
	강령탈춤	황해도 옹진	사자춤, 말뚝이춤, 목중춤, 상좌춤, 양반과 말뚝이춤, 노승과 취발이춤, 영감과 할미광대춤
	은율탈춤	황해도 은율	사자춤, 헛목(상좌)춤, 팔목중춤, 양반춤, 노승춤, 영감·할미광대춤
	통영오광대	경상남도 통영	문둥탈, 풍자탈, 영노탈, 농창탈, 포수탈
	고성오광대	경상남도 고성	문둥광대, 오광대, 승무, 비비, 저밀주
	가산오광대	경상남도 사천	오방신장무, 영노, 문둥이, 양반, 중, 할미·영감
	동래야류	부산시 동래	문둥이, 양반, 영노, 할미·영감

	수영야류	부산시 수영	양반, 영노, 할미·영감, 사자춤
유랑 광대의 놀이	남사당패 꼭두각시놀음	중부권	박첨지마당(박첨지 유람거리, 피조리거리, 꼭두각시거리, 이시미거리), 평안감사마당 (매사냥거리, 상여거리, 절 짓고 허는 거리)
	남사당패 덧뵈기	중부권	마당씻이, 옴탈잡이, 샌님잡이, 먹중잡이

민속극의 연행은 주로 정월 대보름과 오월 단옷날에 넓은 공터나 마당에서 이루어진다. 서양의 연극처럼 무대와 관객석이 분리되지 않아, 관객이 마당을 빙 둘러서면 그 가운데가 무대가 되어 극이 진행된다. 극은 탈을 쓴 배우나 인형이 등장하여 지배층의 횡포, 승려의 위선, 가부장의 무능함을 풍자한다. 배우와 반주자가 같은 무대에 있으므로 서로 대사를 주고받거나 반주자가 극의 전개에 개입할 수 있으며, 관객이 극의 전개에 흥을 북돋우거나 야유를 보내기도 한다. 특히 극이 끝난 후의 난장亂場에서는 가면극 놀이꾼과 관객이 하나가 되어 춤과 악과 노래의 한마당을 벌인다.

조선후기에는 여러 지역에서 민속극이 성행한 것으로 보인다. 무라야마 지준村山智順, 1891~1968의 『조선의 향토오락』에서는 전국적으로 산재해 있는 가면이나 인형과 관련된 놀이를 기록해 놓았는데, 아쉽게도 단순한 놀이인지 연극적 성격을 갖춘 극인지는 알 수가 없다. 구전에 따르면 현재 전승되는 가면극 외에도 경기도는 녹번, 구파발, 아현 등지에서, 황해도는 봉산과 사리원을 중심으로 재령, 기린, 은율, 강령 등의 18개 지역에서, 경상북도는 하회 외에도 예천 및 수동과 병산에서, 경상남도는 진주, 마산, 거제, 부산진 등지에서도 활발하게 전승되었다고 한다. 꼭두각시놀음의 경우 남사당의 여러 패가 전국을 떠돌며 연행하는, 한편 지역민이 놀이를 배워 향토 연희로 정착시키기도 했다. 일본 학자 미타무라 엔교三田村鳶魚, 1870~1952가 1932년 그의 논문에서 언급한 구파발 인형극과 황해도 장연의 인형극, 그리고 현재 서산지역에서 전승되는 '박첨지놀이'는 마을 사람들이 전문 연희자에게 배워 정착시킨 사례이다.

그러나 **일제 치하**에서 가면극은 일본에서 온 신파극이나 서양 연극의 인기에 밀려날 수밖에 없었고, 일제가 집회금지법을 시행되면서 전승마저 단절되었다. 남사당패의 인형극은 일제의 탄압 속에도 1930년대까지 근근이 전통을 이어갔으나, 이후 같은 유랑 광대집단인 걸립패나 풍물패와 제휴하면서 심한 변질을 겪게 되었다. 광복 후에는 민속극의 재현이 도모되었지만, 곧 한국전쟁이 발발하면서 그마저도 어렵게 되었다.

민속극의 본격적인 재현은 1960년대 민족 문화 부흥의 분위기와 함께 시작되었다. 가면극은 당시까지 생존해 있던 연희자와 전승되는 탈을 중심으로 재현되었고, 무형문화재로 지정받으면서 체계적인 전수와 교육이 시행되었다. 이때 황해도의 탈춤은 전쟁 때 월남한 연희자를 중심으로 복원되었다. 21세기에 들어 지역 문화에 대한 관심이 높아지면서 퇴계원산대놀이, 진주오광대, 김해가락오광대, 서산박첨지놀음이 발굴되어 지역 무형문화재로 지정되었고, 창원(마산)오광대와 거제오광대도 복원되었다. 남사당패의 꼭두각시놀음 역시 1960년대에 생존한 연희자들이 재현하여 1964년에는 국가무형문화재로 지정받았다. 이후 남사당패는 가면극인 덧뵈기를 비롯한 각종 기예를 복원하였으며, 1988년부터는 꼭두각시놀음을 '남사당놀이'로 개칭하여 현재까지 전승하고 있다. 2009년에는 '남사당놀이'가, 2022년에는 '한국의 탈춤'이 유네스코 세계문화유산에 등재되었다.

한편 1970년도에는 가면극을 바탕으로 **마당극과 마당놀이** 같은 창작극이 만들어져 새로운 지류를 형성했다. 마당극은 사회 비판적 내용을 담아 대학가를 중심으로 연행되었고, 마당놀이는 판소리나 고대소설을 오락적으로 재해석하여 대중의 인기를 얻었다. 현재 마당극은 기층 민중의 생활 감각이나 사회적 의식을 반영하는 극으로, 마당놀이는 여전히 고전문학을 소재로 세태를 풍자하는 극으로 공연되고 있다.

극단 일터의 '회나뭇골 사람들'(극단 일터)

국립극장 마당놀이 '춘풍이 온다'(세계일보)

2. 마을굿에서 유래한 가면극

지역의 안녕과 번영을 위해 토착민이 지내던 마을 제사인 굿에서 유래한 가면극을 마을굿놀이 계통 가면극이라 한다. 대표적으로 하회의 '별신굿탈놀이'와 강릉의 '관노가면극', 북청의 '사자놀이'가 있다. 이들 가면극은 지역에서 자생적으로 만들어졌으며, 연원이 깊고, 풍요기원의 종교적 성격이 강하게 남아 있다.

1) 마을굿놀이 계통 가면극의 발생과 전개

남원시 대곡리의 선사시대 암각화 사람인지 동물인지 불분명한 얼굴을 새겨놓았는데, 신을 상징하는 가면으로 추측된다.(국가유산청 국가문화유산포털)

신석기 말에서 청동기 시대의 유물인 울산의 반구대 암각화에는 고래와 호랑이, 사슴 등의 짐승뿐만 아니라 사람의 얼굴이 새겨져 있다. 암각화의 주술적 용도를 고려하건대 이는 실제 얼굴이 아닌, 신을 새긴 가면으로 추측된다. **선사시대**의 암각화와 유물에서는 이처럼 가면과 인형의 형상이 발견되는데, 이를 통해 우리 토양에서 자생한 민속극의 유구한 역사를 찾을 수 있다.

고대사회에서는 부여의 영고, 고구려의 동맹, 예의 무천과 같은 제천의례와 삼한의 5월과 10월의 농경의례 등에서 나라의 번영과 풍요를 위한 굿을 벌였다. 진수陳壽, 233~297의 『삼국지』 <위서> 동이전에는 나라굿에서 연일 음주가무飮酒歌舞를 즐겼다는 기록이 전하는데, 이때의 '가무'는 춤과 노래와 극의 복합체인 종합예술로 볼 수 있다. 고대 국가가 해체된 후, 이러한 굿과 놀이는 마을 단위의 안녕과 풍요를 목적으로 하는 마을굿으로 이어졌다. 강릉의 '관노가면극'과 하회의 '별신굿탈놀이'는 무당이 주재하는 마을굿 속에서 주민들이 놀았던 가면극이다.

조선시대에는 전국적으로 많은 지역에서 마을굿이 거행된 것으로 추정된다. 『신증동국여지승람』(1530) 권32 고성固城 성황사 조에는 경상남도 고성에서 벌인 마을굿이 기록되어 있다.

> 그 지방(고성) 사람들은 해마다 5월 1일에서 5일까지 모두 모인다. 두 무리로 나뉘어 사당의 신상神象을 메고 푸른 깃발을 세우고 여러 마을을 두루 돌아다닌다. 마을 사람들은 다투어 술과 찬으로서 신상에 제사를 지내며, 연희자들은 모두 모여 온갖 연희를 펼친다.
>
> -『신증동국여지승람』

위의 내용을 보건대, 고성 지방의 사람들은 단오에 즈음하여 마을신을 모시는 굿을 했고, 신을 즐겁게 하는 놀이판도 벌였던 것 같다. 현재 전승되는 고성오광대의 뿌리를 여기서 찾을 수 있을 것이다.

특히 『동국세시기』(1849) 12월 조에는 강원도 고성高城의 고을굿에서 가면을 사용한 기사가 전한다.

> 매달 초하루와 보름에는 군(郡)의 사당에서 관이 주도하여 제사를 지낸다. 비단으로 신의 가면을 만들어 사당 안에 비치해 두면 12월 20일 이후에 그 신이 고을 사람에게 내린다. 신이 오른 사람은 그 가면을 쓰고 춤추며 관아의 안과 고을을 돌아다니며 논다. 그러면 집집에서는 신을 맞이해다가 즐긴다. 그렇게 하다가 정월 대보름 전에 신을 사당 안으로 돌려보낸다. 이 풍속은 해마다 있으며, 이는 나례신儺禮神의 종류이다. -『동국세시기』

강원도 고성군에서는 관의 주도 아래 매달 초하루와 보름에 사당에서 제사를 지냈는데, 이와 별로도 한 해의 마지막인 섣달에는 나례를 벌였다. 나례는 새해를 맞이하기 전에 묵은해의 잡귀를 몰아내는 의식으로 궁중과 지방의 관아에서 행해졌다. 고성의 경우 사당 안에 가면을 신체神體로 모시다가 신이 빙의된 사람이 그 가면을 쓰고 나례에서 연희를 벌였는데, 이는 지금의 하회별신굿탈놀이와 유사하다. 하회에서도 각시신의 탈을 만들어 사당의 신체로 모시다가 별신굿놀이를 할 때는 이 각시탈을 쓰고 무동춤을 추며 며칠에 걸쳐 놀이판을 벌인다. 한편 고성의 가면극이 관이 주도한 고을굿에서 연행된 점을 볼 때, 조선시대 고을이었던 봉산·강령·동래·수영·통영 등에도 관이 주도한 굿과 놀이가 있었을 것으로 추측된다. 따라서 이 지역에서 전승되는 '봉산탈춤', '수영야류' 등의 기원도 고을굿의 전통과 관련하여 생각해 볼 수 있을 것이다.

하회별신굿탈놀이의 지신밟기 놀이꾼들은 마을 사당에 제사를 지낸 뒤 신격이 내린 각시탈을 쓰고 무동춤을 추며 놀이마당으로 내려온다.(국가유산청 국가문화유산포털)

마을굿과는 성격을 달리하지만, 굿의 전통 속에서 자생적으로 발생한 가면극도 있다. 신라 때 만들어졌다는 황창무는 가면을 쓰고 추는 검무이다. 황창은 삼국 전쟁 당시 칼춤을 추어 백제왕을 죽인 인물로 황창무는 그를 위한 위령굿으로 행해졌다고 한다. 또 『삼국유사』의 '처용랑 망해사'에서는 헌강왕 대에 동해용, 처용, 남산신, 북악신, 지신 등이 나와 춤을 추었다고 하는데, 이는 사람이 그 신격의 탈을 쓰고 굿을 한 것으로 해석된다. 헌강왕이 직접 남산신의 탈을 쓰고 춤을 추었다는 기사가 이를 뒷받침한다.[2] 이어지는 처용 설화에서는 처용이 아내를 범하는 역신疫神을 춤과 노래로 굴복시키자, 나라 사람들이 처용의 형상을 문에 붙여 사귀

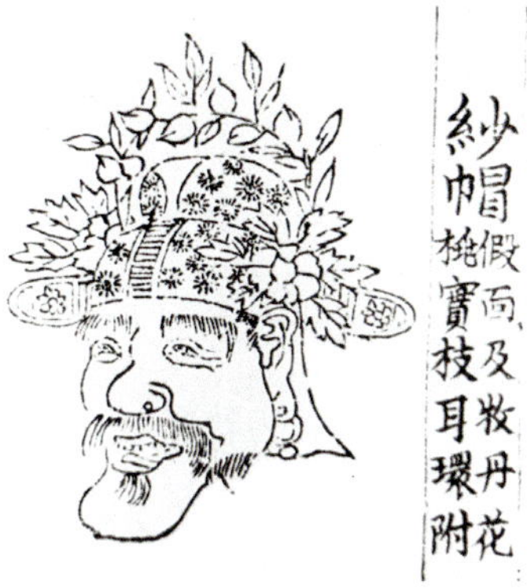

처용 가면 신라시대 굿이나 주술에 사용되었던 처용 가면의 형상은 현재 전해지지 않는다. 사진은 1493년(성종24년)에 만든 『악학궤범』에 묘사된 처용 가면으로, 이러한 가면을 쓰고 궁중 연회에서 처용무를 추었다.(국립민속박물관)

2 헌강왕 대의 가면무는 신라의 국운을 회복하기 위한 나라굿으로 볼 수 있다.

邪鬼를 쫓아냈다고 하는데, 이는 역병을 쫓기 위한 굿이나 주술에 처용 가면이 사용된 것으로 볼 수 있다. 한편 신라말 최치원은 <향악잡영鄕樂雜詠>이라는 시에서 우리 고유의 향악을 시로 묘사했는데, 여기에 황금가면무와 사자가면무가 등장한다.

2) 마을굿놀이 계통 가면극의 내용과 특성

마을굿놀이 계통 가면극은 마을에서 거행되는 제의를 중심으로 전승되었다. 하회별신굿탈놀이는 무당이 10년 단위로 벌였던 별신굿에서, 강릉관노가면극은 단오제에서 연행되었고, 북청사자놀음은 정월대보름에 액을 물리고 복을 불러들이는 의식으로 거행되었다. 이들 가면극은 내용이 소박하고 연극적 기교가 떨어지는 대신 제의적 성격이 강하다.

하회별신굿탈놀이는 무당의 별신굿에서 마을 사람들이 서낭당에 보관해 둔 탈을 쓰고, 신이 내린 대를 앞세워 마을을 돈 후 놀이판에서 벌이는 가면극이다. 첫 마당은 각시광대가 목말을 타고 등장하여 관객들에게 걸립한다.[3] 둘째 마당에서는 주지가 둘 등장하는데, 주지는 호랑이를 잡아먹는 무서운 귀신으로 별신굿을 무사히 진행하기 위해 악귀를 쫓는 춤을 춘다. 셋째 마당에서 백정은 소를 잡은 후 염통과 우랑을 관중에게 팔면서 양반을 풍자한다. 넷째 마당에서 할미는 빈곤한 삶을 한탄한 후 걸립하고, 다섯째 마당에서 중은 젊은 부인인 부네에게 빠져 파계한다. 여섯째 마당에서는 양반과 선비가 서로의 지식을 과시하며 지배층의 무지와 위선을 드러내는데, 하인인 초랭이가 등장하여 이들을 풍자한다.

선비 : 첫째 학식이 있어야지. 나는 사서삼경四書三經을 읽었네.

양반 : 뭣이 사서삼경. 나는 팔서육경八書六經을 다 읽었네.

선비 : 도대체 팔서육경이 어디 있으며 대관절 육경은 뭐냐?

---

3 걸립의 사전적 개념은 동네에 경비를 쓸 일이 있을 때, 여러 사람이 풍물을 치고 재주를 부리며 돈이나 곡식을 구하는 일이다. 여기서는 굿에서 신에게 바치는 제물을 거두는 행위를 의미한다.

초랭이 : 나도 아는 육경! 그것도 몰라요. 팔만대장경, 중의 바래경(팔양경), 봉사 안경, 약국의 길경(질경이), 처녀 월경, 머슴 쇄경(새경)

이매 : 그것 맞다 맞어.

양반 : 이것들도 아는 육경을 소위 선비라는 자가 몰라.

- 하회별신굿탈놀이 중 '양반·선비마당'

놀이가 끝나면 서낭당에 탈을 다시 보관하고 모두 하산하는데, 이때 양반광대와 각시광대만 남아 모의 혼례의식을 치른다.

강릉관노가면극은 춤과 동작만으로 구성된 묵극默劇이다. 첫째 과장에서 장자마리 둘이 나와 춤을 추다가 서로 싸운다. 장자마리는 몸 전체에 포대 가면을 쓰고 허리에 둥근 대나무 테를 둘렀는데, 테에 달아 놓은 해초와 벼 이삭은 풍농풍어豐農豐漁의 상징으로 해석된다. 둘째 과장에서는 양반과 소매각시가 춤을 추며 다정하게 논다. 셋째 과장에서 무섭게 생긴 시시딱딱이들이 등장하여 소매각시와 어울리는데, 양반광대가 소매각시의 절개를 의심하자 소매각시는 목을 맨다. 넷째 과장에서는 소매각시가 소생하고 양반과의 갈등도 화해로 마무리된다. 이처럼 남의 부인을 납치해서 갈등을 유발하다가 결국 화해로 끝나는 내용은 동해안에서 전승되는 처용설화와 유사하며, 특히 시시딱딱이의 사납고 귀신같은 모습은 처용설화의 역신과 견줄 만하다. 따라서 관노가면극 또한 역병을 물리치고 마을의 안녕을 비는 의식과 관련지을 수 있다.

강릉관노가면극 장자마리(좌)와 시시딱딱이(우)(국립민속박물관)

북청사자놀음은 함경남도 북청군의 여러 마을에서 정월대보름에 연행한 사자탈놀이로, 마을 사람들은 사자탈을 쓰고 정월 4일부터 14일까지 집집을 방문해 악귀를 쫓고 복을 기원한다. 주로 춤으로 구성되며, 힘찬 도약무를 통해 잡귀를 쫓아내는 모습을 보여준다.

북청사자놀음 (국가유산청 국가문화유산포털)

3. 중앙의 전문 광대 놀이에 연원을 둔 가면극

궁중을 비롯한 중앙 관아에서 전문 광대가 연행한 놀이가 지방으로 확산되어 형성된 가면극을 본산대놀이 계통 가면극이라고 한다. 본산대놀이는 경기도 산대놀이의 본류라는 의미로, 서역에서 중국을 거쳐 전래한 산악백희散樂百戲의 영향을 받아 형성되었으며, 주로 궁중의 행사나 사신 영접에서 연행되었다. 황해도의 탈춤, 경기도의 산대놀이, 경상남도의 야류와 오광대가 이 계통에 해당된다. 갈등과 화해의 연극적 기교와 해학과 풍자의 심미적 특성이 잘 드러나 있다.

1) 본산대놀이 계통 가면극의 발생과 전개

본산대놀이 계통 가면극은 중국이나 서역으로부터 유입된 **산악백희**의 영향을 받아 궁중을 중심으로 전승되어 온 연희가 민간으로 확대되면서 형성되었다. 산악은 중국 고대 음악과 춤을 일컫던 말로 주로 민간의 예인이나 극단을 가리켰고, 백희는 잡다한 가무와 놀이를 총칭하는 말로 산악과 동의어로 사용되었다. 산악백희에는 춤과 노래를 비롯하여 솟대타기, 줄타기, 불 토하기, 여러 개의 공이나 칼을 던졌다가 받기,

동물 재주 부리기, 마술, 인형놀이, 가면희나 배우들의 연극 등 다양하고 전문적인 놀이가 있었다.

한반도는 비교적 이른 시기 중국문화의 영향을 받았다. 5세기 초 중국 문헌인 『후한서』 권85 <동이열전> 75에 "(한나라) 무제가 조선을 멸하고 고구려를 현으로 삼아 현도에 속하게 하고, 악사와 연희자를 하사했다."는 기록이 전한다. 이는 한나라가 고조선을 멸망시키고 고구려 지역을 속현으로 삼았을 때, 산악백희를 보급했다는 의미이다. **고구려의 고분 벽화**에서 이와 관련된 놀이를 찾을 수 있는데, 특히 안악 제3호분의 벽화에서 서역에서 들여온 악기, 기예, 그리고 실제 서역인이거나 서역인의 가면을 쓴 춤꾼을 발견할 수 있다. 서역의 문화가 중국을 거쳐 한반도에 유입된 것이다.

일본의 악서인 『교훈초』(1233)에는 **백제**인 미마지가 중국 오나라에서 **기악**伎樂을 배워 612년에 일본에 전파했다는 기록이 전한다. 현재 백제 기악의 흔적은 찾을 수 없지만, 일본의 기악 즉 기가쿠의 가면이 남아 있어 백제 가면의 형상을 짐작할 수 있다. 가면의 모양이 서역인을 닮은 점에서 산악백희의 일종인 기악이 중국과 백제를 거쳐 일본으로 전파된 것으로 보인다.

신라에서는 진흥왕 대부터 **팔관회**에서 산악백희를 벌인 것으로 추정된다. 『삼국사기』 신라 진흥왕 33년(572) 10월의 기사에는 "전쟁에서 목숨을 잃은 병사들을 위해 외사外寺에서 팔관연회를 베풀었는데 이레 만에 파했다."는 기록이 전한다. 후대 문헌인 『증보문헌비고』(1903~1908)에 신라에서 팔관회를 열 때 채붕綵棚[4] 두 개를 설치해 가무백희를 하며 복을 빌었다는 기록이 있는데, 이때의 가무백희는 산악백희를 말한다.

고려왕조는 신라의 연등회와 팔관회를 계승하여 채붕과 등산燈山을 만들고 가무백희를 성대하게 연행했다. 태조 원년(918)의 팔관회에서는 왕이 신숭과 김낙겸 두 공신의 형상을 만들어 복식을 갖추고 자리에 앉게 했다는 기사가 있는데, 이것은 두 공신의 형상을 닮은 인형을 만들었거나, 배우가 가면을 쓰고 두 사람의 행동을 흉내 낸 것으로 추측된다. 예종 15년(1120) 팔관회의 기록에서도 두 공신의 형상이 언급되는 것으로 보아, 고려의 가무백희에서 가면극이나 인형극이 지속적으로 연행되었음을 알 수 있다.

4 나무로 단을 만들고 오색 비단 장막을 늘어뜨린 장식 무대이다. 산대(山臺), 산붕(山棚)으로도 불린다.

한편 **고려 정종 때**는 중국에서 연말 제액초복除厄招福을 위한 **나례**가 전해져 이후 매년 섣달그믐에 궁중과 관아에서 거행되었다. 나례는 가면을 쓴 방상씨와 진자가 구석구석을 뛰어다니며 묵은 악귀를 쫓아내는 의례로, 이러한 구나의식驅儺儀式이 거행된 뒤에는 가무백희가 연행되었다. 고려말 이색李穡, 1328~1396의 시 <구나행驅儺行>에 궁중 나례에서의 가면극과 인형극이 묘사되어 있다. 그 일부를 살펴보면,

서역의 나라 사람 고월의 가면극에는　金天之精有古月
혹은 검고 혹은 누렇고 눈은 새파란데　或黑或黃目青熒
그중 늙은이는 굽은 허리에 키가 커서　其中老者傴而長
모두가 남극성이라고 경탄하거니와　衆共驚嗟南極星
강남의 장사꾼은 사투리를 조잘대면서　江南賈客語侏離
날리는 반딧불처럼 진퇴를 경쾌히 하지　進退輕捷風中螢 (중략)
황견은 방아를 찧고 용은 여의주 다퉈라　黃犬踏碓龍爭珠
춤추는 온갖 짐승이 요 임금 뜰 같고말고　蹌蹌百獸如堯庭

- 이색, <구나행驅儺行>

시 속의 서역인은 실제 인물이거나 서역인처럼 보이는 가면을 쓴 사람으로 추측된다. 남극성 노인과 강남의 장사꾼은 오늘날 봉산탈춤에 등장하는 남극노인 및 신 장수와 관련되며, 개와 용을 비롯한 온갖 짐승은 인형을 가리키는 것으로 보인다. 『고려사』 권 124 <전영보전>의 "가면을 쓰고 연희하는 자를 우리나라 말로 광대라 한다."는 기사를 보건대, 이들 가면과 인형은 전문적인 직업 광대가 다루었을 것이다.

고려를 이은 **조선왕조**는 유교를 통치이념으로 내세우며 불교의 팔관회와 연등회를 폐지했지만, 나례는 국가의 행사로 존속시켰다. 나례에서는 산 모형의 큰 구조물인 산대를 세우고, 이것을 중심으로 서울과 지방의 광대를 대동하여 다양한 놀이와 가무를 벌였는데, 이 때문에 산대희로 칭하기도 했다. 산대희는 산대도감 또는 나례도감이라고 부르는 기관에서 관장했는데, 궁중의 섣달 나례 외에도 왕의 문묘 참배, 종묘 제례, 사신 영접 행사 등에서 성대하게 거행되었다. 또 민간으로 확산되어 관아의 행사

나 고을 및 마을의 제의, 과거 합격 후의 삼일유가와 문희연, 사대부의 잔치, 불교의 수륙재와 우란분재 등에서도 연행되었다.

산대희에 큰 변화가 일어난 것은 임진왜란과 병자호란 이후이다. 양란 이후 국가 재정이 궁핍해지고 민생이 어려워지면서 산대희는 점점 축소되었고, 정조 이후에는 산대도감마저 폐지되었다. 그 결과 산대도감에 소속된 광대들은 생계를 위해 구파발과 애오개 등지에서 본산대놀이를 벌였고, 이 놀이가 각 지방으로 전파되면서 민속극이 성행하게 되었다.

정리하면 중국과 서역에서 들어온 산악백희 및 산대희가 삼국시대부터 우리나라의 궁중에서 전승되었고, 조선 후기 민간으로 확산되면서 본산대놀이가 만들어졌다. 서울·경기의 산대놀이, 황해도의 탈춤, 경상남도의 야류·오광대는 본산대놀이의 영향을 받아 형성된 것이다.

현전하는 가면극이 궁중 산대희의 영향을 받았음을 입증해 주는 자료로 정조 20년 화성 성역 완성을 축하하는 연회를 그린 채색화 <낙성연도落成宴圖>를 들 수 있다. 이 그림은 그동안 흑백으로 전해졌으나, 2016년 프랑스 프랑수아 미테랑 국립도서관이 소장한 채색화 <낙성연도>가 발견되면서 보다 자세한 정황을 알 수 있게 되었다.

『정리의궤』39의 <낙성연도> 왼쪽은 『정리의궤』39 성역도의 채색본 <낙성연도>의 전경이고 오른쪽은 부분을 확대한 것이다.(프랑스국립도서관BNF)

양주별산대 현재 전승되는 양주별산대의 노장(좌)과 취발이(우) 가면이다.(국립민속박물관)

채색화 <낙성연도>의 일부분을 확대해보면, 솔가지를 얽혀 놓은 두 개의 무대장치가 좌우에 세워져 있는데 이것이 소형 산대[5] 이다. 왼쪽 산대에서 노장과 소무가, 오른쪽 산대에서 취발이와 소무가 춤을 추고 있으며, 가운데에 호랑이춤과 사자춤이 행해지고 있다. 이는 황해도와 경기도 가면극의 '소무를 사이에 둔 노장과 취발이의 대결'과 유사하다. 사자춤은 봉산탈춤, 통영오광대, 수영야류에서 찾을 수 있다.

산악백희 기원설의 핵심은 궁중의 놀이문화가 민간에 영향을 주었다는 것이다. 그렇다고 민간에서 자생적으로 발생한 가면극을 부정하는 것은 아니며, 다만 현전하는 가면극의 형태가 궁중 문화의 영향으로 형성되었음을 강조하고 있다. 역으로 지방에서 온 광대들이 출신 지역의 고유한 놀이를 궁중 산대희에 반영했을 가능성도 제기되었는데, 이 점도 고려할 필요가 있다.

2) 본산대놀이 계통 가면극의 내용과 특성

본산대놀이 계통 가면극은 경기도, 황해도, 경상도에 분포되어 있다. 서울·경기도에는 송파산대놀이, 퇴계원산대놀이, 양주별산대놀이가 전승되고 있다. 분단으로 인해 황해도 탈춤의 전승 양상은 알 수 없지만, 6.25 전쟁 때 피란 온 놀이꾼들에 의해 봉산·강령·은율탈춤이 서울에 전수관을 두고 전승되고 있다. 경상남도의 오광대와 야류

5 문헌에는 끌고 다닐 수 있는 산대인 '예산대曳山臺'로 기록되어 있다.

는 전문 유랑 광대패의 영향으로 형성되었다고 하는데, 이는 서울 산대놀이가 유랑 광대의 놀이에 흡수되었다가 다시 남부지역의 가면극 형성에 영향을 준 것으로 해석된다. 이들 본산대놀이 계통 가면극은 상업이 발달한 지역을 중심으로 전승되어 왔고, 연극적 기교와 가무의 세련미를 갖추고 있다.

본산대놀이 계통 가면극은 벽사의식무, 양반과장, 파계승과장, 할미과장을 공통으로 연행한다. **벽사의식무**는 가면극의 판을 정화淨化하고 액을 막고 복을 불러들이기 위해 연행되는데, 송파산대놀이·양주별산대놀이·봉산탈춤의 '상좌춤', 강령탈춤·은율탈춤의 '사자춤', 진주오광대·가산오광대의 '오방신장무'가 대표적이다. 민간의 풍속을 보면, 사람들은 중요한 행사를 치르기에 앞서 고사를 지내거나 종교적 의식을 거행해서 잡귀를 물리치고 그 행사가 잘 되기를 기원했다. 벽사의식무는 그러한 전통과 관련된다.

양반과장은 양반과 말뚝이의 갈등과 대립이 핵심이다. 양반은 하인 말뚝이를 불러 자신들을 잘 모시지 않는다고 꾸짖고, 말뚝이는 양반의 위선적이고 무능한 모습을 조롱하며 양반에게 항거한다. 양반에 대한 풍자는 가면에서도 드러나는데, 황해도 탈춤과 경기도 산대놀이에서 양반탈은 언청이이거나 코가 삐뚤어진 얼굴이고, 경상도의 야류와 오광대에서는 모毛양반탈, 홍백탈, 흑탈, 곰보탈 등으로 비정상적인 얼굴로 표현된다.

파계승과장은 노장이 아름다운 소무에게 반해서 파계하지만, 결국 젊고 힘센 취발이에게 소무를 빼앗기는 내용이다. 노장과 먹중들의 갈등에서 출발하여 소무로 인한 노장의 파계, 노장과 신장수의 실랑이, 노장과 취발이의 대립, 취발이와 소무의 애정 행각으로 이어지는데, 주된 내용은 노장의 파계와 패배를 통해 종교적 위선을 풍자하는 것이다.

할미과장에서는 영감, 할미, 첩이 등장하여 부부갈등과 처첩 갈등을 보여준다. 영감과 할미는 헤어졌다가 오랜만에 만나는데, 영감이 첩을 들이자 할미는 영감과 싸우게 되고 첩과도 갈등을 겪게 된다. 대부분의 가면극에서 할미가 죽는 것으로 끝나는데, 예외적으로 가산오광대에서는 영감이 제 분에 쓰러져 죽는다.

은율탈춤의 할미과장 왼쪽부터 본처인 할미, 첩인 뚱딴지집, 영감이다. 할미와 뚱딴지집은 영감을 가운데 두고, 서로 자신의 영감이라며 싸운다.(국가유산청 국가문화유산포털)

할미과장은 본처의 죽음을 통해 가부장의 무능함과 여성의 수난을 고발하고 있다. 한편으로 민속 전반에서의 할미의 의미에 심층적으로 접근하여, 할미와 첩의 갈등을 쇠퇴하는 늙은 여신과 생산력을 갖춘 젊은 여신의 싸움으로 보기도 한다. 이 경우 젊고 아름다운 첩의 승리는 풍요다산의 염원으로 해석된다.

산대놀이 계통 가면극은 전승 지역에 따라 뚜렷한 차이점도 보인다. 북부지역의 탈춤과 산대놀이에는 중의 비윤리적이고 세속화된 모습을 풍자하는 내용이 많고, 남부지역의 오광대와 야류는 양반을 풍자하고 모욕하며 양반에게 저항하는 내용의 비중이 높다. 한편 특정 지역에만 전승되는 과장도 있는데, 별산대놀이의 '연잎과 눈끔적이', 황해도 탈춤의 '사자춤'[6], 야류와 오광대의 '영노'와 '문둥이' 등이 그 예이다. 이 과장은 지역의 특색과 관련하여 그 의미를 고민할 필요가 있다.

4. 유랑 광대집단의 인형 놀음

꼭두각시놀음은 남사당패에서 연행하는 전통 인형극이다. 남사당패는 남성들로 구성된 전문 광대집단으로 전국을 유랑하며 풍물, 버나(접시돌리기), 살판(땅재주), 어름(줄타기), 덧뵈기를 공연한 후 마지막에 꼭두각시놀음을 놀았다. 꼭두각시놀음은 주제와 내용에서 가면극과 유사하지만, 인형이라는 매체가 주는 독특함과 유랑 광대의 자유분방한 감각이 연출되어 있어 극의 색다른 묘미를 보여준다.

6 황해도의 사자춤은 놀이판을 정화하는 벽사의식의 의미가 강하므로, 통영오광대나 수영야류의 사자와 차이가 있다.

① ②
③ ④

남사당패의 연행 남사당패의 ①버나, ②소고놀림, ③살판, ④덧뵈기 (국가유산청 국가문화유산포털)

1) 꼭두각시놀음의 발생과 전개

꼭두각시놀음의 기원에 대해서는 한반도 내에서 발생했다는 자생적 기원설과 서역이나 중국 등에서 유입되었다는 외래 기원설이 있다. **자생적 기원설**은 문헌 기록과 유물, 민속 사례를 근거로 하여 한반도의 원시적인 인형이나 인형놀이에서 꼭두각시놀음과 같은 인형극이 발생했다고 보는 견해이다. 동옥저의 죽은 사람 모습을 새겼다는 목상木像, 고구려의 주몽과 유화를 신격화한 목신상木神像, 그리고 삼국의 고분에서 출토된 다량의 토우土偶에서 고유의 종교적 기반을 바탕으로 인형극이 성립되었을 가능성을 볼 수 있다. 특히 『동국세시기』(1849)에 언급된 '풀각시놀이'는 민간에서 행해진 소박한 인형극의 모습을 보여 준다. 한편 꼭두각시놀음의 '꼭두'는 우리말 '꼭두새벽', '꼭두머리', '꼭두쇠'에서도 찾을 수 있는데, 모두 '최고', '우두머리'를 의미한다는 점에서 자생적 발생의 근거가 된다.

외래 기원설은 꼭두각시놀음이 인도 및 서역의 인형극에서 전래했고, 중국과 한반도를 거쳐 일본으로 전파되었다는 견해이다. 그 근거로 인형조종술, 등장인물의 성격, 인형극 명칭의 유사성을 든다. 특히 언어적 근거가 풍부한데, 인도에서 인형극을 가리키는 말인 'kuki', 'kukla'가 중국으로 전파되면서 '괴뢰'傀儡, k'wei-lei와 '곽독'郭禿, kok-touk이 되고, 이것이 우리나라에 와서 한자표기는 그대로 하되 '꼭두'가 되었으며, 일본으로 건너가 '구구츠'ググツ, gugutzu가 성립되었다고 보고 있다. 여기에 전파 경로

를 확대하여, 북시리아의 신화에 나오는 '구스gdš, 피드라pidray, 사니saniyy'가 실크로드를 거쳐 전파되어 꼭두각시놀음의 등장인물인 '꼭두, 피조리, 산이'가 되었다는 설도 있다. 한편 꼭두는 몽골어에서 가면을 가리키는 '고도고친[qodoročin]'에서 유래했다고 보기도 한다.

우리나라 인형극에 관한 가장 오래된 기록은 중국의 13세기 문헌인『문헌통고』에서 찾을 수 있는데, 당의 장수 이적이 고구려를 파괴한 후 인형극을 진상했다고 한다. 고구려의 멸망이 668년이므로, 이 기록은 오래전부터 고구려에 인형극이 성행했고 7세기 무렵에는 중국 황제에게 진상할 만큼 그 수준이 높았음을 보여준다. 꼭두각시놀음에 대한 본격적인 기록은 고려시대부터이다. 이규보李奎報, 1168~1241의 시 <부답병서復答幷書>와 <관농환유작觀弄幻有作>에는 꼭두각시놀음이 구체적으로 묘사되어 있으며, 이색의 <구나행驅儺行>에는 동물인형극으로 추정되는 놀이가 묘사되어 있다.

조선왕조에 들어 숭유억불 정책으로 인해 팔관회와 연등회는 공식적인 의례로서 금지되었지만, 나례와 같은 산대희는 여전히 계승되었다. 꼭두각시놀음 또한 산대도감에 소속된 광대들이 무대를 설치하여 궁중의 연례행사나 사신 영접에서 연행했다. 그러나 18세기 이후 산대도감이 폐지되고, 관할 행사마저 축소되거나 폐쇄되면서 꼭두각시놀음도 여타의 놀이와 같이 민간으로 확산되었다.

2) 꼭두각시놀음의 내용과 특성

꼭두각시놀음은 포장을 두른 공중무대를 설치하여, 포장막 위에는 인형의 상반신만 내놓고 그 아래에 인형조종자들이 들어가 인형을 놀리며 재담을 한다. 악사들은 무대의 맞은편에 앉아 연주하는데, 악사들 중 상쇠를 '산받이' 또는 '산이'라고 부른다. 산받이는 인형과 대사를 주고받으며 놀이를 상황에 맞게 이끌어가는 공연 연출자의 역할을 한다.

남사당패의 꼭두각시놀음은 크게 **박첨지마당과 평안감사마당**으로 나뉜다. 박첨지마당은 <박첨지유람거리>, <피조리거리>, <꼭두각시거리>, <이시미거리>로 구성되어 있고 평안감사마당은 <매사냥거리>, <상여거리>, <절 짓고 허는 거리>로 구성

꼭두각시놀음 왼쪽은 남사당패의 꼭두각시놀음의 무대 전경, 오른쪽은 무대 뒤의 대 잡기 모습이다.(국가유산청 국가문화유산포털)

되어 있다. 전체적으로 박첨지의 가족사를 중심으로 사건과 인물의 갈등이 다양하게 전개된다. 먼저 <박첨지유람거리>에서는 박첨지가 팔도를 유람하다 남사당패 놀이에 끼어든 사연을 소개한다.

박첨지 : 어흠, 어흠, 아따 아닌 밤중 가운데 사람이 많이 모였구나.

산받이 : 아닌 밤중 가운데 사람이야 많건 적건 웬 영감이 남의 놀음처에 난가히 떠드시오.

박첨지 : 날 더러 웬 영감이 난가히 떠드느냐구?

산받이 : 그려

박첨지 : 허허허 내가 웬 영감이 아니라, 내가 살기는 저 웃녘 산다.

산받이 : 저 웃녘 산다는 걸 보니 한양 근처에 사는가 보네.

박첨지 : 아따 그 사람 알기는 오뉴월 똥파리처럼 무던히 아는 척하는구려.

산받이 : 알 만하지. 한양으로 일러도 8문 안에 억만 가구가 다 영감네 집이란 말이여.

박첨지 : 아하 여보게, 한양으로 일러도 8문 안에 억만 가구가 다 내 집일 리가 있겠는가. 내 사는 곳을 저저이 일러줄 터이니 들어보게.

이어지는 <피조리거리>에서 박첨지는 자기 며느리와 조카딸이 상좌와 바람이 났다고 한탄하는데, 이들이 어울려 춤을 출 때 박첨지의 조카 홍동지가 나타나 모두를 쫓아낸다. <꼭두각시거리>에서는 박첨지와 꼭두각시 부부가 오랜만에 재회한 후 재산 분배와 첩의 등장으로 다툼을 벌이는데, 결국 꼭두각시의 가출로 마무리된다. <이

시미거리>에서는 용강 이시미가 등장하여 사람들을 잡아먹자 홍동지가 이를 물리친다. <매사냥거리>에서는 평안감사가 치도[7]를 잘못한 죄로 홍동지를 잡아들이는데, 박첨지의 중재로 매사냥을 벌여 평안감사의 노잣돈을 마련하는 것으로 무마된다. 평안감사가 죽자 상여가 나오고 상좌들이 절을 지었다가 다시 허문다.

꼭두각시놀음의 주제는 가면극처럼 파계승에 대한 풍자, 가부장제 사회에서의 가정의 비극, 지배층의 횡포에 대한 고발과 저항으로 볼 수 있다. 다만 가면극과 비교했을 때, 현실폭로와 비판의식이 더 신랄하게 표현되어 있다.

5. 풍요와 벽사의 염원, 저항과 비판, 그리고 상생의 문화

이상으로 가면극과 인형극 꼭두각시놀음의 기원과 발전 과정, 내용과 특성을 살펴보았다. 가면극을 마을굿놀이 계통과 본산대놀이 계통으로 나누었지만, 두 계통이 별개의 것은 아니다. 마을굿놀이 계통 가면극은 지역의 안녕과 풍요를 기원하는 제의에서 발생한 지역 기반의 자생적 놀이이지만, 전승 과정에서 다른 가면극의 영향을 받은 것으로 보인다. 본산대놀이처럼 양반, 할미, 승려가 등장하고, 소박하지만 연극적 기교와 재담을 갖춘 점이 이를 입증한다. 특히 북청사자놀음의 경우 마을굿에서 연행되지만, 산악백희의 하나인 사자춤의 영향을 받았다고 볼 수 있다.

본산대놀이 계통의 가면극 또한 지방의 광대들이 궁중 행사에 소집되어 놀았으므로, 지방의 자생적 놀이문화의 영향을 받았을 것이다. 특히 지역으로 파급될 때는 고유의 지역 문화와 결합하여 다양한 양상을 도출한 것으로 보인다. 내용과 주제는 유사하지만 지역별로 연출 방법이 다르고, 영노와 문둥이처럼 지역 특유의 가면이 존재하는 점이 이를 뒷받침한다. 인형극 또한 자생적 인형놀이에 바탕을 두고 외래 놀이가 결합되었을 가능성이 크다.

---

7 길을 고쳐 닦는 일을 말한다.

민속극은 선사시대 가면과 인형에서 출발하여 연극적 형태가 갖추어진 조선후기를 거쳐 지금까지 오랜 역사를 지니며 연행되어 왔다. 선조들은 우리의 토양에서 싹튼 신앙과 의식에 바탕을 두고, 중국을 비롯한 서역의 문화를 수용하여 그들의 삶과 의식을 주체적으로 반영하는 극을 창출했다. 따라서 민속극에는 사회적·문화적으로 다층적인 의미가 담겨 있는데, 그 의미를 살펴보면 다음과 같다.

첫째, 우리의 전통 민속극에는 인간의 근원적 욕망인 풍요기원과 벽사의식이 내포되어 있다. 농경사회에서 작물의 풍성한 결실과 병해의 방지는 개인과 집단이 생존하기 위한 중요한 요소였는데, 민속극의 등장인물과 사건은 이러한 요소를 주술적으로 반영하고 있다. 풍요기원의식은 육담肉談과 성적 행위의 모사, 그리고 젊고 생산력이 있는 인물이 늙고 쇠퇴한 인물과의 싸움에서 이기는 데서 찾을 수 있다. 또 벽사의식은 오방신장무, 상좌춤, 사자춤 등의 벽사의식무를 비롯하여 버드나무 채찍, 방울 등의 벽사 도구와 귀신 형상의 가면에서 찾을 수 있다.

둘째, 민속극은 지배층의 특권 의식에 대한 하층민들의 저항과 비판을 통해 민중들의 근대지향적 의지를 보여준다. 조선후기 상층과 하층을 엄격하게 구분 짓던 계급의식이 동요하면서 지배층의 위선과 부정을 비판하는 문학이 대두되었다. 민속극에서는 양반을 위협하고 모욕하는 말뚝이, 서민을 착취하는 평안감사의 죽음, 불법佛法을 지켜야 할 승려의 파계, 처첩 갈등과 가부장의 무능함에서 전근대 사회의 권위주의, 신분제도, 가부장제에 대한 비판의식을 읽을 수 있다.

셋째, 민속극에서 우리 민족 고유의 상생과 화합의 전통을 읽을 수 있다. 등장인물 간의 갈등과 대립은 한쪽이 패배하거나 죽는 것으로 끝나지만, 극의 마무리에서는 모두 함께 어우러지는 춤과 악으로 귀결된다. 특히 민속극이 끝나면 난장을 벌이는데, 이것은 배우, 악사, 관객의 구분 없이 모두가 어우러지는 대동의 한마당이다. 갈등이 근본적으로 해결되지 않고 유보되는 면은 있지만, 신명 나는 춤판은

수영야류 양반과장의 양반과 말뚝이의 대결 말뚝이는 재담으로 양반을 조롱하고, 채찍으로 양반을 위협한다.(국가유산청 국가문화유산포털)

부당한 현실에 대한 저항의식을 삶의 긍정적인 에너지로 전환해 주는 역할을 한다. 민속극의 표면적인 내용은 양반과 하인, 늙음과 젊음, 남편과 아내의 싸움이지만 그것을 통해 궁극적으로 추구하는 것은 상생과 화합인 것이다.

조선후기 야담집인 『청파극담』(1512)에 다음과 같은 이야기가 전한다.

> 광주廣州에 80여 세의 한 노인이 있었다. 그 노인의 말이, 내 평생의 이상한 일 두 가지를 일찍이 보았다. 그중에 아주 기괴한 일은 이웃집에 어떤 사람이 가면假面을 좋아하더니, 하루는 그 집에 병이 전염하였는데, 무당이 말하기를, "나무 가면이 빌미가 되었다."라고 하자, 즉시 들판에 버렸더니 병이 과연 그쳤다. 수개월이 지나 가족 하나가 밭 가운데를 지나가다가 전에 버렸던 가면이 있었는데, 반절이 이미 썩어서 버섯이 온통 생겨, 따다가 삶아 한 다리[一足]를 먼저 먹으니, 갑자기 웃다가 일어나 춤을 추는데 마치 미치광이 같았지만 모두 우연으로 여기고 그다지 괴이하게 여기지 않았었다. 그런데 다음에 먹은 사람도 모두 웃다가 일어나 춤추기를 앞사람과 똑같이 하더니, 조금 후에 그치는지라 물어보니, "처음 먹고 나니 자연 흥이 나서 그만두려고 하여도 되지 않아 그렇게 하였다."고 하였다.
>
> -『청파극담』

가면 때문에 병이 전염되고, 그 가면을 버리니 병이 나았으며, 버린 가면이 썩은 자리에 생긴 버섯을 먹고 웃고 춤추게 되었다고 했다. 가면은 사람을 병들게 하는 신성하고 두려운 존재이고, 사람들을 비정상적으로 만든다는 당대 사람들의 의식을 보여 준다. 민초들은 가면을 쓰고 현실의 문제를 직시하여 고발했으며 부당한 횡포에 맞섰다. 가면을 쓰면 이러한 마음이 거침없이 표현되기 때문에 병이라고 보았을 것이다. 그런데 이 병을 치유할 수 있는 것도 가면이다. 가면이 주는 웃음과 흥을 통해 대립을 넘어 화해와 상생으로 나아갈 수 있는 것이다.

읽을거리 [8]

아래 자료는 봉산탈춤의 <노장과장>과 수영야류의 <양반과장>이다. <노장과장>은 승려의 파괴를 풍자하는 내용으로 대사 없이 묵극으로 진행된다. <양반과장>은 양반과 말뚝이의 재담을 통해 지배층의 위선과 무능을 신랄하게 풍자한다. 대본을 보면서 장면의 전개를 상상한 후, 관련 동영상을 시청해 보자.

봉산탈춤 <노장과장> 중에서

소무 2인 : (먹중들이 다 퇴장하자 등장하여 노장이 누워 있는 자리에서 상당한 거리를 두고 서서 염불타령 곡조에 맞추어 춤을 춘다.)

<중략>

노장 : (그래도 좀 겸연쩍은지 부채로 면을 가리고 육환장을 짚고 염불곡에 맞추어 조심조심 춤추며 장내를 돈다. 소무1을 멀찍이 바라보며, 그 주위를 춤추며 세 바퀴 돈다. 소무의 주의를 끌 동작을 여러 가지 한다.)

소무1 : (노장을 본체만체하고 그냥 그 자리에서 춤만 춘다.)

노장 : (소무의 무관심함을 보자 좀 적극적으로 나가보려 든다. 육환장을 어깨에 메고 춤추며 소무 곁으로 간다. 그러나 아직도 조심스러운 동작이다. 소무의 배후에 가만히 접근한다. 그리고 자기 등을 소무의 등에 살짝 대어 본다.)

소무1 : (모르는 체하고 여전히 춤만 춘다.)

노장 : (소무가 본체만체하므로 소무의 앞으로 돌아가서 그의 얼굴을 마주쳐 본다.)

소무1 : (보기 싫다는 듯이 노장을 피하여 돌아선다.)

노장 : (낙심한다. 휘둥휘둥 하다가 소무의 전면으로 돌아가 본다.)

---

8 전경욱이 편집한 『민속극』(한국고전문학전집8, 고려대민족문화연구소, 1993)의 가면극 대사와 주석을 인용하되, 가독성을 높이기 위해 맞춤법과 몇몇 주석은 필자가 다듬었다.

소무1: (또 싫다는 듯이 돌아선다.)

노장 : (노한 듯이 소무의 앞으로 바짝 다가선다.)

소무1: (약간 교태를 부리며 살짝 돌아선다.)

노장 : (초면에 부끄러워서 그렇겠지 하고 소무의 심정을 해석하고, 자기를 싫어하지 않는구나 하고 좋아서 고개를 끄덕끄덕하고 ... 염주를 벗어 소무의 목에 걸어 준다.)

소무1 : (걸어 준 염주를 벗어서 팽개친다.)

노장 : (놀래어 염주를 주워 들고 소무 앞으로 가서 마주하며 얼린다.)

소무1 : (살짝 돌아선다.)

노장 : (춤추며 소무 곁으로 다가서서 얼리며 염주를 다시 소무의 목에 걸어 준다.) (이러한 동작을 수차 되풀이한다. 그리 하다가 나중에 소무는 그 염주를 벗지 않고 그대로 걸고 춤을 춘다.)

노장 : (대단히 만족하며 춤을 춘다. 한참 추다가 소무에게 가까이 가서 입도 만져 보고 젖도 만져 보고 겨드랑도 후벼 보다가, 염주의 한편 끝을 자신의 목에 걸고 희희낙락하며 춤을 춘다.) (노장은 이와 같은 순서로 소무2에게 되풀이하여 자기의 수중에 들어오게 한다.)

수영야류 <양반과장> 중에서

수양반 : 이놈 막득아, 과거 때는 임박한데 너는 너대로 가고 나는 나대로 가야 옳단 말이냐!

말뚝이 : 왜 그러하오리까. 서방님 찾으려고 아니 간 데 없사옵니다.

수양반 : 이놈 어디 어디를 갔단 말이냐.

말뚝이 : 서방님이 소년시절에 호협豪俠하신지라 팔선녀집을 찾았습니다.

수양반 : 그래서?

말뚝이 : 난양공주, 영양공주, 진채봉, 백능파, 계섬월, 적경홍, 가춘운의 집을 다 찾아도 서

방님은커니와 아무 개아들놈도 없습디다.

차양반 : 이놈 개아들이라니?

일동: (말뚝이에게 대들어 욕질문을 하여 장내가 소란해진다.)

수양반 : (차양반에게) 자네가 가서 적당히 물어보게.

차양반 : (말뚝이에게 가서 조용히 묻는다.) 이놈 개아들이라니?

말뚝이 : 개개皆皆히 찾았단 말이요. (차양반이 수양반에게 말뚝이의 뜻을 고하면)

수양반 : 그러면 그렇지! 그만만 찾았단 말이냐!

말뚝이 : 장안종로長安鐘路[9]를 찾았사옵니다.

수양반 : 그래서?

말뚝이 : 일관암, 이목골, 삼청동, 사직골, 오궁터, 육조앞, 칠관암, 팔각재, 구리기, 십자골, 두루시 다 찾아도 서방님은커녕 아무 새아들놈도 없습니다.

셋째양반 : 이놈 새아들이라니!

일동 : (말뚝이에게 욕질문을 하며 야단이다.)

(차양반이 말뚝이에게 조용히 물으면)

말뚝이 : 세세細細히 찾았단 말이요. (차양반이 수양반에게 전하면)

수양반 : 그래서, 그만만 찾았단 말이냐?

말뚝이 : 팔도도방[10]을 찾았습니다.

수양반 : 그래서?

말뚝이 : 일 원산, 이 강경, 삼 푸주[11], 사 마산, 오 삼랑, 육 물금, 칠 남창, 팔 부산을 두루시 다 찾아도 아무 내 아들놈도 없습니다.

넷째 양반 : 내 아들이라니 이놈!

일동 : (말뚝이에게 욕질문을 하고 야단이다.)

---

9 장안종로 : 서울의 종로를 말한다.

10 팔도도방(八道都坊) : 전국의 도시와 시골

11 푸주 : 파주로 보인다.

(차양반이 말뚝이에게 조용히 물으면)

말뚝이 : 내내히(끝끝내) 찾았단 말이요. (차양반이 수양반에게 전하면)

수양반 : 그래 이놈 그만만 찾았단 말이냐?

말뚝이 : 서방님댁을 찾았사옵니다.

수양반 : 그래서?

말뚝이 : 댁을 썩 열고 들어가니 칠패 팔패七牌 八牌[12] 장에 가고 종년 세탁 가고, 도령님 책 끼고 학당에 가고, 머슴 논 갈러 가고, 집안이 교교皎皎한데 대부인 마누라 오르랍디다.

<중략>

말뚝이 : ... 노자자[13] 앵무배에 소인 막득이도 한 잔 먹고 대부인 마누라도 한 잔 먹어 일배일배부일배一杯一杯復一杯에 취흥이 도도하여, 대부인 마누라도 청춘이요 소인 막득이도 청춘이라, 양 청춘 마주쳐서 동방화촉洞房華燭[14]이 밝더이다.

(대사가 지루하게 길어지면 양반들은 모퉁이에 모여서 투전놀이, 제비뽑기 등의 장난으로 관객을 웃기기도 한다.)

차양반 : 쉬- (당황하여 장내를 유달리 정리한 후 말뚝이에게 조용히 질문하여 확인한다. 수양반을 제외한 양반들과 상론하여 합창으로)

일동 : 망했네. 망했네. 양반의 집이 망했네. (가무하다가 해산타령에 이어 갈가부타령을 제창한다.)

---

12 칠패 팔패 : 서울 중구 중림동 부근을 가리키던 행정 구역의 명칭이다. '패'는 요즘의 '통'에 해당하는 행정구역 단위이다.

13 노자자 : 노자작(鸕鶿杓)의 착오. 노자작은 가마우지 모양으로 만든 술구기. 술구기는 항아리에 술을 풀 때에 쓰는 것으로, 자루가 달리고 국자보다 작다.

14 동방화촉 : 신랑이 첫날밤에 신부집에서 자는 일. 여기서는 말뚝이와 대부인마누라가 정을 통했다는 의미이다.

생각해보기

1. 민속극 중 극적 세련미가 뛰어나고 완성도가 높은 산대놀이, 탈춤, 야류와 오광대는 황해도, 경기도, 경상남도에서 전승되고 있다. 이들 지역에서 가면극이 활발하게 전승될 수 있었던 문화적 기반이 무엇인지 생각해보자.

2. 우리 조상들은 가면과 인형을 통해 당대 사회의 부조리를 고발하고 상하와 남녀의 조화로운 삶을 모색했다. 오늘을 살아가는 우리는 어떤 가면을 쓰고, 무엇을 말하고 싶은지 서로 이야기를 나눠보자.

[참고문헌]

박진태, 『한국 민속극 연구』, 새문사, 1998.

사진실, 『공연문화의 전통』, 태학사, 2002.

서연호, 『꼭두각시놀음의 역사와 원리』, 연극과 인간, 2001.

손태도, 『한국의 전통극, 그 새로운 연구로의 초대』, 집문당, 2013.

심우성, 『남사당패 연구』, 동문선, 1989.

유민영, 「한국전통연극에 나타난 한국인의 미의식-'봉산탈춤'과 '꼭두각시놀음'을 중심으로」,

_____, 『도솔어문』1, 단국대 국어국문학과, 1985.

이두현, 『한국의 가면극』, 일지사, 1979.

_____, 『한국가면극선』, 교문사, 1997.

임재해, 『꼭두각시놀음의 이해』, 한국학술정보, 2003.

_____, 「한국 탈춤의 전통과 아름다움의 재인식」, 『동아시아 민속극의 축제성』, 보고사, 2008.

전경욱, 「한국 가면극의 계통을 보는 시각 재론」, 『한국민속학』50, 한국민속학회, 2009.

_____, 『동아시아 가면극의 역사와 전승양상』, 집문당, 2017.

_____, 『한국 전통연희사』, 학고재, 2020.

전경욱 역주, 『민속극』, 고려대 민족문화연구소, 1993.

정형호, 『한국 전통연희의 전승과 미의식』, 민속원, 2008.

조동일, 『탈춤의 원리 신명풀이』, 지식산업사, 2005.

국립무형유산원 무형유산 디지털아카이브(https://www.iha.go.kr)

국립민속박물관(https://www.nfm.go.kr)

국립중앙박물관(https://www.museum.go.kr)

국가유산청 국가문화유산포털(https://www.heritage.go.kr)

5장.

삶의 마디에서 펼쳐지는 축제의 향연, 통과의례

1. 사람의 삶과 의례

같은 생활 문화권에서 오랫동안 살아온 구성원 사이에는 어떤 상황이 되면 약속처럼 자연스럽게 치르는 행사가 있다. 이를 흔히 '의례儀禮'라고 한다. 의례는 다양한 삶의 내용과 경험을 바탕으로 형성되기에 종종 그 집단의 전통문화를 이해하는 중요한 잣대가 되곤 한다.

의례는 크게 세시의례·임시의례·통과의례 등으로 나누어진다. 세시歲時의례는 '설·정월대보름·단오·추석·동지'처럼 계절의 변화에 의미를 부여한 일정한 날에 주기적으로 치러진다. 반면 임시臨時의례는 특별한 일이 생겼을 때 임시로 치르는 행사이다. 가뭄에 비가 내리기를 바라며 지내는 '기우제祈雨祭'나 장마에 비가 그치기를 바라며 지내는 '개청제開晴祭'가 대표적인 예이다. 통과通過의례는 '어떤 곳이나 때를 거쳐서 지나가다.'라는 '통과'의 사전적 의미처럼 사람의 일생에서 반드시 거쳐야 하는 '출생·성년·혼인·회갑·죽음' 등에서 치르는 의례이다.

흔히 사람의 일생을 확대 해석하여 죽은 이를 추모하는 '제사'까지를 통과의례로 보기도 한다. 하지만 일반적으로 제사는 가족과 집안에서 행하는 조상숭배의 성격이 강해 '민간신앙'에서 주로 다룬다. 또 성인이 된 여자의 머리를 빗어 올려 쪽을 틀고 비녀를 꽂는 '계례笄禮'와 남자에게 갓을 씌우는 '관례冠禮'는 조혼早婚풍속과 단발령의 시행으로 일찍부터 혼례에 흡수되어 시행되지 않은 지 오래다. 따라서 이 글에서는 출생

성년식 관례와 계례가 함께 행해진 부산대학교의 성년식(2021년)

·혼인·회갑·죽음과 관련된 의례인 산육례産育禮·혼례婚禮·수연례壽筵禮·상례喪禮 등을 통과의례로 살피기로 한다.

2. 통과의례의 종류와 특징

1) 아이를 낳고 기르는 의례, 산육례

'산육産育'은 아이를 낳고 기르는 것이다. 따라서 산육례는 아이 가지기를 간절히 바라는 '기자祈子'로부터 아이를 배고 아이를 낳은 후 만 1년이 되는 돌까지의 사이사이 중요한 계기에 행해지는 의례이다. 크게 '산전産前의례'와 '출산出産의례', 그리고 '산후産後의례'로 나뉜다.

산전의례

'산전의례'는 아이 가지기를 바라는 마음에서부터 임신하여 출산 직전까지 베풀어지는 행사이다. 혼인을 통해 하나가 된 부부에게는 새로운 책임이 주어진다. 곧 가문의 대를 잇고 조상의 제사까지 받들어야 하는 '아이의 출산'이다. 그 결과 아이를 가지기 위한 다양한 풍속이 생기게 되었는데, 이를 '기자속祈子俗'이라 한다. 대표적인 기자속으로는 '치성致誠기자'와 '주물呪物기자'가 있다. 전자는 큰 나무, 부처·산신·용왕 등과 같은 신령스러운 대상에게 정성을 다해 비는 것이다. <단군신화>의 웅녀는 신단수에, <춘향전>의 월매는 지리산 산신에게, <심청전>의 곽씨부인은 돌미륵에 빌어 각각 단군·춘향·심청을 낳

포대화상의 석상 부산 기장 해동용궁사에 있는 석상으로 배를 만지며 빌면 아들을 낳게 해준다고 믿었다.

았다. 후자는 부적이나 장식용 쇠도끼 등 주술적인 물건을 몸에 지님으로써 아이 생기기를 비는 것이다.

아이를 얻기 위한 간절한 소망은 '태몽胎夢'으로도 이어졌다. 태몽은 임신 전후로 꾸는 꿈으로, 태어날 아이의 성별·성격·미래 등에 어떤 계시를 준다고 믿었다. '호랑이·용·큰 뱀·말·돼지·잉어·붉은 고추·고구마·노란 호박·가지·불·해' 등의 꿈을 꾸면 아들, '작은 뱀·미꾸라지·조개·애호박·푸른 고추·풋감·꽃' 등의 꿈을 꾸면 딸을 낳는다고 여겼다.

간절한 기도 끝에 임신한 임신부에게는 태아를 위한 태교가 '임신 중의 금기'라는 이름으로 행해졌다. 임신 중의 금기는 크게 음식을 가리는 '음식금기'와 행동을 삼가는 '행위금기'로 나뉜다. 아기의 뼈가 물렁뼈가 된다고 여겨 오징어·가오리·낙지를, 손발가락이 붙는다고 여겨 오리를, 대머리가 된다고 여겨 문어를, 언청이가 된다고 하여 토끼를 먹지 못하게 했다. 또 깨진 바가지에 물을 먹으면 아기가 자라서 수염이 나지 않고, 모서리에 앉으면 큰 인물이 못 된다고 여겨 조심성 있는 행동을 요구했다. 합리적인 근거보다 대체로 음식이 지닌 형태적 속성을 고려한 것이거나, 바람직하지 못한 행동을 경계하는 의미가 담겼다.

출산의례

'출산의례'는 출산이 임박한 기간과 출산 당일에 치르는 행사이다. 출산이 가까워지면 가족은 아이를 편안히 낳을 수 있는 공간인 '산실産室'을 마련하고, 산모의 출산을 도와줄 '산파産婆'를 신중하게 골랐다. 출산이 시작되면 보통 머리가 먼저 나오는데, 손발이 먼저 나오는 '난산難産'의 경우도 있었다. 난산은 산모와 태아의 생명을 위협할 수 있었기에 미리 대책을 마련하고, 기미가 보이면 다양한 민간요법을 행했다. 곧 삼신상을 차려 삼신에게 순산을 빌고, '미역국·쌀뜨물·닭 삶은 국물·생계란·참기름·피마자기름' 등의 음식을 먹게 했다. 또 남편이 장롱문·창문·솥뚜껑을 열거나 순산한 경험이 있는 여인이 산모의 배 위를 넘었다. 미끄러운 속성을 지닌 음식을 먹거나 닫혔던 곳을 여는 의식을 통해 순산을 유도한 것이다.

마침내 탯줄을 단 태아가 산모의 몸 밖으로 나오면 바로 '탯줄 끊기'가 행해진다. 탯줄은 하늘과 땅, 집안의 대를 이어주는 존재의 띠로, 신생아의 건강과 운명에 직결

백자 태 항아리 태어난 아기의 태를 담았다. (국립민속박물관)

된다고 여겨 그 처리를 신중하게 했다. 대개 가위로 탯줄을 끊지만, 아기의 장수를 위해 낫을 쓰거나 아빠가 이로 끊기도 한다. 잘린 탯줄은 왕겻불로 태워 땅에 묻거나 물에 띄워 보낸다.

출산이 마무리되면 금줄을 대문간에 내걸어 아이의 출생을 알리는 '금줄치기'가 행해졌다. 금줄은 오른쪽으로 꼰 보통의 새끼줄과는 달리 왼쪽으로 꼰 새끼줄이 사용되었다. 삼칠일(21일) 동안 대문간에 내걸리는 금줄에는 아들이면 '고추·숯'을, 딸이면 '솔가지·숯'을 끼워 넣어 아기의 성별을 알렸다. 금줄치기는 아기의 출생을 외부에 알리고 아기와 산모의 건강을 위해 외부인의 출입을 통제함으로써 '지역경계'와 '신성구역 선포'라는 기능을 가졌다.

산후의례

'산후의례'는 아이가 태어난 후 첫돌을 맞기까지의 의례이다. 아기가 태어난 후 최초로 이루어지는 '첫 목욕시키기, 첫 옷 입히기, 첫 젖먹이기' 등 각종 행사가 모두 태어난 후 사흘째 날에 행해졌다. '첫 사흘째의 의례'만큼 중하게 여긴 산후 풍속으로, 태어난 아기가 '이레'를 3번 지낼 동안 치르는 의례인 '삼칠일(21일)'도 있다. '첫이레'에는 포대기를 새로 바꾸어 주고 긴 소매로 덮거나 동여매었던 아기의 한쪽 팔을 자유롭게 해주며, '두이레'에는 나머지 한쪽 팔도 자유롭게 해주었다. 그리고 '세이레'에는 대문간에 쳐두었던 금줄을 걷어 한쪽 문기둥에 묶어두거나 깨끗한 곳에서 태운 뒤 아기를 친척과 이웃에게 처음으로 선보였다.

산후의례의 마무리는 아기가 태어난 지 100일째 되는 날을 기념한 '백일'과 1년이 되는 날을 기념한 '돌'이 맡았다. 백일은 숫자 '100'이 지닌 '완벽하다·온전하다'의 상징적인 의미와 함께 아기가 스스로 목을 가눌 수 있는 존재가 되어 계절의 변화를 탈 없이 잘 넘겼음을 축하하는 행사이다. 이날은 흰밥에 미역국을 삼신상에 올려 삼신에게 감사를 드리고, '백일떡'인 수수경단과 인절미를 100개 만들어 이웃과 길에 오가는 이에게 나누어 주었다. 이렇게 하면 아기의 수명이 길어지고 재앙을 면할 수 있다고 믿었다.

'돌[周年]'은 아기가 태어나 맞이하는 첫 생일이다. 돌은 아이가 성장의 초기 과정에서 사계절의 기후 변화를 온전히 다 경험했기에 백일보다 훨씬 성대하게 치른다. 가족 중심으로 치른 백일잔치와는 달리, 가까운 친인척과 이웃을 대거 초대하여 행사를 치러 아기를 지역사회의 구성원으로 공표하는 성격을 지녔다. 돌잔치는 아기의 엄마가 삼신상을 차려놓고 삼신에게 아기의 수명·재주·복·건강을 비는 것으로 시작한다. 이어 모자·옷·신발 등 '돌 빔'으로 갖춰 입은 아이가 '돌잡이' 행사를 한다. 돌상 위에 '붓·책·돈·떡·실타래·활' 등 각종 물건을 올려 두고 아기에게 잡게 한 뒤 잡은 물건을 통해 아기의 장래를 점쳤다.

2) 부부의 연을 맺어 가정을 이루는 의례, 혼례

혼례는 성인이 된 남녀가 부부로 맺어지는 혼인과 관련한 모든 의식과 절차를 말한다. 우리 민족은 혼인을 통해 가정을 이루고 자식을 낳아 집안을 번성하게 하는 것을 사람이 지켜야 할 도리의 시작으로 여겼다. 그 결과 혼례를 다른 의례보다 성대하게 치렀다. 미혼으로 죽은 총각과 처녀의 영혼을 불러 부부로 맺어주는 '허혼虛婚'이 지금도 유지되는 것은 그 중요성을 보여주는 좋은 예가 된다. 혼례는 크게 '의혼議婚'과 '대례大禮', 그리고 '후례後禮'로 이루어진다.

의혼

'의혼'은 두 집안이 서로 혼인할 의사를 확인하고 문서를 교환하는 등 대례를 거행하기 이전까지 치르는 행사이다. 중매인은 총각과 처녀의 집을 오가며 혼인의 의사를 타진하는 '혼담婚談'을 주고받는다. 혼담이 무르익어 혼인할 뜻이 확인되면 신랑집에서는 신붓집으로 신랑의 사주四柱(생년월일시)가 적힌 문서와 함께 혼인을 청하는 편지인 청혼서를 보낸다. 이에 신붓집이 혼인을 승낙하는 의미로 혼인 날짜가 적힌 문서를 신랑집으로 보내면 혼인이 성립된다.

혼인을 약속하는 문서가 오간 후 혼인식 전날에는 '함받기'가 이어진다. 신랑집에서는 혼인 허락에 대한 감사의 뜻으로 '봉채封采'로 일컬어지는 붉고 푸른 비단 옷감 등의 신부용 혼수와 혼인 서약 편지를 '봉채함'에 넣어 신붓집으로 보낸다. 함을 지고 가는 '함진아비'는 대개 첫아들을 낳고 부부 금실이 좋은 신랑의 친구나 친척이 맡았다. 얼굴에 숯검정을 칠한 함진아비가 함값을 요구하면서 신부 측과 승강이를 벌이기도 하지만, 이내 함값을 받고 신붓집 대청에 마련된 상 위에 함을 내려놓는다. 신부의 아버지가 함을 받으면 신부의 어머니가 함 속에서 비단을 꺼내는데, 붉은 비단이 나오면 첫아들을 낳는다고 여겼다.

대례

'대례'는 혼인식을 치르기 위해 신랑이 집을 떠나 신붓집에 도착해서 치르는 행사이다. 혼인날이 되면 '초행初行'이라 하여 말을 탄 신랑이 아버지를 비롯한 집안의 어른들과 함께 신붓집으로 향한다. 신랑 일행이 마을에 들어서면 신붓집에서는 접대하는 사람을 보내어 맞이한 뒤 이웃집에 마련한 방에 일행을 머물게 하고 간소한 음식상을 차려 대접한다. 요기를 끝낸 신랑은 예식 시간에 맞추어 신붓집으로 향하는데, 신붓집에서는 잡귀신을 물리치고 부정을 없애려고 대문 앞에 짚불을 놓고 신랑에게 뛰어넘게 하였다.

대문을 들어선 신랑은 먼저 신부의 아버지에게 나무기러기 한 쌍을 바치는 의식인 '전안례奠鴈禮'를 행한다. 전안례는 신의와 절개의 상징인 나무기러기 앞에 두 번 절하여 지아비로서의 믿음을 보여주는 동시에 건전한 가정을 이루어 잘살겠다며 하늘에 맹세하는 의미도 지닌다. 전안례를 마친 신랑은 곧장 혼인식장인 '초례청醮禮廳'으로 향한다. 화려한 병풍 앞에 놓인 초례상에는 청홍색의 굵은 초 한 쌍, 홍실을 걸친 소나무와 청실을 걸친 대나무 가지를 꽂은 화병 한 쌍, 청홍색 보자

나무 기러기와 보자기 혼례 때 신랑이 신부집에 기러기를 바치는 전안례에 사용했다. (국립민속박물관)

기로 감싼 암수 닭 한 쌍을 비롯하여 쌀·대추·밤 등이 놓인다.

혼인식은 의식의 절차를 적은 글인 '홀기笏記'에 따라 예법에 밝은 마을 어른이 진행한다. 사모관대와 원삼 족두리로 치장한 신랑과 신부가 각각 초례상의 동쪽과 서쪽에 마주 서면 서로 번갈아 절을 하는 '교배례交拜禮'가 행해진다. 먼저 신부가 두 번 절하면 신랑은 답례로 1번 절하는데, 이는 음(짝수)과 양(홀수)의 조화를 상징하는 것이다. 맞절이 끝나면 신부가 입에 댄 표주박 술잔을 신랑이 받아 마시고, 신랑이 입에 댄 다른 표주박 술잔을 신부가 다시 입에 대었다가 내리는 '합근례合巹禮'를 행한다. 합근례는 말 그대로 '반으로 쪼개진 표주박 술잔을 합하는 예의'로 둘이 합하여 온전한 하나가 되었음을 알리는 의식이다.

혼인식을 통해 부부가 된 신랑 신부는 신방에서 함께 '첫날밤'을 보내는데, 이를 '합방례合房禮'라고도 한다. 병풍을 둘러친 신방에는 촛불을 밝힌 채 술과 안주 및 밤·대추 등을 차린 상이 마련되는데, 부귀해지고 아들을 많이 낳을 수 있다고 하여 밤과 대추를 많이 먹기도 한다. 잠자리에 들 때는 신랑이 신부의 예복을 벗기고 난 뒤 저고리의 옷고름을 풀어준다. 촛불을 끌 때는 입으로 불어 끄면 과부가 되거나 복이 나간다고 하여 손바닥으로 바람을 내어 끈다.

첫날밤을 보낸 신랑은 다음 날 아침, 신부의 마을 친구들과 친척들을 초청하여 상견례를 겸한 음식 대접 행사를 베푸는데, 이를 '동상례東床禮'라 한다. 동상례에서는 신붓집 집안 사람들이 신랑의 발목을 띠로 묶어 대들보에 걸어 거꾸로 매단 뒤 나무토막으로 발바닥을 때리는 '신랑 다루기'가 행해졌다. 신랑 다루기가 끝나면 장모가 중심이 되어 행사에 참여한 모든 이에게 음식을 대접하며 시련을 견뎌낸 신랑을 축하하는 잔치를 베푼다.

후례

'후례後禮'는 혼례식을 끝낸 신랑과 신부가 친정을 떠나 처음으로 다시 친정에 돌아오기까지 치르는 행사이다. 혼인식을 치른 신부는 보통 사흘 후 시댁으로 향하는데, 이를 '신행新行'이라고 한다. 시댁 대문을 들어설 때 짚불 위를 뛰어넘은 신부는 병에 담아온 친정 우물의 물을 시댁 우물에 부었다. 그리고 친정에서 준비해 간 예물을 내

신행 혼례를 치른 신부가 사흘 후 사인교를 타고 시댁으로 향하는 모습을 화가 김준근이 그린 것이다.(국립민속박물관)

놓고 시부모와 친척들에게 예를 올리는 '현구고례見舅姑禮'를 행했다. 혼례는 시집간 지 1년 만에 신부가 처음 수확한 곡물로 음식을 장만해 친정 부모님께 인사를 올리는 '근친覲親'으로 마무리된다.

3) 장수와 다복을 축하하는 의례, 수연례

수연례壽筵禮는 60주년 생일인 '회갑回甲'과 60주년 결혼기념일인 '회혼回婚'을 기념하여 치르는 장수 축하 의식이다. 평균 수명이 길지 않았던 시절에 회갑과 회혼을 맞이하는 것은 당사자는 물론 그 부모와 자식 모두에게 경사였다. 따라서 이를 축하하는 잔치가 자식들에 의해 성대하게 베풀어진다.

회갑

회갑 잔칫날이 가까워져 오면 자식들은 부모의 친척과 친지에게 일시와 장소가 적힌 초대장을 보낸다. 양반 사대부 집안에서는 한시를 지을 때 다는 운자韻字도 함께 보내어 축하시를 미리 지어 오게 한다. 잔치 당일이 되면 자식들은 대청에 병풍을 치고 화려하고 맛난 음식이 가득한 큰 잔칫상을 차렸다. 잔칫상에는 손님들이 잘 볼 수 있게 과일·약과·과자·편육·생선·떡 등의 음식을 지름 15㎝, 높이 40㎝ 정도의 원통형으로 쌓았다. 이 장식용 음식을 '고임 음식'이라 하는데, 그 중앙에 '수壽·복福·귀貴'의 문자를 아로새겼다.

잔칫상이 마련되면 자식이 마련해 준 한복을 차려입은 당사자가 배필과 함께 등장해 자리에 앉는다. 만약 회갑을 맞은 당사자의 부모가 살아 계시면 잔칫상 앞에 따로 작은 '돌상'을 마련한다. 색동저고리를 갖춰 입은 당사자는 부모님께 절을 올린 후 춤을 추고 거짓 우는 시늉을 한다. 이는 중국의 효자 노래자老萊子가 자신의 70세 생일을 맞아 부모를 즐겁게 하기 위해 했던 행동을 본뜬 것이다.

'색동옷 입고 춤추기'가 끝나고 당사자가 옷을 갈아 입고 다시 자리에 앉으면, 큰아들 부부를 시작으로 나머지 자식들, 친척, 지인들이 차례로 술을 바치고 절을 하며 회갑을 축하한다. 앞서 부모에게 예를 표한 당사자가 다시 자손들에게 절을 받으면 모든 경사를 갖추었다 하여 '구경具慶'이라 불렀다. 이때 손님들은 미리 지어 온 축하시를 낭독하는데, 자식들은 이들 축하시를 모아 '수연수첩壽宴手帖'이라는 작품집으로 엮었다. 공식적인 행사가 끝나면 음악 연주에 맞춰 당사자와 자식, 손님들이 노래와 춤으로 모두 함께 어우러진다.

전통 회갑연 모습 일제 강점기에 엽서로 제작된 사진이다.(국립민속박물관)

회혼

회혼잔치는 회갑 잔치보다 더욱 성대하게 치렀다. 회혼잔치를 하려면 부부가 거의 80세까지 같이 살아 있어야 하고, 앞서 세상을 떠난 자식이 없어야 하는 등 조건이 까다로웠기 때문이다. 자식들은 회혼일이 가까워져 오면 회갑 때와 마찬가지로 부모의 친척과 친지에게 초대장을 보낸다. 행사 당일, 초대된 손님들은 먼저 문간방에 들러 오늘날 '방명록'처럼 열두 폭 병풍에 자신의 이름과 함께 축하 서명을 남긴다. 이 병풍에 축하 서명을 하면 자신도 장수한다는 속신까지 생겼기에 손님들은 기쁜 마음으로 서명을 했다. 수많은 사람의 이름과 축하 인사가 담긴 이 병풍을 '만인병萬人屛'이라 불렀다.

회혼잔치는 대청이나 마당에 만인병이 펼쳐지고 그 앞에 초례청이 차려지면서 시작된다. 당사자 부부는 혼인식 때처럼 사모관대와 원삼 족두리를 갖추어 입고 초례청에 나아가 혼인식을 재현한다. 회혼식이 끝나고 초례상이 물려지면 회갑잔치 때처럼 '고임 음식'이 장식된 큰 상에 부부가 앉는다. 부부는 자식들로부터 장수를 비는 술을 받아 마시고 큰 절을 받으며, 친척과 친지로부터 축하의 인사를 받는다. 이때 자식들은 색동옷으로 차려입고 춤을 추거나 부모님을 업어주어 부모를 즐겁게 한다.

4) 이별을 슬퍼하며 재생을 바라는 의례, 상례

상례喪禮는 살아있던 사람이 숨이 끊어져서 죽는 순간부터 시체를 묻어 무덤을 만든 후 가까운 친척들이 상복을 입는 기간 동안 치르는 각종 행사를 말한다. 한 개인으로서는 삶과 죽음을 가르는 마지막 통과의례이면서 자신이 아닌 다른 사람들에 의해 의례가 진행되는 것이 특징이다. 전통상례는 『예서』에 무려 19항목의 절차로 되어 있지만, 실제 관행을 고려하면 크게 초종初終·습렴襲殮·치장治葬·흉제凶祭로 나누어진다.

초종

'초종'은 숨을 거둘 기미가 보일 때 곁에서 지켜보는 '임종'을 준비하는 데서부터 습렴하기 전까지의 과정이다. 죽음이 임박하면 당사자를 안방으로 모시고 요를 깐 뒤

머리를 북쪽으로 하여 반듯이 눕힌다. 솜을 코 밑에 대어 완전히 숨을 멈춘 것이 확인되면 가족들은 곡을 하기 시작한다. 상례 경험이 많은 사람이 나서서 고인의 눈을 감기고 입을 다물게 한 뒤 깨끗한 솜으로 코와 귀를 막고 손발을 바로 펴서 백지나 베 헝겊 등으로 잡아맨다.

그 사이 시신을 보지 않은 같은 성별의 사람이 고인이 평소 입고 있던 윗옷을 들고 지붕 위로 올라간다. 그리고 북쪽을 향해 옷을 휘두르며 고인의 주소와 성명을 밝힌 뒤 '복復! 복! 복!'이라고 세 번을 외친다. 이를 '초혼招魂'이라 하는데, 몸에서 떠나는 영혼을 다시 불러 재생시키려는 의식이다. 사용된 옷은 관 속에 넣거나 상여가 나간 후 태운다. 초혼이 끝나면 고인의 영혼을 저승으로 데리고 가는 두 저승사자를 위해 '사자상使者床'을 차린다. 사자상에는 두 저승사자와 함께 저승길로 떠나는 고인을 대접하기 위해 밥 3그릇, 술잔 3개, 짚신 3컬레, 엽전 3개 등이 차려진다. 사자상이 차려지면 맏아들이 '상주'가 되고, 상례에 밝은 친척이 '호상護喪'이 되어 상주를 대신하여 부고의 발송부터 상례에 관한 모든 일을 주관한다.

습렴

'습렴'은 시신을 깨끗이 목욕시키는 '습'과 옷을 입혀 관에 넣는 '염'까지의 과정을 말한다. 시신의 목욕은 고인과 같은 성별의 사람이 진행한다. 묶어 두었던 손발의 끈을 풀고 향나무나 쑥을 삶은 물을 솜으로 찍어 얼굴부터 아래로 내려가며 씻긴 후, 머리를 빗기고 손·발톱을 깎는다. 이때 빠진 머리카락과 손·발톱은 따로 주머니에 넣어 입관할 때 시신 옆에 넣는다.

목욕이 끝나면 고인에게 수의壽衣를 새로 입히고 이불로 싸는 '소렴小殮'을 행한다. 수의는 고인이 평소에 입던 옷 중에서 가장 깨끗하고 고운 옷으로 하되, 미리 만들어 두면 장수한다는 풍속이 있어 준비해 둔 새 옷을 입히기도 한다. 수의를 입힐 때 물에 불린 쌀을 버드나무로 만든 숟가락으로 고인의 입에 세 번 넣으면서 "백석이요, 천석이요, 만석이요!"라고 외치는 '반함飯含'의식도 행한다. 쌀을 넣어 주는 것을 '반飯'이라 하고, 옥을 넣어주는 것을 '함含'이라 한다. 반함이 끝나면 관에 쉽게 들어갈 수 있게 시신을 헝겊 끈으로 일곱 매듭으로 묶는다.

소렴이 끝나면 시신을 관에 넣는 '대렴大殮'이 이어진다. 관의 바닥에 겹이불을 깔고 시신을 모신 다음, 시신이 움직이지 않게 고인이 생전에 입었던 옷과 솜·종이 등으로 빈 곳을 채운다. 이를 '보공補空'이라 한다. 보공이 끝나면 홑이불을 덮고 관의 뚜껑을 닫은 후 나무못을 박는다. 입관이 끝나면 병풍을 가려 놓고 그 앞에 고인의 사진이나 명주·모시를 접어 만든 신위인 '혼백상자'를 모신 상을 차린다. 이후 촛불을 밝히고 향을 피우며 상 옆에 고인의 신분과 성명이 적힌 깃발인 '명정銘旌'까지 세우면 대렴이 마무리된다. 상주를 비롯한 가족들은 상복으로 갈아입고 고인을 위해 첫 술잔을 올리고 절한 뒤에 조문객을 받는다.

조문 문상객이 상주를 만나 위로의 인사를 건네고 있다.(국립민속박물관)

치장

'치장'은 원래 시신을 묻을 땅을 마련하여 무덤을 만들 때까지의 과정을 말한다. 하지만, 여기서는 고인이 집을 떠나 묘소로 향하는 '발인發靷'에서부터 시신을 묻은 후 혼백을 모시고 집으로 돌아오면서 곡을 하는 '반곡反哭'까지의 과정을 일컫는다. 장례일이 되면 방에 있던 관을 밖으로 들어내어 상여 위에 얹은 뒤 고인이 마지막으로 집과 하직하는 제사인 '발인제'를 지낸다. 발인제가 끝나고 상두꾼들이 상여를 매면 명정, 공포功布(관을 닦

상여 행렬 1961년도 충청남도 태안군에서 행해진 상례 장면이다.(국립민속박물관)

을 때 쓸 삼베 헝겊을 대나무에 단 깃발), 혼백을 실은 작은 가마, 상여, 상주, 상복을 입은 가족과 친척, 조문객의 순서로 장례행렬이 시작된다. 상두꾼들은 요령을 잡은 '요령잡이'가 메기는 앞소리에 '어화 넘차'와 같은 뒷소리로 받으며 상여를 메고 장지로 향한다. 도중에 적당한 장소에서 상여를 내려놓고 상가에 미처 오직 못했던 이들을 위해 '노제路祭'를 지내는데, 제물은 고인의 사위나 친지들이 마련한다.

노제가 끝나면 이미 마을의 남자들이 산신과 토지신에게 제사를 지내고 구덩이까지 파놓은 장지로 향한다. 장지에 도착하면 병풍을 치고 제사상을 차린 다음 조문을 받는다. 정해진 시각이 되면 관을 구덩이에 내리고 빈 곳은 관 높이까지 흙으로 메운 뒤 관 위에 명정을 덮는다. 상주가 옷자락에 흙을 담아 명정의 위·중간·아래에 세 번 부으면 산역꾼들이 흙으로 덮는데, 평지와 같게 되면 '평토제平土祭'를 지낸다. 평토제를 끝으로 상주를 비롯한 상복을 입은 이들은 혼백을 실은 작은 가마를 앞세우고 혼백이 따라올 수 있게 곡을 하면서 갔던 길을 되돌아 귀가한다.

흉제

'흉제'는 시신을 매장하고 혼백을 집의 빈소에 모신 뒤부터 삼년상이 모두 끝나 상복을 벗고 일상으로 돌아가는 '탈상脫喪'까지의 의례이다. 시신을 매장하고 집으로 돌아온 뒤 혼백을 빈소에 모시는 '우제虞祭'를 지낸다. 우제는 육체를 떠난 영혼이 방황할까 두려워 혼령을 편안하게 모시는 의식으로, 초우제初虞祭·재우제再虞祭·삼우제三虞祭 등 3차례 지낸다. 초우제는 장례 당일에, 재우제는 초우제를 지낸 뒤 처음 맞는 짝수 간짓날(을乙·정丁·기己·신辛·계癸)에, 그리고 삼우제는 재우제를 지낸 뒤 첫 홀수 간짓날(갑甲·병丙·무戊·경庚·임壬)에 지낸다. 이후 석 달을 지낸 후 때도 없이 하던 곡을 그치고 아침밥을 올릴 때만 곡을 하는 '졸곡제卒哭祭', 초상이 난 지 만 1주년 제사인 '소상小祥', 2주년 제사인 '대상大祥' 등을 지나면 상복을 벗고 빈소도 없애는 '탈상脫喪'이 이루어진다. 탈상 뒤에도 2개월이 되는 달 정일丁日이나 해일亥日에 지내는 '담제禫祭', 담제를 지낸 다음 달의 정일이나 해일에 지내는 '길제吉祭'가 있다. 길제까지 마무리되면 상주는 온전한 자유인이 되어 일상으로 돌아오고, 고인은 이승의 인간이 아니라 저승의 조상신으로 자리매김한다.

3. 통과의례의 사회·문화적 의미

1) 가계전승과 수복강녕을 염원한 산육례

산육례에는 남자인 가장에게 절대적인 권한을 부여하는 주자학의 영향으로 남자 아이를 낳아 집안의 대를 이으려는 의식이 반영되었다. 아들을 낳지 못한 여인은 이어져 온 혈통을 단절시켰다는 이유로 시댁에서 구박을 받고, 심하면 친정으로 내쫓김을 당했다. 절박한 마음에 남성 상징으로 여기던 돌미륵의 코를 갈아 가루를 물에 타서 마시고, 아들 낳은 여인이 입었던 피 묻은 속옷을 얻어 입기도 했다. 태몽 외에 '계측법', '태동감지법', '임부의 신체 변화와 태도에 의한 방법', '먼저 낳은 자식의 성격·태도·행위로 아는 방법' 등 다양한 성별 예측 방법이 발달한 것도 그 때문이다. 심지어 다음에 아들을 얻기 위해 먼저 태어난 딸의 이름을 '꼭지·끝님·말순·필순'이라 지어 딸로서는 마지막임을 강조하거나, 아예 끝에 사내 남男자를 넣어 '순남·차남' 등으로 이름을 지었다.

한편, 산육례에는 태어난 아이가 복을 누리며 건강하게 장수하기를 바라는 마음도 잘 반영되어 있다. 아이의 장수를 위해 아빠가 이로 탯줄을 자르고, 금줄을 일곱 마디로 내되 양 끝을 자르지 않아 수명을 관장하는 칠성신의 보살핌을 바랐다. 또 백일떡을 이웃과 나누고 돌잡이를 통해 아이의 밝은 미래를 축원했다. 아기의 공식적인 이름에는 '복福'자를 넣어 복된 삶을 희망했지만, 집에서 부르는 아이 이름은 '똥개·강아지·바우·차돌'처럼 험하고 천한 이름도 지었다. 그래야 아이가 잡귀의 시샘에서 벗어나 잔병치레 없이 오래 살 수 있다고 보았다. 심지어 아이의 사주가 부모와 맞지 않아 불운하다는 점괘가 나오면 다복한 사람이나 신령스러운 대상에게 아기를 임시로 팔았다가 되찾아오는 '아기 팔기[賣子]'도 행해졌다. 한결같이 귀하게 얻은 아이가 건강하게 복을 누리며 오래 살기를 바라는 부모의 바람이 깃든 풍속이었다.

전통 혼례식 초례상을 사이에 두고 신랑 신부가 마주하고 있다.(국립민속박물관)

2) 가족주의와 입사통합의식을 반영한 혼례

혼례에는 두 집안의 결합을 통해 공동가계의 한 부분을 이루는 전통사회의 '가족주의'가 잘 반영되어 있다. 혼인의 모든 절차가 한 가정을 이끌어나가는 인물인 '가장家長'의 이름으로 진행된다. 초행과 신행에는 당사자 외에 양가 집안을 대표하는 인물들의 교류가 이루어지고, 전안례를 통해 화목한 가정을 이루려는 의지를 드러낸다. 초례상에 올리는 물건들도 신랑 신부의 조화로운 삶을 축원하는 것들로 마련된다. 곧 닭은 새로운 가족의 탄생을 하늘에 알리는 역할을, 쌀은 곡식의 대표이자 생활의 근본으로, 대추와 밤은 장수·건강·다산 다산多産을, 소나무와 대나무는 절개를, 청실홍실은 부부의 금슬을 각각 상징한다. 특히 '첫날밤'에는 잡귀신이 두 남녀의 결합을 방해하지 못하게 하고 자손을 많이 가질 수 있다는 생각에서 '신방 엿보기'가 행해지기도 한다.

또한 혼례에는 새로운 사회의 일원으로 재탄생하는 '입사入社통합의식'도 반영되어 있다. 혼례는 한 개인을 성인이자 남편과 아내, 그리고 사위와 며느리 등으로 여러 지위를 동시에 부여하면서 사회적 지위마저 바꾸게 한다. 초행과 신행 때 짚불을 뛰어넘는 행위는 상대 집안으로의 순결한 입사를 상징한다. '신랑다루기'는 크게 '고통-시련'의 전반부와 '고통으로부터의 해방-통합'의 후반부로 이루어진다. 전반부에서 신랑을 거꾸로 매달고 때려 관습적인 사회생활의 역전을 꾀하고, 신랑의 대처 능력을 통해 신부 집안의 새로운 구성원으로서의 가능성을 시험한다. 후반부에서는 행사에 참여한 모든 사람이 함께 식사함으로써 고통을 견뎌낸 신랑의 지위를 인정하는 대동 축제의 성격을 지닌다. 또 현구고례 때 시부모가 폐백상에 놓인 밤과 대추를 신부의 치마폭에 던져 집안의 구성원으로 인정함과 동시에 가계 계승의 역할을 공식적으로 부여하기도 한다.

3) 경로효친의 장수 축하의식과 가문의 위상을 과시한 수연례

수연례에는 경로효친의 장수 축하의식이 잘 반영되어 있다. 회갑잔치와 회혼잔치에 등장하는 '색동옷 입고 춤추기'는 낳아 길러 주신 부모님에 대한 자식들의 존경과 감사의 표현이 담겨 있다. 특히 회갑을 맞은 당사자가 따로 돌상을 차리고 어버이 앞에서 춤을 추고 재롱을 떨며 어리광을 부리는 것은, 어버이 앞에서는 여전히 돌을 맞은 아이처럼 동심을 유지하고 있음을 보여 어버이를 즐겁게 하려는 것이다. 경로효친의 장수 축하의식은 회갑에만 그치지 않고, 진갑進甲(61)·고희古稀(70)·희수喜壽(77)·팔순八旬(80)·미수米壽(88)·졸수卒壽(90)·백수白壽(99)·백수百壽(100) 등에까지 이어진다.

수연례에는 집안의 위상을 과시하려는 의식도 깃들어 있다. 수연례는 무엇보다 부부가 한평생을 함께 하면서 자식을 잘 길러 가정을 꾸리게 한 기쁨과 보람을 친척과 친지에게 자랑하는 행사이다. 전체 길이가 약 2미터에 이르는 어마어마한 규모의 '큰상차림'은 행사를 주관하는 자식들의 부富와 권세, 대접을 받는 당사자의 다복함을 간접적으로 드러내는 척도가 되기도 한다. 회갑잔치 때 축하시를 모은 '수연수첩'은 회갑을 맞은 당사자의 문학적 교양과 덕망을 과시하는 계기가 된다. 또한 회혼례 때 '만인병'에 축하서명을 한 이가 많았다는 것도 회혼을 맞은 당사자의 원만한 대인관계를 포괄적으로 보여준다는 점에서 집안의 위상을 과시하려는 의도에서 비롯된 것임을 알 수 있다.

4) 영혼불멸의식과 집단 단합의 축제성을 표출한 상례

꽃상여 수영야류에 등장하는 상여이다.(부산 수영고적민속예술보존회)

상례에는 우리 민족의 '영혼불멸의식'이 잘 반영되어 있다. 우리는 사람이 죽으면 "저 세상으로 가셨다."·"돌아가셨다."라고 말한다. '저 세상'은 이 세상에 오기 전의 세상이고, 마땅히 돌아가야만 하는 생명의 고향이다. 죽음을 삶의 영원한 종말로 여기지 않고 재생의 과정으로 여기는 영혼불멸관이 깃든 까닭이다. 몸을 떠나는 영혼을 불러 재생시키는 의식인 '초혼', 고인이 저승에서도 유복하게 살기를 바라며 버드나무 숟가락으로 쌀을 입어 넣으며 백석·천석·만석을 외치는 '반함', "저승길이 멀다더니 / 대문 앞이 저승일세"라며 저승길이 이승길의 연장임을 보이는 '상여소리' 등도 그 대표적인 예이다. 특히 시신을 나르는 '꽃상여'의 장식에는 용·봉황·귀신 얼굴·저승사자 등도 있지만, '새 생명'·'재생'을 상징하는 병아리·연꽃 등도 있어 저승에서의 새로운 탄생을 바라는 의미가 깃들어 있다.

또한 상례에는 집단 구성원의 단합을 굳게 하면서 동시에 축제문화의 성격도 지닌다. 마을 사람들은 묘지를 조성하고 수의와 음식을 만드는 등 상례에 따르는 각종 뒤치다꺼리에 참여하여 봉사하는 것을 제일의 예의로 여겼다. 특히 침울하고 엄숙한 분위기의 상갓집을 활기차게 만드는 것을 최고의 역할로 여겼는데, "상주를 웃겨야 문상을 잘한다."라는 말은 그래서 나온 것이다. 우리 민족의 원초적인 상례속은 노래와 춤이 따르는 흥겨운 축제의식이었다. 이는 오늘날 진도의 <다시래기>, 충북의 <대드름>, 충남의 <호상놀이>, 황해도의 <상여돋움> 등의 '상여어루기' 행사에서도 확인할 수 있다. 영혼불멸을 믿고 있는 만큼 이별의 슬픔을 웃음과 신명으로 바꾸어 극복하려는 살아남은 자들의 슬기가 잘 반영된 것이다.

다시래기 2001년 2월에 행해진 진도의 다시래기 장면이다.(국립민속박물관)

4. 통과의례의 현대적 가치

오늘날 급변하는 현대사회에서 전통적인 통과의례는 이미 그 사회적 의의가 많이 감소하고 있는 것이 사실이다. 같은 집에서 태어나 고향집을 공유하던 형제 대신, 서로 핏줄로 맺어지지 않은 아이들이 같은 산부인과 병원을 고향집으로 하여 태어난다. 면역력이 현저히 낮아 대문에 금줄을 치고 할머니와 시어머니의 간호를 받던 아이와 산모도 이제는 조산원이 제공하는 체계적 시스템에 의해 보호를 받다가 집으로 돌아온다. 상대 집안의 위상과 신랑 신부의 건강이 중심이 되던 혼담이 새 부부가 살 신혼집과 혼수 마련이 중심내용을 이룬다. 신부를 배려하여 신붓집에서 많은 친지가 모인 가운데 펼쳐지던 혼인식은 도심의 호텔이나 전문 예식장에서 베풀어지고, 초행과 신행보다 신혼여행이 더 중요해지고 있다. 어버이의 장수를 축하하던 경로효친의 수연례도 용돈과 효도관광여행으로 대체되었고, 친척이나 이웃의 도움으로 치렀던 상례는 친연관계가 전혀 없는 상조회사에서 파견한 장례지도사의 지휘 아래 일사천리로 진행되고 있다.

그러나 시대의 변화로 사회적 의의가 감소하였다 하여 우리 전통문화가 지닌 본디의 가치마저 감소하는 것은 결코 아니다. 오히려 우리의 전통 통과의례에는 현대사회에서는 결코 발견할 수 없는 소중한 가치가 포함되어 있다. 곧 편리함에 기대어 집단을 무시하는 개인주의보다, 개인의 희생을 감수하고라도 집단의 가치를 소중하게 여기는 민족 공동의 의식이 깃들어 있다.

따라서 현대화라는 이름 아래 소중한 것들이 자취를 감추고 생소한 것들이 그 대신 자리매김을 하는 요즈음, 우리 민족 전래의 통과의례를 되새겨보는 것은 잊고 있었던 우리 조상들의 삶을 이해하고 민족의 얼을 재발견하는 가치 있는 작업이 될 수 있다.[1]

1 이 글은 김승찬·이헌홍·정상진 외 『한국의 민속문학과 전통문화』(삼영사, 2001)에 수록된 「인간의 삶과 의례」를 비롯하여 필자가 이미 발표한 논저를 바탕으로 이 책의 발간 취지에 맞게 수정 · 보완하여 재구성한 것임을 밝혀 둔다.

읽을거리

* 다음은 필자가 부산시 기장군의 통과의례를 설문 조사한 결과 중 산육례와 혼례 및 상례의 극히 일부분을 간략히 정리한 것이다. 결과 뒤의 괄호는 기장군의 마을 이름이다. 상세한 것은 김승찬 외 공편, 『기장군 문화유적과 기층문화』(부산대학교 한국민족문화연구소, 1997), 102~183쪽을 참조하기 바란다.

1. 산육례産育禮 - 태아胎兒의 성별 예측

1) 계측計測으로 아는 방법

이는 주로 부부의 나이나 임신부의 사주로 태아의 성별을 예측하는 것이다. 예를 들면 '부부의 나이를 합쳐 3으로 나눈 나머지가 1이면 아들, 0 또는 2이면 딸'이라는 식이다. 기장 지역은 이 방법을 거의 사용하지 않았다.

2) 태동胎動으로 아는 방법

이는 임신부의 배 안에서 태아의 움직임을 살펴 성별을 예측하는 것이다.

◦ 태아가 배 왼쪽에서 놀면 아들이고, 배꼽 밑에서 놀면 딸이다.(죽성)

◦ 태아가 배 왼쪽에서 놀면 아들이고, 오른쪽에서 놀면 딸이다.(대룡·이천)

◦ 태아가 배 위쪽에서 놀면 아들, 아래에서 놀면 딸이다.(예림·만화·덕선·이천·기룡)

◦ 태아의 움직임이 크면 아들이고, 작으면 딸이다.(월평·고촌·용천·기룡)

◦ 태아가 한군데서 놀면 아들이고, 여기저기 돌아다니면 딸이다.(이곡)

3) 임신부의 신체적·정신적 변화와 음식물로 아는 방법

◦ 임신부가 국을 좋아하면 아들, 비빔밥이나 쌈을 좋아하면 딸이다.(죽성·용천·기룡)

◦ 임신부가 고기·떡을 좋아하면 아들, 시큼한 음식을 좋아하면 딸이다.(이곡)

◦ 임신부가 고구마를 좋아하면 아들, 감자를 좋아하면 딸이다.(만화)
◦ 임신부가 복숭아를 좋아하면 아들, 사과처럼 새콤한 것을 좋아하면 딸이다.(덕선·이천)
◦ 임신부의 얼굴이 지저분해지면 아들, 이뻐지면 딸이다.(고촌)
◦ 임신부의 윗배가 부르면 아들, 아랫배가 부르면 딸이다.(월평·장전)
◦ 임신부의 배가 넓적하면 아들, 불거지면 딸이다.(덕선·가동·서암)
◦ 임신부의 엉덩이가 좁으면 아들, 넓으면 딸이다.(동백·고촌·이천)
◦ 임신부가 별나게 걸으면 아들, 곱게 걸으면 딸이다.(가동)
◦ 임신부를 뒤에서 불렀을 때 왼쪽으로 돌아보면 아들, 오른쪽으로 돌아보면 딸이다.(동백)
◦ 임신부가 누웠을 때 편하면 아들, 불편하면 딸이다.(서암)

4) 먼저 태어난 자식의 성격·태도·행위 등으로 아는 방법

◦ 먼저 태어난 아이를 불러 안을 때 뒤로 안기며 앉으면 아들, 앞으로 바로 안기면 딸이다.(죽성·월평·예림·이곡·용천·이천·장전)
◦ 먼저 태어난 아이가 돌아앉아 안기면 다른 성별의 아이가, 앞으로 안기면 같은 성별의 아이가 태어난다.(덕선)
◦ 먼저 태어난 아이가 물건을 둘러매면 아들, 머리에 이는 시늉하면 딸이다.(이곡·이천·가동)
◦ 먼저 난 아이가 자꾸 머리를 숙여 다리 사이로 뒤를 쳐다보면 아들이다.(만화·가동)

5) 기타의 방법

◦ 임신부의 젖을 짜 벽에 발랐을 때 붉게 변하면 아들, 변화가 없으면 딸이다.(죽성)

2. 혼례婚禮 - 신행新行의 의식

1) 신부가 집을 나서면서 하는 의식

◦ 신부가 신행할 때 단지 집안 어른께 인사만 올리기도 하지만(이곡·만화·장전) 대개 조

상에게 고사를 지내는데, 이를 '선굴례'(대룡)·'조상보기'(예림)·'조상고사'(월평)·'조상인사'(이천) 등으로 부른다. 고사상에는 밤·대추·고기(대룡) 또는 고기·과일·떡·술(예림) 등을 차린다.

◦ 신부는 신행을 위해 친정집을 떠날 때 부엌으로 가서 솥뚜껑을 세 번 들었다 놓았다 한다. 이는 조왕님께 마지막 하직 인사(대룡·고촌·덕선·예림·이곡·동백·죽성·기룡·월평·용천·가동·서암·장전)를 함과 동시에 다시는 친정집의 밥을 먹지 않겠다는 의지의 표시(만화)이다.

◦ 신부가 신행 갈 때 가마 안에 시부모의 밥그릇을 준비하고 그 속에 오곡을 넣어 가는데, 시부모의 밥그릇만 준비하기도 한다.(이곡·장전) 이는 시집가서 잘 살라는 뜻에서(예림·고촌·동백·만화·기룡·월평·용천) 또는 자식을 많이 낳으라는(죽성) 친정 어미의 바람을 담은 것이다.

◦ 신부가 신행할 때 상객 외에 '하님'(대룡·서암)·'웃각시'(덕선·예림·이곡·동백·기룡·용천·가동·이천)가 따라가는데, 대개 올케나 언니가 간다.

2) 신행 중의 의식

◦ 친정을 떠나 고개의 성황당이나 냇가를 건너게 되면 종이에 밥을 넣은 봉지밥을 던지거나(대룡·덕선·이곡·동백·죽성·만화·이천), 종이에 글을 써서 뿌린다.(기룡·가동) 그것은 재앙·잡귀를 물리치고 잘 살라는 뜻에서이다.

◦ 신부가 탄 가마 위에는 베(예림)나 붉은 보자기(이곡·용천)로 덮고, 신부 방석 밑에는 짚으로 엮은 거적을 까는데(동백·예림·만화·이천) 이는 대개 재앙이 따라온다고 믿었기 때문이다.

◦ 신부가 탄 가마 안에는 요강과 봉지밥을 넣거나(대룡·이곡·죽성·만화·이천·서암), 요강과 실(월평)을 넣는데, 이는 재앙을 물리치기 위해서이고, 특히 실은 두 부부가 장수하라는 뜻에서 넣어 둔다.(월평)

3) 시가 도착 후의 의식

- 신부가 시가에 도착하여 가마에서 내릴 때 웃각시나 하님의 부축을 받아 얼굴을 보자기로 가리고 짚불 위를 뛰어넘거나 가마채를 지난다. 이는 친정집에서 묻어온 재앙이나 잡귀를 물리치기 위해서(대룡·덕선·예림·고촌·동백·죽성·기룡·월평·용천·가동·서암·장전), 또는 친정으로부터의 미련을 끊기 위해서로(이곡) 이를 통해 신부는 시가 사람들로부터 완전히 새로운 구성원으로 인정받게 된다.
- 신부가 시가 대문을 들어설 때는 잡귀를 물리치기 위해서 시가 식구들이 짚불 태우기를 하는데(대룡·만화·월평), 이를 '짚불놀이'라 한다.(대룡)
- 신부가 시가에 도착하여 가마에서 내리면 신부가 깔고 있던 방석을 지붕 위로 던진다. 이는 친정과 관련된 모든 것들을 훨훨 털어내는 것으로 어른에게 잘 보이기 위해서(예림·죽성·서암·장전) 또는 어른을 우러러 받들겠다는 의지를 담은(만화) 행동이다.
- 신부는 친정 우물의 물을 병에 담아와 시가의 우물에 붓는다. 이는 자신이 와서도 시가의 우물이 끊어지지 않기를 바라는 마음에서이다.(용천)

3. 상례喪禮 - 시신의 목욕과 수의 갈아입히기

1) 목욕물과 목욕의 순서

- 시신을 목욕시킬 때 주로 향물(덕선·고촌·동백·죽성·만화·월평·서암·기룡·이천·가동·대룡)을 쓰는데, 소금물(예림·용천)이나 미지근한 물(이곡)을 쓰기도 한다. 수건에 적셔 얼굴-몸-손-발과 같이 위에서 아래로 씻거나(덕선·고촌·이곡·동백·죽성·만화·용천·서암·이천·장전), 얼굴-손-발-몸체(예림·월평) 또는 손-발-얼굴(기룡)의 순서로 씻긴다.

2) 손톱과 발톱의 처리

- 시신의 손톱·발톱·머리카락은 고인을 깨끗하게 하고 저승에 가서 새 삶을 살아가라는 뜻으로 '염낭'이라고도 부르는 주머니에 넣어 ①허리끈에 달아 준다(덕선·고촌·이곡·죽성·

서암), ②가슴 위에 올려놓는다(예림·서암), ③오른손에 넣어 둔다(동백), ④오른 소매와 왼 소매에 하나씩 달아준다(만화), ⑤허리의 양편에 한 주머니씩 꿰차게 한다(월평·기룡), ⑥손톱은 시신의 손끝에 얹어두고, 발톱은 발가락 쪽에, 머리카락은 목덜미 쪽에 뒤에 둔다(용천), ⑦헝겊으로 주머니를 만들어 관을 옮길 때 관 속에 넣는다(이천), ⑧두루마기에 달아준다(장전), ⑨주머니에 나누어 넣어서 허리 쪽에 다섯 개씩 채운다(가동). 이후 입관할 때 관 속에 보통 같이 넣어 둔다.

3) 수의 입히기

◦ 습襲을 하는 사람을 '쌍포쟁이'라고 부른다.(용천)

◦ 시신에 옷을 입히는 습은 상주나 사위(이곡·예림) 또는 백관(대룡)이 하기도 하지만, 대체로 가족이나 친지 중 깨끗한 이(덕선·이곡·동백·기룡·이천)나 잘 만지는 이(죽성·만화·월평·용천·서암·장전)가 가족이 지켜보는 가운데 실시하는데, 가족이 보지 않는 경우도 있다.(이천) 이때 가족들은 '애고 애고'하며 곡을 한다.(용천·서암)

◦ 습할 때 칼을 망자의 머리맡에 가져다 놓기도 하는데, 이는 귀신을 겁주기 위해서다.(동백)

◦ 습을 할 때 수의는 ①속옷-하의-상의/바지-저고리-버선-두루마기-도포(덕선), ②하의(바지)-상의(저고리)(예림·이곡·서암·기룡·장전·가동), ③위에서 아래로(죽성·만화·월평·용천), ④밑에서 위로 한 번에(고촌), ⑤하의→상의 순이되 왼쪽에서 오른쪽으로(이천), ⑥속옷에서 겉옷으로, 밑옷에서 윗옷 순으로 입힌다.(대룡)

◦ 습에 사용한 물·수건·빗은 시신이 나가고 나서 물은 깨끗한 곳에 버리고, 수건과 빗은 태운다.(전지역)

◦ 습에 사용한 향물 담은 그릇은 땅에 던져 깨트린다.(덕선)

4) 반함飯含

◦ 습을 한 뒤 물에 불린 쌀을 버드나무 숟가락으로 세 번씩 나누어 넣는데, 이를 '반함'(덕선·고촌) 또는 '하직밥'(서암), '식록'(대룡)이라 한다.

◦ 쌀을 입에 떠 넣을 때 세 번씩 나누어 주며 넣을 때마다 "만년 양식이요"(덕선)나 "백석이요, 천석이요, 만석이요"(고촌·월평·이천) 또는 "천석이요, 만석이요, 백만석이요"(동백·죽성·만화)라고 하거나, 첫술에 "자식들 일천석 봐주시오", 두 번째 술에 "자식들 이천석 봐주시오", 세 번째 술에 "자식들 삼천석 봐주시오"(용천) 및 "천복, 만복"(장전)이라고 외친다.

생각해보기

우리의 전통문화 가운데 오늘날 자취를 감춘 대표적인 통과의례 가운데 하나가 '성년식(성인식)'이다. 이는 성인이 된 남녀가 독립된 인격체로서 자신의 권리와 의무를 확인하는 의례로 남자는 '관례冠禮'를, 여자는 '계례笄禮'를 행한다. 관례는 성인이 된 남자가 그동안 땋아왔던 머리를 풀어 상투를 튼 뒤 갓을 쓰는 의례이고, 계례는 성인이 된 여자가 귀밑머리를 풀어 쪽을 지은 뒤 비녀를 꽂는 의례를 말한다. 이때 남자는 성인이 된 기념으로 어릴 때의 이름 대신 새로운 이름인 '자字'를 받게 된다.

하지만 관례와 계례는 양반 가문에서 주로 행해졌던 행사로, 일반 백성들 사이에서는 남자의 경우 힘의 과시를 통해 성인이 되었음을 인정받았다. 곧 '들돌 들기'라고 하여 일정한 무게와 크기의 들돌을 들어 올리게 되면 어른으로 인정을 받게 되는 풍속이다. 이는 농경사회에서 가장 중시했던 노동력을 측정한 것으로, 성인이 된 남자가 어른으로서 제 몫을 다할 수 있는지를 평가한 것이다.

전통적인 성년식은 단발령의 시행으로 혼례에 흡수되어 시행된 지 오래되었다. 하지만, 성년식은 1975년 이후 국가에서 5월 셋째 주 월요일을 '성년의 날'로 지정하면서 지방자치단체나 대학교를 중심으로 새롭게 되살아나고 있다. 자신이 직접 '성년의 날' 행사에 참여했거나 또는 간접적으로 행사 자료를 살핀 결과를 토대로, 오늘날의 성년식이 지니고 있는 의미와 문제점 및 개선 방안에 대해 진지하게 생각해 보자.

들돌 전남 장성군 장성읍 유탕리 마을에서 사용하던 들돌이다.(국립민속박물관)

[참고문헌]

규장각한국학연구원, 『조선 양반의 일생』, 글항아리, 2009.

규장각한국학연구원, 『조선 여성의 일생』, 글항아리, 2010.

김승찬 외, 『기장군 문화유적과 기층문화』, 부산대학교 한국민족문화연구소, 1997.

김승찬·이헌홍·정상진 외, 『한국의 민속문학과 전통문화』, 삼영사, 2001.

김영균·김태은. 『탯줄코드-새끼줄, 뱀, 탯줄의 문화사』, 민속원, 2008.

류종목 외, 『우리 민속 들여다보기』, 동아대학교 출판부, 2007.

민속학회, 『한국민속학의 이해』, 문학아카데미, 1994.

임종국, 『한국인의 생활과 풍속(상)』, 아세아문화사, 1995.

전계현, 『증보 가례초해』, 명문당, 2017.

주강현, 『우리 문화의 수수께끼 2』, 한겨레신문사, 1997.

표인주, 『한국인의 생황양식과 전통문화예술』, 민속원, 2004.

한국고문서학회, 『조선시대 생활사2』, 역사비평사, 2000.

국립민속박물관(https://www.nfm.go.kr)

무형유산디지털아카이브(https://www.iha.go.kr)

6장.

민중의 생활 속에 이어져 온 믿음, 민간신앙

1. 현실의 안녕과 복을 비는 신앙

우리 선조들은 모든 사물과 자연 현상 속에는 특별한 영혼이 존재하며, 그 영혼들이 인간과 직접 소통할 수 있다고 믿었다. 이러한 애니미즘 사상은 민중들의 삶과 의례에도 영향을 미쳤다. 민중들은 오랜 세월에 걸쳐 말이나 노래를 통해 신들의 이야기를 전승하고, 금기나 제의 등과 같은 특별한 행위나 의례를 행하기도 했다.

한편 민간신앙의 개념을 명확하게 규정하기는 어렵다. 그러나 일반적으로 민간신앙은 아득한 옛날부터 일반 민중들의 생활 속에서 자연발생적으로 형성·전승되어 온 종교현상을 말한다. 따라서 창교자創教者, 교조教祖, 교리教理, 교단, 조직 체계 등을 갖춘 범세계적인 고등종교와는 다른 몇 가지 특성을 보인다. 첫째, 민중의 생활과 밀착성이 강하다. 민간신앙은 민중들이 자신들의 생활 속에서 일어나는 문제를 해결하고 풍요로운 삶을 영위하고자 하는 목적에서 발생했기 때문이다. 둘째, 현세구복성現世求福性을 강하게 띤다. 민간신앙은 사후세계의 이상적 삶에 관한 관심보다는 인간이 직면한 현실의 문제들을 극복함으로써 현세에서의 안녕과 행복을 우선시한다. 셋째, 가변적·포용적 성격을 보인다. 구복적 동기가 맞으면 사회윤리나 합리적 사고와 관계없이 언제든지 어떠한 신앙 형식도 수용하고 변형시킨다. 넷째, 주술적 성격이 강하다. 민중들은 현실의 어려움을 당장 해결하고, 효과 역시 바로 나타나기를 바란다. 따라서 의례도 직접적으로 느낄 수 있는 가장 손쉬운 '주술呪術'을 중심으로 행해진다. 다섯째, 다

신적 면모를 보인다. 민간신앙에서 믿음의 대상은 절대적인 하나의 신으로 충족되는 것이 아니라 매우 다양한 신들의 형태로 존재한다. 여섯째, 지역성이 강하다. 민간신앙은 각 지역 공동체에 의해 취사선택되기 때문에 그 지역의 특성을 반영한다.

또한 민간신앙은 인간의 삶과 밀접하게 연관되어 있기에 그 범주 역시 포괄적일 수밖에 없다. 오늘날까지 우리나라에서 연구된 민간신앙의 범주를 살펴보면, 가신신앙, 마을신앙, 무속신앙, 점복신앙, 풍수신앙, 자연물신앙, 영웅신앙, 독경신앙, 사귀신앙, 금기, 주술, 세시풍속, 통과의례 등 분류가 어려울 정도로 다양하다. 그러나 민간신앙은 주로 가정이나 마을이라는 지역 생활공동체를 바탕으로 형성되었다는 점을 고려했을 때, 크게 가족 중심의 '가신신앙'과 촌락 공동체 구성원들 중심의 '마을신앙' 형태로 양분해 볼 수 있다. 따라서 이 글에서는 가신신앙과 마을신앙을 중심으로 민간신앙의 양상과 성격을 구체적으로 알아보되, 이들 두 범주에 포함하기 어려운 민간신앙 가운데 도깨비신앙과 배서낭신앙에 대해서도 함께 살피기로 한다.

2. 집을 중심으로 한 가신신앙

사람들이 사는 집은 신들이 머무는 소중한 곳이기도 하다. 집안 곳곳에 존재하여 가족들의 길흉화복을 좌우한다고 믿는 신들을 '가신家神'이라고 하는데, 가신신앙家神信仰은 바로 이들 신들에 대한 믿음이며, 정기적 또는 필요에 따라 의례를 행한다. 가신신앙을 달리 가택신앙·가정신앙·집안신앙·집신신앙이라고도 한다.

가신에 대한 의례의 주관자는 주부이다. 다만 예외적으로 성주신에 대한 제의는 그 집안의 가장인 대주大主와 주부가 함께 지낸다. 가신신앙의 의례 방법 중 대표적인 것은 두 손을 모아 비는 간단한 의식인 '손비빔'인데, '비손'이라고도 부른다. 집안 곳곳에 좌정한 여러 가신의 기능과 봉안 형태, 좌정 장소, 의례의 형태를 살펴보면 다음과 같다.

1) 집안의 최고신인 성주신

성주신 신체 직사각형의 한지를 실타래로 묶어 기둥의 윗부분에 모신다.(국립민속박물관)

가신의 대표적 신격인 성주신은 가택家宅과 가정의 수호신으로 남성신이다. 성주신은 가내의 길흉과 부귀 일체를 관장하는 여러 가신을 통솔하는 최고의 신으로 받들어진다. 성주신은 '성조대감', '상량신', '성조신', '가옥신', '성주님', '지도성주님', '성주조상님', '성주세존님' 등으로 부르기도 한다.

가신신앙의 신체神體는 신을 상징하는 신성한 물건으로 소박한 물품인 경우가 대부분이다. 성주신을 상징하는 신체는 한지를 접어서 실타래로 묶는다. 이 신체를 보통 집의 중심이 되는 대청의 대들보 밑이나 상기둥의 윗부분에 모신다.

때로는 '성주독', '성주단지', '성주항아리'라 불리는 항아리에 쌀 또는 벼와 같은 곡물을 담아 대청마루 한편에 놓기도 한다. 요즈음은 신체 없이 모시는 경우가 더 많아졌다. 성주항아리의 곡물은 해마다 음력 10월 가을 추수 때 새로운 곡물로 바꾸어 넣는다. 이전에 넣었던 곡물은 집 밖으로 내보내지 않고 밥을 지어 먹되, 다른 사람과 나누어 먹지 않고 오로지 가족들만 먹는다. 이는 곡물 자체를 복이 담긴 신성물神聖物로 여겨 이를 집 밖으로 내보내는 것은 곧 복을 내보내는 것과 같다고 보았기 때문이다.

한편, 집을 지을 때는 반드시 성주신을 좌정시키는 상량식上梁式을 행하고 이사를 했을 때도 반드시 성주신을 새로 모신다. 처음 성주를 모시는 제의는 그 집 가장인 대주가 주관하나, 그다음부터는 보통 가정의 주부가 주관한다. 제의는 소반에 간단히 제물을 진설하고 일정한 격식 없이 세 번 합장하여 머리를 조아리고 비손한 뒤 소지燒紙를 올리는 순서로 진행된다. 비손의 내용은 성주님에게 한 해 동안 집안의 평온을 빌고 사업이 잘되며 자식들의 소원이 성취되도록 돌봐 달라는 것이다. 집안에 따라서 무당을 불러서 성주신을 맞아들이는 '성주맞이굿'을 하기도 한다.

2) 후손을 보살펴 주는 조상신

조상신은 가정의 안과태평安過太平과 풍요豐饒를 관장하는 신으로 주로 여성신이다. 신격의 명칭은 일반적으로 '시준할매', '시조단지할매'라고 부른다. 조상신은 '제석신帝釋神', '세존단지' 등의 불교적인 명칭으로 불리기도 한다. 제석신은 불교에서 상상의 산인 수미산 꼭대기에 있는 최고신이며, 세존은 석가세존을 뜻한다. 세존단지의 명칭은 부처를 상징하는 석가와 가신의 신체인 단지가 합해진 말로 신불습합神佛習合의 한 양상으로 볼 수 있다.

조상신을 모시게 된 동기는 시어머니로부터 물려받아 모시게 된 경우와 집안에 우환이 있을 때 점쟁이 또는 무당의 권유로 모시게 된 경우가 보편적이다. 모시는 조상신은 살아생전 한이 많았거나 자식이 없이 갑자기 죽은 원혼들이다. 이 신을 잘 모시면 집안이 편안하고 재수가 있으며 자식들이 잘된다고 믿었다.

조상단지는 봄·가을마다 보리와 쌀을 갈아 넣고 한지를 덮어 안방 시렁 위나 마루청 모서리에 마련된 선반 위에 봉안한다. 이렇게 모신 후에 단지 안의 쌀이 깨끗하면 집안이 편안하고, 쌀에 벌레가 생기거나 쌀이 변질하면 집안에 우환이 생긴다고 믿었다.

제의의 주관자는 가정의 주부이다. 제의는 간단히 제물을 차리고 안과태평과 풍년 그리고 자녀들의 소원성취를 기원하는 내용을 담아 비손의 형태로 진행된다. 설날과 추석, 햇곡식이 날 때, 집안에 우환이 생길 때에 제의를 행하는데, 명절 때 지내는 제의는 차례를 올리기 전에 행한다.

비손 가정에서 가장 나이 많은 주부가 제물을 차려놓고 집안에 복을 달라고 빌고 있다.(국립민속박물관)

3) 부엌을 관장하는 조왕신

조왕신 불의 신이자 부엌과 아궁이의 신이다.(국립민속박물관)

조왕신은 부엌을 관장하는 화신火神으로 부뚜막에 좌정해 있다. 조왕신은 '부뚜막신', '조왕대감', '조왕할미'라고도 부른다. 혹은 조왕신을 '정화신淨化神' 또는 '재산신'으로 여기기도 한다. 불은 종교적인 정화력을 가진다고 믿어지며, 또한 그 자체가 왕성한 생명력의 상징이어서 집안의 살림이 불어나는 것과 깊은 관련이 있다고 생각했다. 이를테면 화재가 난 꿈을 꾸면 재산이 생기는 것으로 여겼다. 이사를 할 때 화구火具를 먼저 들여가거나, 새로 이사 간 집에 성냥을 가지고 가는 것도 나쁜 기운을 정화하고, 불이 활활 타오르는 것처럼 재산이 불어나기를 바란다는 의미가 있다.

조왕신은 민간에서 '조왕각시' 또는 '조왕할매'라 부르는 것으로 보아 여성 신격이다. 조왕신은 옥황상제의 명에 의해 각 가정에 파견되어 그 가족의 언행을 일 년 동안 감찰했다가 섣달 스물 나흗날에 하늘에 올라가 옥황상제에게 보고하고 설날 새벽에 다시 내려와 부엌에 좌정한다. 옥황상제가 조왕의 보고에 따라 가정에 화복을 내려준다고 믿어 조왕이 올라가는 날 저녁에는 부뚜막에 엿을 붙여두기도 한다. 이는 조왕의 입을 원천적으로 막아 집안의 부정을 상제에게 고하지 못하도록 미리 조치하는 것이다.

조왕의 신체는 사기 종지로 이를 '조왕중발'이라 한다. 사기 종지에 정화수를 떠 올리기도 하지만 신체가 없는 '건궁조왕'도 흔하다. 보통 부엌의 솥 뒤 또는 부뚜막 한 구석에 조그만 단지나 종지에 쌀이나 정화수를 담아놓는다.

제의의 주관자는 주부이며, 섣달 그믐밤이나 보름날을 전후하여 조왕 신체 앞에 간단히 제물을 진설하고 비손한다. 비손의 내용은 집안의 평안과 오곡의 번성 그리고 자식들의 소원성취이다.

4) 아기의 출산과 자손을 보호하는 삼신

삼신단지 단지에 쌀을 채운 다음 한지로 덮고 그 위에 실타래를 둘러놓았다.(국립민속박물관)

안방은 주부의 일상적인 생활공간이자 새 생명의 탄생을 위한 생식행위와 비일상적인 의례가 행해지는 신성한 공간이다. 이러한 안방 아랫목에 좌정한 삼신産神은 자녀의 출생·육아·성장 등을 맡아 관리하는 여신이다. 삼신은 일반적으로 '삼신할머니'로 통칭하고 있으나, 지역에 따라서 '제왕할매', '세존할매', '지앙', '삼신할매', '삼신제왕할매'라고 부른다.

삼신은 삼신단지를 늘 모셔야 하는 '앉은 삼신'과 임시로 모시는 '뜬 삼신'으로 구분된다. 요즘에는 앉은 삼신을 모시는 가정은 없고 대개 뜬 삼신만 모신다. 삼신의 신체는 '삼신자루' 또는 '삼신바가지'이다. 삼신자루는 한지로 만든 자루로, 그 속에 쌀 3되 3홉을 넣어 안방 아랫목 구석 높직이 달아 매 놓는다. 또 삼신바가지는 큰 바가지로, 그 속에 쌀을 넣고 한지로 덮어 묶은 뒤 안방 시렁 위에 모셔 놓는다. 삼신자루와 삼신바가지에 담긴 쌀은 일 년에 한 번씩 햇곡이 나면 햇곡으로 바꾼다. 묵은쌀은 집안 식구끼리만 먹으며 절대 남에게 주지 않는다. 삼신의 점지를 받아 아이가 태어나면 7살 때까지 삼신의 보호를 받고, 그 후부터의 수명은 칠성신이 관장한다. 산모가 아기를 낳으면 삼신상을 차리는데, 상 위에 짚을 깔고 쌀밥과 간을 하지 않은 미역국, 그리고 물을 차려놓고 산모의 건강과 아기의 무병장수를 빈다. 생후 7일, 14일, 21일째 되는 아침에 삼신상을 차리는데, 이를 '삼칠일의 행사'라고 부른다. 이 밖에 삼신에게 설·정월 대보름·추석·동지 등에도 의례를 행하고 색다른 음식이 생겨도 제의를 올린다.

5) 재물복을 가져다주는 터주신

터주가리 집의 뒤뜰에 모신 터주가리 앞에 놓인 제물의 모습이다.(국립민속박물관)

터주신은 집터를 관장하며, 집안의 액운을 걷어 주고 재물복을 주는 신으로 '지신地神'이라고도 한다. 혹은 무엇이든지 밖의 것을 안으로 끌어들인다고 해서 터주신을 욕심이 많은 '터줏대감'이라고도 일컫기도 한다. 따라서 사람들은 터주신을 잘 모시면 부자가 된다고 믿는다.

터주는 집의 뒤뜰 장독대 옆에 '터주가리(터주단지)'로 만들어 모신다. 터주가리는 항아리에 햅쌀이나 햇벼를 담고 뚜껑을 덮은 다음 그 위에 짚으로 원추형의 모양을 엮어서 덮은 것이다. 매년 햇벼가 날 때마다 바꾸어 넣는데, 이때 원래 들어 있던 묵은 벼는 남에게 주면 복이 나간다고 여겨 남에게 주지 않고 떡을 해서 가족들이 먹는다. 또한 터주가리에서 꺼낸 묵은쌀의 색깔과 형태 등을 살펴 가문의 성쇠를 점치기도 한다.

제의는 길일을 택하여 행한다. 제의는 뒤뜰이나 장독대에 설치한 터주가리의 단지 안에 들어 있는 묵은쌀을 햅쌀로 바꾸어 넣을 때, 설날·대보름날·추석날에 터주가리 앞에서 주부가 가정의 안녕과 풍년을 기원하기 위해 지신제地神祭를 올리는 경우, 그리고 차례 때 떡을 한 접시 바치는 경우가 있다. 특별한 음식이 생겨도 올린다.

이들 가신 외에도 외부로부터 액살厄煞이 들어오는 것을 막아주는 대문간의 '수문신', 된장과 간장을 보살펴 주는 장독대의 '철융신', 365일 동안 물을 마르지 않게 해주는 우물의 '정신井神', 재물복을 주는 곳간의 '업신'이 있다. 이들 가신은 신체를 특별히 봉안하지 않으나 업신은 구렁이나 족제비라고 믿는다. 변소에는 '측간신廁間神'이 있어서 모질고 독한 귀신의 기운인 살煞을 걷어 준다. 측간신은 '변소각시'(전남·경북), '칙간조신'(전남), '정낭각시'(전남·경북), '변소장군'(경북), '칙시부인'·'칙도부인'(제주도) 등으로 불리는 데서 알 수 있듯, 신경질적이고 변덕스러운 젊은 여성이기에 심기를 거슬리지 않게 조심해야 한다고 여겼다.

3. 공동체의 안녕과 풍요를 기원하는 마을신앙

인간은 타인과의 관계 속에서 삶을 살아가는 존재이다. 자연적으로 형성된 가족뿐만 아니라 자신이 속한 사회에서 타인과 상호작용하면서 관계를 유지하고 함께 어울림으로써 자신의 존재를 확인한다. 우리 선조들이 해마다 농경의례를 행한 모습은 여러 역사서를 통해서도 확인할 수 있다. 『삼국지』「위지 동이전」을 살펴보면, 마한에서는 5월과 10월에 사람들이 모여 손발을 맞추면서 노래 부르고 춤추었으며, 부여에서는 정월에 하늘에 제사를 지내고 풍악을 울리며 며칠 동안 음식을 먹으며 가무歌舞를 즐겼다는 기록이 있다.

> 고구려는 귀신鬼神, 사직社稷, 영성零星에 제사 지내기를 좋아한다. 10월에는 하늘에 제사 지내면서 크게 모이는데, 이름하여 '동맹東盟'이라고 한다. 그 나라의 동쪽에 큰 굴이 있어 '수신襚神'이라고 부르는데, 또한 10월에 이를 맞이하여 제사 지냈다.

『삼국사기』, 「잡지」, <제사> 편에 고구려는 10월에 수혈신을 맞이하여 제사를 지냈다는 기록이 보인다. 이러한 국가적 차원의 의례는 사회적 갈등을 해소하고, 구성원들의 단합을 목적으로 개최되었다. 이 전통은 민간신앙인 마을신앙으로 이어져 마을의 공동체 질서와 지연적地緣的 결집력 및 공동의식을 고취하고자 하는 목적에서 다양한 마을신앙이 형성·전승되었다. 주민들이 공동으로 생활하는 공간인 마을을 중심으로 이루어진 신앙을 구체적으로 살펴보면 다음과 같다.

1) 마을 사람 전체가 참여하는 축제이자 열린 의례, 동제

마을은 마을 주민들이 공동으로 생활하는 삶의 공간이다. 마을신은 마을을 보호하기 위해 밖에서 들어오는 잡귀와 액살·재앙 등을 막아 마을 사람들이 잘 살 수 있도록 보살펴준다고 믿어지는 존재로, '산신'·'용신'·'서낭신' 등 마을마다 다양하다. 이 마을신이 모셔진 신당에서 마을의 평안과 풍요를 기원하기 위해 마을 사람들이 합동으로 올리는 공동제의가 바로 '동제洞祭'이다. 동제는 강원도와 전라도에서는 '별신굿'이라 하고, 경기도에서는 '당굿'·'도당굿'이라고 불리기도 하는데, 요즘은 간단하게 '동제' 혹은 '당산제'라고 부르기도 한다. 이때 동제의 중심이 되는 신당의 명칭은 지역마다 차이가 있는데, 경기도와 충청도에서는 '산제당'·'산신당'이라 하고, 경상도와 전라도에서는 '당산'이라 하며, 제주도에서는 '본향당'·'포제간' 등으로 불린다. 제의를 지내는 날짜는 지역마다 차이가 있다. 중부 이북 지역은 음력 10월에, 영남·호남 등 남부지역은 정월 대보름에 지낸다. 또, 어떤 지역은 정월 초, 3월 삼짇날에 지내기도 하고, 풍어제를 지내는 어촌 지역에서는 봄과 가을로 두 번 나누어 지내기도 한다.

동제의 일반적인 형태는 크게 두 가지로 하나는 유교식 의례이고, 다른 하나는 전문적인 사제자인 무당이 지내는 무속식 의례인 별신굿 또는 도당굿이다. 그러나 두 형태가 엄격하게 구분되지는 않는데, 당굿을 지낼 때도 먼저 유교식 동제를 지낸 뒤 당굿을 진행하는 것이 일반적이다. 유교식 동제는 대체로 전국적으로 일치하지만, 별신굿이나 도당굿은 지역적으로 차이를 보이기도 한다.

유교식 의례의 절차를 살펴보면 일반적으로 다음과 같이 진행된다. 먼저, 마을 사람들이 마을 회의를 개최하여 제의를 진행할 제관을 선정한다. 대체로 제관은 40대 이상의 남자들 가운데 부정不淨, 상고喪故, 해산解産 등이 없는 사람이 선출된다. 제관은 선정된 날로부터 금기에 들어가는데, 대문에 왼새끼 금줄을 치고 황토를 뿌려 외부인의

고당 정면 부산시 금정구 공해 마을에 있는 고당은 기와지붕에 태극 모양이 그려진 두 짝의 함석문으로 되어 있다.(개인소장)

신목 나무 하단에는 새끼를 꼬아 만든 금줄이 둘러쳐져 있으며 그 아래 돌 신단이 놓여 있다.(개인소장)

출입을 금지한다. 아내와 동침해서는 안 되고 항상 언행을 조심해야 하며 매일 찬물로 목욕재계를 해야 한다.

또한 마을에 임신한 부인이 있으면 다른 지역으로 보내야 하고, 초상이 나면 일단 동제를 중지한다. 마을 어귀나 신목神木에도 모두 금줄을 치고 황토를 뿌린다. 사악한 것을 물리칠 수 있는 주술적인 힘을 가진 황토로 땅에 있는 부정한 것을 덮어버릴 수 있다고 믿었기 때문이다.

이후 본격적인 제의를 진행하는데, 일반 가정에서의 제사와 같은 형식으로 제물을 진설하고 유교식으로 제의를 거행한 뒤 소지를 올린다. 제물은 제의가 끝나면 마을 사람들이 나누어 먹는 것이 일반적이지만 어떤 지역에서는 땅에 묻기도 한다. 오늘날은 일상생활의 변화로 인해 금기를 지키는 불편 등의 부담 때문에 인근의 절에 맡기고 비용을 지급하는 추세이다.

무속식으로 동제를 진행할 때는 무당[1]이 중심이 되어 의례가 행해진다. 동제를 유교식 의례로 할 경우는 마을에 따라 제관들만 참가하거나 부정이 없는 남자들의 참여만을 허용하는 경우도 있다. 하지만, 무속식으로 하는 경우에는 마을 사람 전체가 참여하는 축제이자 열린 의례로서 진행되는 경우가 일반적이다. 무속식 동제 역시 지역에 따라 차이를 보이는데, 내륙에서는 주로 마을의 안녕과 풍농을 기원하는 '풍농제'를, 어촌에서는 마을의 안녕과 풍어를 기원하는 '풍어제'를 지낸다. 풍어제는 '별신굿'이라고도 하는데, 부산과 강원도 등 동해안 일대에서 행해지는 동해안별신굿은 중요무형문화재 제82-1호로 지정되었다. 별신굿은 유교식 동제와 달리 마을의 형편에 따라 몇 년에 한 번씩 마을의 평안과 어부의 해상 무사고, 자손의 번창과 풍어를 기원하는 목적에서 행해진다.

---

1 무당은 민간신앙에서 신과 인간을 연결하는 전문적인 사제로 존재한다. 무당의 유형은 '강신무'와 '세습무'로 나뉘는데, 강신무는 신병 체험을 통해 신내림을 받은 무당을 말하며, 세습무는 가계를 통해 무업巫業을 전승받은 무당을 말한다. 강신무는 경기도·황해도·평안도·함경도·강원도 지역에 분포해 있고, 세습무는 경상도·전라도·동해안 일대·제주도에 분포되어 있다. 남녀 모두 강신무가 될 수 있지만, 세습무의 경우 동해안 지방과 영호남지방에서는 모두가 여자 무당이며 제주도에만 남녀 무당이 공존한다. 무당의 명칭은 지역마다 다르게 불린다. 곧 '기자'·'만신'·'박수'·'남자무당'(서울·경기도 지역), '단골'·'단골레'(호남 지역), '무당'·'무당각시'(영남 지역), '심방'(제주도) 등이다.

2) 마을을 수호하는 상징물에 대한 믿음, 장승·솟대·서낭당·돌탑

장승

장승은 마을 입구나 사찰 앞에 세워져 있는 사람 머리 모양의 기둥을 말한다. 중부지방은 '장신' 또는 '수살', 영호남지방은 '벅수', 제주도는 '돌하르방' 또는 '우석목偶石木'으로 부른다. 장승은 나무로 된 것과 돌로 만들어진 것으로 구분된다. 목장승은 중부 이북 지역에, 돌장승은 남부지역에 집중적으로 전해지고 있다. 나무를 소재로 한 목장승은 비바람에 쉽게 썩기 때문에 매년 또는 몇 년 간격으로 새로 세우는데, 이 과정에서 장승의 원래 모습이 다소 변하기도 한다. 장승은 보통 남녀로 쌍을 이루어 세워지는데 남자 장승은 머리에 관모冠帽를 쓰고 몸체에 '천하대장군'·'상원주장군'이라 표기되어 있으며, 여자 장승은 머리에 관모가 없고 몸체에 '지하여장군'·'하원당장군'이라 표기되어 있다. 장승의 발밑에는 장승을 세운 날짜와 함께 '○○ 오십 리, ○○ 팔십 리' 등의 표기가 있는데, 이는 장승이 이정표의 구실도 하였기 때문이다. 마을을 떠나는 사람들은 반드시 장승 앞에서 신고해야 하는데, 이것 역시 마을의 수호신에게 여행하는 동안 안전을 기원하기 위해서이다.

마을신앙의 대상으로서 장승은 마을로 들어오는 잡귀와 재앙 그리고 질병을 막아주는 수호신 역할을 한다. 보통 장승은 다신적 성격의 마을신앙에서 상위신격이 아닌 하위신격으로 대접받는다. 이 때문에 장승에 대한 제의는 마을의 주신主神에 대한 동

목장승 (좌)마을로 들어오는 잡귀와 재앙 그리고 질병을 막아주는 마을의 수호신이다.(국립민속박물관)
돌장승 (우)부산시 강서구 송정마을 입구에 세워진 돌장승 2기로 관모를 쓴 '천하대장군天下大將軍'과 '지하여장군地下女將軍'이다.(개인소장)

제 이후에 간략한 형태로 거행되기도 한다. 그러나 마을에 따라서는 장승제가 동제의 중심이 되기도 한다. 그 외에도 장승을 새로 세울 때도 따로 제의를 지내기도 한다.

솟대

솟대는 곧고 기다란 나무 기둥 또는 돌기둥 위에 새 모양의 조형물을 한 마리 또는 두세 마리를 올려놓은 신간神竿을 말한다. 주로 마을의 제액초복을 빌고 풍농을 기원하는 목적에서 마을 입구에 세웠다. 단독으로 세워져 있는 경우도 있지만, 장승·돌탑 등과 함께 세워지기도 한다. 솟대에 대한 명칭은 새의 종류, 기능, 겉모습 등의 분류기준과 지역의 민속적 전통에 따라 다양하게 전승된다. 곧 '오릿대'·'수살간'·'수살대'·'수살'·'수살목'(경기도·충청도), '당산'·'짐대'·'진대'·'솔대솟대'·'당산할머니'·'할아버지'·'철륭'(전라도), '거오기'·'거액'·'까마귀'(제주도), '거릿대'·'갯대'·'진동단'·'성주기둥'·'오릿대'·'까마귀'·'별신대'·'별성대'·'화짐대'(경상도), '진또배기'·'서낭대'·'서낭님'·'골맥이'(강원도·동해안) 등이다.

솟대의 나무 기둥이나 돌기둥은 우주 축의 상징이고 솟대 위에 얹힌 새는 우주 새로서 풍요를 상징한다. 새의 형상은 지역마다 차이가 있는데, 오리·기러기·갈매기·따오기·까치·학·까마귀 등 다양하다. 솟대에 얹어놓은 새의 머리도 일정한 방향이 아니다. 비를 가져오기를 바라는 마음에서 새의 머리를 북쪽으로 향하게 하거나, 우순풍조雨順風調를 바라는 마음에서 새의 머리를 남쪽으로 향하게 하기도 하며, 풍요를 위해 새의 머리를 마을 밖으로 향하게 한다. 새의 머리를 마을 밖으로 향하게 하는 것은 마을 밖에서 먹이를 물어오라는 뜻이 담겨 있어서 간혹 이웃 마을과 분쟁이 일어나기도 한다. 새의 머리가 마을 밖, 즉 이웃 마을로 향하게 되면 그 마을

솟대 마을의 안녕과 풍요의 기능을 한다. 솟대 위에 얹어놓은 오리의 머리가 일정 방향으로 되어 있지 않은 것이 특징이다.(개인소장)

주민들은 자신들의 복이 달아날 것으로 여겨 솟대를 세우지 못 하게 하거나 세우면 뽑아버리기도 한다.

서낭당

서낭당은 마을 입구나 고갯마루의 길가, 마을 뒷산 등에 위치하며 마을 주민 또는 행인들에게 신앙의 대상이 되는 돌무더기를 말한다. 돌무더기는 종종 나무나 바위 등과 함께 서낭당의 한 형태를 이루기도 하고, 때로는 돌무더기 옆에 당집이 세워지기도 한다. 마을에 따라서는 서낭신에게 제를 지내기 위해 재단을 설치하는데 이를 서낭당이라고 한다. 서낭당은 지역에 따라 성황당, 할매당, 천왕당, 국사당 등의 여러 가지 명칭이 있다. 그리고 돌무더기·수목·당집이 단독으로 있는 형태를 '단독형'이라고 하고, 여러 형태의 서낭당이 함께 존재하는 것을 '복합형'이라고 구분하기도 한다. 그러나 어떤 형태이든 이러한 서낭당 신앙은 전국에 걸쳐 보편적으로 나타나는데, 지금은 돌무더기 서낭당 형태는 점차 소멸해 가고 있으며 당집 형태의 서낭당이 마을 수호신의 신당으로 남아 명맥을 이어가고 있다.

한편 서낭신앙은 개인신앙과 공동신앙으로 나눌 수 있다. 개인신앙의 경우는 서낭당 주위에 돌을 주워 올려놓고 소원을 빌거나 행운을 기원하는 것이 일반적이다. 길을 떠나는 사람은 여행의 안전을 기원하기도 한다. 이런 내용은 정비석의 단편소설 <성황당>을 통해서도 알 수 있다.

복합형태의 당집 산기슭에 있는 당집은 바위와 큰 팽나무로 둘러싸여 있다.(개인소장)

성황당 강릉시 왕산면 대기리에 있는 성황당은 나무로 만든 가옥 형태이다.(국립민속박물관)

서낭당 내 산신도 내부에 산신도가 걸려 있고 그 아래 산을 오가는 사람들이 놓고 간 지폐가 있다.(개인소장)

순이는 이 세상 모든 재앙과 영광은 성황님께서 주장하는 줄로만 믿는다. 순이가 처음 시집왔을 때 시어머니는, "우리 집은 무엇이나 앞에 계신 성황님께 빌면 순순히 되는 줄만 알아라."하고 타이르던 것과 시증조부모 때에 한 번 성황님께 불공不恭했다가 집이 도깨비불에 타고 말았다는 말까지도 잊혀지지 않았다. 순이는 지금 고무신을 신게 된 것도 틀림없는 성황님의 은덕이라고 믿는다. 이튿날 아침 순이는 먼동이 트기 전에 일어나서, 신을 또 한 번 신어보고는 밖으로 나와 이리저리 돌아가며, 돌을 주워 들고 성황당 앞으로 가 공손히 던졌다. 순이는 성황당에 돌을 던질 때가 가장 행복스러웠다. 돌을 여남은 개 던지고 나서는 고개를 수그려 합장배례하고 잠깐 섰다가 집으로 돌아왔다.

-정비석, <성황당> 중에서

시댁 대대로 이어져 온 성황당에 대한 신앙은 순이에게도 이어졌다. 순이가 흰 고무신을 신을 수 있는 것도 남편 현보가 경찰서에 끌려갔다 나올 수 있었던 일 모두 성황님의 은덕이라고 순이는 철저하게 믿는다. 순이는 성황님이 모든 것을 주재한다고 믿기 때문에 수시로 성황당에 달려가 돌을 던지고 소원을 빌었다. 성황당이 절대적인 힘을 가지고 있다고 믿고 있는 순이는 삶의 모든 것을 성황당에 의지하며 살아간다. 이에 반해 개인신앙이 지극히 개인적 소망을 담았다면 공동신앙은 마을의 안녕과 초복招福, 풍년, 풍어, 자손의 번창 등을 기원할 목적으로 제의가 행해진다.

돌탑

돌탑은 마을 입구의 큰길 가, 고갯길, 산 입구, 산 중턱, 마을 신목 밑에 돌을 올려 쌓아 만든 탑으로, 마을로 들어오는 액厄을 막고 복을 불러들인다고 믿는 마을 신앙의 대상물이다. 돌탑·돌서낭·탑·탑당산·상당·국수당·서낭당탑·수구水口탑·수무맥이탑·수구메기·방사탑·말무덤·선돌·석적 등으로 불린다.

돌탑 좌우로 오래된 소나무가 있으며, 돌탑 아래에 제단이 마련되어 있다.(개인소장)

돌탑은 외형상으로 서낭당과 상당히 유사한 경우가 많다. 일반적으로 돌을 자연스럽게 던져서 쌓아 놓은 형태와 돌을 원형 또는 원추형으로 둥글게 정성 들여 쌓아 올린 것이 있다. 또, 돌로만 된 것도 있지만 돌탑 중심부 정상에 선돌이나 거북 모습의 돌을 얹어 놓은 형태도 있으며, 돌무더기 위에 헝겊이나 짚신 등을 걸쳐 놓은 형태도 있다. 돌탑은 단독으로 세우는 일도 있지만 대체로 장승·솟대와 함께 조성하는 경우도 있다.

돌탑을 쌓을 때는 사전에 좋은 날을 택일하여 남녀노소 할 것 없이 마을 주민 모두가 참여한다. 또한 탑을 쌓는 행위는 신성한 종교의식인 까닭에 탑의 축조일을 앞두고 마을 사람들 모두 몸과 마음을 근신한다. 탑을 쌓기 전에 터고사를 지내며 탑을 만들어진 후에도 제사를 올리기도 하는데 이를 '탑거리'·'탑고사'·'탑제'·'거릿제' 등으로 부른다. 돌탑에 대한 제사는 동제를 지내는 날에 같이 올리는 경우가 일반적이지만 때에 따라 단독으로 진행하기도 한다. 제를 지낼 때는 생기 복덕하고 부정을 보지 않은 사람 중에서 제관이나 당주로 선정한다. 제관의 집 앞에 황토를 뿌리고 금줄을 쳐 잡인의 출입을 금지하고 제관 부부는 언행을 삼간다. 제의 비용은 집마다 추렴한 쌀과 돈으로 하며 제관의 집에서 제물을 준비한다. 제물 진설이 끝나면 향을 피운 제관이 두 번 절하고 술을 세 번 올린 후 탑에 촛불을 밝혀준다. 축관이 축문을 읽고 치성으로 대동소지燒紙와 개별소지를 올린다. 제의가 끝나면 주민들이 모여 풍물을 치고 탑 주위를 돌면서 한바탕 논 뒤, 마을 회의를 열어 마을의 중요한 현안을 논의하기도 한다.

4. 그 외의 민간신앙

1) 이중적 성향을 지닌 도깨비신앙

도깨비는 민간신앙에서 믿어지고 있는 초자연적 존재 중의 하나이다. 도채비·독각귀獨脚鬼·독갑이·허주虛主·허체虛體·망량魍魎·영감 등의 이름으로 불리기도 한다. 빗자루·부지깽이·키·절굿공이·체 등과 같이 사람들이 늘 사용하다가 버린 손때 묻은 물건들이 변하여 도깨비가 되는데, 그중에서도 사람의 혈액이 묻은 것, 특히 여성의 월경

月經 피가 묻은 것이 대표적이다. 때로 동식물의 정령이나 그릇의 파편이 도깨비가 되기도 한다.

도깨비는 그 형태 역시 각양각색으로 전승된다. 머리에 달린 뿔, 크게 부라린 눈, 유달리 큰 입, 날카롭고 긴 이빨, 털이 나 있는 몸체와 긴 손발톱 등 무섭고 위엄을 갖춘 모습으로 표현되기도 하고, 다리가 하나뿐이거나 키가 매우 커서 상반신이 구름에 가려 잘 보이지 않는 거인의 모습으로 기록되기도 한다. 구체적인 모습을 드러내지 않고 목소리, 울음소리, 웃음소리, 요란한 소리, 불빛 등으로 존재를 암시하는 경우도 있다. 때로는 미녀·늙은이·할멈·농부 등 사람의 모습으로 나타나기도 한다.

도깨비는 초인간적인 힘과 재주를 가지고 있어 때로는 궁핍하고 외롭게 사는 사람을 도와주는 성격의 소유자로 그려지기도 하고, 때로는 엉뚱하고 험상궂은 장난을 잘 치는 존재로 그려지기도 한다. 이러한 도깨비의 양면적인 성격은 도깨비 신앙에서도 확인할 수 있다. 신격으로서 도깨비는 풍요를 가져다주는 긍정적인 신으로 인식되기도 하고, 반대로 병을 일으키는 역신疫神이나 화재를 몰고 오는 존재로서 쫓아내야 하는 대상으로 인식되기도 한다. 이러한 이중적인 도깨비 신앙은 지역에 따라 편차를 보이는데, 이를 해안지방과 내륙지방으로 나누어 살펴보면 다음과 같다.

해안지방의 도깨비신앙 - 행운을 가져다주는 도깨비

해안지방에서 도깨비는 물고기 떼를 몰아다 주는 신적인 존재로 믿어졌기 때문에 사람들은 도깨비에게 풍어를 기원하는 '도깨비고사'를 지내기도 했다. 도깨비고사는 지역에 따라 '참봉고사'·'덤장고사'·'진새고사'·'구물코ᄉᆞ' 등으로 불리는데, 단독으로 진행되기도 하지만 동제와 뱃고사 등과 결부되어 지내기도 한다.

제주도에서는 도깨비신인 영감에 대한 이야기가 '도깨비본풀이' 혹은 '영감본풀이'라는 굿판에서 전해진다. 영감은 본래 서울 허정승의 일곱 아들 중 막내로 제주 지역에 내려와서 자리를 잡았다고 한다. 제주시 조천읍 함덕리의 어부들은 그물에 멸치를 몰아다 주는 '말퉁이영감'을 위해 굿판에서 영감놀이라는 연희적 성격의 놀이판을 벌이기도 했다. 이로 보아 제주의 도깨비굿은 풍어를 기원하는 굿인 동시에 놀이적 성격을 함께 지녔음을 알 수 있다.

또한 서해안과 남해안에서는 도깨비불이 나타난 곳에서 고기가 많이 잡힌다고 하는 믿음을 바탕으로 달도 없는 깜깜한 섣달그믐날에 도깨불을 보는 풍속이 있다. 즉 도깨비불이 나타나는 곳에서 고기가 많이 잡힌다고 여겼다. 그리고 부산 지역에서는 섣달그믐날에 도깨비불을 보고 점을 치는 풍속이 있다. 정해진 절차는 없으나 도깨비불의 움직임을 보고 이듬해 농사나 어업의 풍흉을 점치는 것이다. 도깨비불이 동에서 서로 가면 풍년, 서에서 동으로 가면 흉년의 징조로 해석하기도 하고, 도깨비불이 꺼진 자리에서는 고기가 많이 잡힌다고 믿었다.

내륙지방의 도깨비신앙 – 역신의 오명을 쓴 도깨비

내륙지방에서는 도깨비를 질병을 가져다주는 역신疫神으로 인식하였다. 따라서 도깨비제는 질병의 퇴치를 위한 목적에서 전승되었다. 대표적으로는 진도의 '도깨비굿'과 순창의 '도깨비제'가 있다. 도깨비제는 정월 초 혹은 대보름이 지난 후에 여성들 중심으로 진행된다. 제의는 마을로 들어오는 동서남북 네 곳 중 출입구에서 열린다. 이는 도깨비의 마을 출입을 원천적으로 막아 보려는 의도로 보인다. 사방 출입구 중 중심이 되는 출입구에서 먼저 제의를 지낸 뒤 나머지 장소에서도 제사를 지내는데, 장소를 옮길 때마다 여성들로 구성된 굿패들이 풍물을 울리면서 간다. 제물은 네 곳 모두 같으며 주된 재물은 메밀묵이다.

한편, 도깨비는 화재 발생의 원인으로 지목되기도 했다. 이 경우 도깨비제는 화재를 방지하기 위해 지낸다. 도깨비제는 주로 전북에서 전승됐으며, 충북의 일부 지역에서도 전승된 적이 있다. 제의는 일반적으로 정월 보름에 여성이 중심이 되어 행해지지만, 음력 9월이나 10월 등에 지내는 마을도 있으며, 남성이 참여하는 경우도 있는 등 마을마다 다양하게 진행된다. 전북 임실군 관촌면 상월리에서 전승되던 도깨비제는 일명 '김세환제'라고 하는데, 도깨비를 '김세환'이라고 불렀다는 데서 기인한다. 제의는 정월 9일에 지내왔으며, 마을에 불이 나지 않기를 기원하는 것이 주목적이었지만 마을의 태평과 풍요 그리고 외지에 나가 있는 자손들이 잘 되기를 기원하기도 했다.

2) 조업의 안전과 풍어를 기원하는 배서낭신앙

변화무쌍한 바다에서 조업과 항해의 안전을 빌기 위해 바다와 배에 존재한다고 믿는 초자연적인 존재를 숭배하는 것은 오랜 믿음이다. 배서낭은 배를 건조한 뒤 진수하기 전에 항해와 조업의 안전 및 풍어를 위해 배에 모시는 신이다. 지역에 따라서 '배선왕船王'·'배선령船靈'·'배성주成週'·'선신船神' 등으로 부른다.

배서낭 신격神格의 형태는 '조상서낭'·'애기서낭'·'성주서낭'·'명태서낭'·'밤서낭'·'돌서낭' 등 다양하며, 성별 역시 남서낭과 여서낭이 모두 존재한다. 서낭의 성별은 일반적으로 선주의 꿈에 나타나 계시하기도 하고, 배를 만든 목수가 정해주거나 무당이 뱃고사를 한 뒤 알려주기도 한다. 여서낭을 모시는 경우 선주나 선원은 배에서 육지로 내렸을 때 함부로 여자에게 접근해서는 안 된다고 믿었다. 만약 접근한다면 서낭이 질투하여 선주나 선원에게 재앙을 내리고 고기도 많이 잡히지 않게 한다고 믿었다. 남서낭을 모시는 경우에는 반대로 선주나 선원이 고기를 잡은 뒤 배에서 육지로 내리면 방탕한 짓을 많이 하게 된다고 한다. 신체는 일반적으로 한지에 신격神格의 이름을 쓴 지방형紙榜型, 한지와 흰 실에 명태를 묶어놓은 것, 흰 한지를 겹으로 접어서 왼새끼로 묶어놓은 것, 삼색 옷감과 가위, 바늘, 색실, 여자 의복, 한지 위에 삼색 천을 접어 삼색실로 십자를 얽어서 묶어놓은 것 등 다양하다.

배서낭에 대한 제사를 '뱃고사'라 하는데, 설날·추석 명절 때, 첫 출어 때, 흉어 때, 만선일 때, 물 내릴進水 때, 부정이 있을 때 등에 배 위에서 지낸다. 뱃고사는 무당이 와서 간단히 행하거나 선주가 행한다. 고사를 지낸 뒤 제물을 조금씩 떼어 바다에 던진다. 제물은 선주의 집으로 절대로 가져가지 않아야 하며 선원 및 동네 사람들과 나누어 먹어야 한다.

5. 민간신앙의 가치와 현대적 의미

민간신앙은 민중들이 일상생활 속에서 풍요와 건강을 획득하려는 데에 그 목적이 있다. 민간신앙은 현실에서 발생할 수 있는 질병과 빈곤 등의 불행한 상황을 건강하고 풍요로운 현실로 바꾸어 놓고자 하는 재생적 의미를 지닌다. 또한 현실적 제약 속에서 유한하고 단절적인 존재를 영속적인 존재로 바꾸어 순환·지속시키는 구실을 한다고 믿는다. 민간신앙이 민간층에서 뿌리 깊게 종교적 기반을 갖게 된 것도 이와 같은 민간신앙의 순환으로 유한한 존재가 영속적으로 존재하고 지속될 수 있다고 믿었기 때문이다.

선조들은 오랫동안 민간신앙을 기반으로 일상생활을 꾸준히 영위하였다. 집안에는 온갖 가신이 자리하여 집안을 보살펴 주며, 마을에는 마을을 수호해 주는 마을신이 있어 마을 사람들을 보살펴 준다고 여겼다. 그래서 집안 곳곳에 좌정된 가신들에게 제사를 올렸고, 해마다 마을 공동체 구성원들이 한마음 한뜻으로 참여하여 마을신에게 제례를 지내는 마을 축제를 열었다. 이처럼 민간신앙은 개인의 행복 추구는 물론, 마을 사람들 간의 지연적 유대감을 강화하여 사회협동체제를 유지하는 데 이바지하였다.

그러나 근대 이후 우리의 민간신앙은 점차 그 힘을 잃어가기 시작했다. 특히 1910년대 이후 마을의 제사를 미신으로 규정한 일본은 강제로 동제를 철폐하고 신당을 파괴하기도 했다. 민간신앙에 대한 부정적 시각은 일제강점기를 걸쳐 1945년 8·15 광복 이후에도 이어졌다. 1970년대 이후 산업 구조의 변화, 문화 향유 대상의 다변화, 생활환경 구조의 변화 등으로 민간신앙은 본래의 기능과 모습을 잃고 점점 퇴화하거나 소멸하였다. 가옥의 현대화와 주거 공간의 변화 및 핵가족화로 집을 지켜주는 신과 집터를 관장하는 신들이 있을 곳은 사라지고, 직업의 변화와 잦은 인구 이동, 도시화로 인해 마을의 공동체 의식이 희미해지면서 마을신들 역시 잊혀져 갔다.

그런데도 오랜 세월 동안 사람들의 마음속에 태양과 같은 희망의 존재로 함께한 신들이 완전히 사라진 것은 아니다. 예를 들어, 현대 사회에서는 아기와 산모의 안전과 건강을 삼신이 아닌 현대 의학과 산후조리원 등의 시설에서 책임진다. 그러나 여전히 일부 가정에서는 산모와 아기의 건강을 위해서 삼칠일을 지키고 외부인의 출입을 통제하며, 백일에는 삼신을 위한 백일상을 차리기도 한다. 또한 마을신을 위한 동제의 종교적 성격은 약화되었지만, 오히려 유희적, 축제적 성격은 더 강화되었다. 강릉 지역에서 대관령 산신에게 지내던 단오놀이는 이제 전국적으로 유명한 '강릉단오제'(중요무형문화재 제13호)로 널리 알려졌으며, 2005년에는 유네스코 인류무형문화유산에도 등재되었다.

오랫동안 민간신앙이 민중의 살아있는 종교로서 정신적 불안의 해소, 삶의 희망 부여, 역사의식과 심적 유대강화 등의 기능을 해왔던 사실만은 부정할 수 없다. 우리가 과거의 풍습을 지키고 되살리고자 하는 것은 민간신앙이 가지고 있는 현세구복의 소망이 여전히 현재에도 유효하기 때문이다. 시대의 변화에 따라 민간신앙이 점차 사라지는 것은 어떻게 보면 당연한 일일지도 모른다. 하지만 민간신앙은 개인의 행복을 넘어서 사회적 갈등을 해소하며 사회의 균형 있는 발전을 꾀하고 새로운 질서를 만들어 갈 수 있다. 그런 의미에서 우리는 전통의 원형을 발견하고 지금 시대에 맞추어 계승해 나가야 할 것이다.

읽을거리

해신당과 애바위 전설

남근 조형물을 봉납하는 모형 성기 봉납 숭배는 마을 공동체와 기자祈子, 평안의 신체로 신앙하는 형태를 말한다. 여기에는 돌로 만든 남근 조형물 숭배신앙과 나무로 남근의 모형 성기를 깎아서 나무에 매달거나 신당에 봉안하는 남근 봉납 신앙 형태가 있다. 나무 남근을 봉납하는 이야기는 강원도 지방에서 집중적으로 나타난다. 성기를 봉납하는 곳은 여서낭에서만 해당 된다. 이는 여성신에 대한 제물적 특징의 하나로 볼 수 있다. 또한 모형 성기 봉납 숭배에 있어서 공통점은 여신이 한을 안고 죽은 원혼이라는 것과 풍어와 무사 안전을 위해서 여신을 달래기 위해 남근을 봉헌한다는 것이다.

옛날 신남마을에 결혼을 약속한 처녀, 총각이 살고 있었다. 어느 날 해초 작업을 위해 총각은 해변에서 조금 떨어진 바위에 처녀를 태워주고 다시 돌아올 것을 약속하고 돌아간다. 그런데 갑자기 거센 파도와 심한 강풍이 불어 처녀는 바다에 빠져 죽고 만다. 이후 이 마을에는 처녀의 원혼 때문에 고기가 잡히지 않는다는 소문이 돌게 된다. 어느 날 한 어부가 고기가 잡히지 않자, 바다를 향해 오줌을 쌌더니 풍어를 이루어 돌아온다. 이후 이 마을에서는 정월 대보름이 되면 나무로 실물 모양의 남근을 깎아 처녀의 원혼을 달래는 제사를 지내게 되었다. 지금도 이 마을에서는 매년 정월 대보름(음력 1.15), 음력 10월 첫 오일午日에 남근을 깎아 매달아 제사를 지내는 풍습이 전해지고 있다.

- 출처 : 강원도 삼척시 삼척해신당공원-

해신당 매년 음력 정월 대보름과 음력 시월 첫 오午일에 남근을 깎아 매달아 제사를 지낸다. 동해안 유일의 남근 숭배男根崇拜 민속이 전해 내려오는 곳이다.(개인소장)

생각해보기

금기는 꺼림칙하거나 불길한 일을 하지 않거나 이를 피하는 것을 말한다. 특히 민간신앙의 신성성을 보장하기 위해 금기를 중요시했다. 아랫글은 당산제를 지내기 위해 지켜야 할 금기사항들이다. 제주가 되면 매일 찬물로 목욕재계하고 외부인과의 접촉을 피하며 부부간의 동침도 금하거나 신성한 공간이 제의 장소에 금줄을 치고 사람들의 출입을 금지하였다. 이런 금기 문화는 시간을 거슬러 단군신화 속 웅녀가 100일 동안 동굴에 살면서 마늘과 쑥을 먹었기에 여자가 될 수 있었다는 이야기에서도 나타난다. 즉 민중들은 금기의 경험을 소재로 한 구비문학을 형성하였고 문학작품에서도 금기가 종종 등장한다. 그렇다면 오늘날 전해지고 있는 생활 속의 금기가 어떤 것이 있는지 알아보고 나아가 금기를 소재로 한 문화콘텐츠를 찾아 금기가 주는 의미가 무엇인지 생각해 보자.

부산시 금정구 금성동 공해 마을에서는 음력 정월 14일 자정에 당산제를 지낸다. 당산은 공해 마을에서 남쪽 산성의 남문 쪽으로 약 800m의 산기슭에 위치하고 당의 좌향坐向은 북향이다. 제관은 정월 5일에 지명으로 선정하는데, 대체로 나이가 많은 남자로서 일년 안에 험한 일과 궂은일이 없어야 하며, 깨끗하고 유고有故가 없는 사람으로 선정된다. 공해 마을에서는 제관의 명칭을 '제주'라 한다. 제주로 선정되면 제의 3일 전부터 금기 생활에 들어간다. 매일 찬물에 목욕재계하고 외부인의 접촉을 피하며 부부의 동침도 금기한다. 제의 후에도 3개월 동안 모든 언행을 삼가고 부정한 장소에 출입하지 않는다. 또한 부정을 예방하기 위해 당산 주변, 거릿대 주변, 조리용 샘 주변에 왼새끼를 꼬아서 금기줄을 친다. 왼새끼의 중간마다 대나무 가지와 흰 창호지를 끼우거나 솔가지를 꽂기도 한다. 제물 비용은 제당답의 수입으로 충당하며, 제물의 종류는 대추, 밤, 곶감, 사과, 귤, 문어, 명태, 돼지머리, 육전, 어전, 대어 등이다. 제물은 제주가 직접 시장에 가서 구매하며, 상인이 부르는 물건의 값으로 사야 한다. 시장에 갈 때와 올 때 아는 사람을 만나도 인사나 대화를 하지 않는다. 음식을 조리할 때도 부정을 막기 위해 수건으로 입을 막거나 창호지로 봉하며 음식의 맛도 보지 않는다. 당산제의 참석자는 제주 부부로 한정한다. 제의 순서는 산신제 → 고당할배·할매제 → 돌탑제 → 거릿대제이다. 당산제가 끝나면 제의에 사용했던 제물을 제주 집으로 가져갔다가 정월 보름날 아침에 부정·유고가 없는 마을 어른들을 불러와 음복한다. 음복이 끝나면 당산제의 제비, 마을 운영, 마을 사업 문제 등의 안건으로 마을 회의한다. 마을 회의가 끝나면 지신밟기를 한다.

- 출처: 국립민속박물관, 『부산의 마을신앙』 4, 민속원, 2020.

[참고문헌]

『삼국사기』

『삼국지』

국립민속박물관, 『부산의 마을신앙』 3·4, 민속원, 2020.

김영일· 최재남, 『한국민속과 전통문화』, 세종, 1993.

김종대, 『한국의 도깨비 연구』, 국학자료원, 1994.

김종대, 『민간신앙의 실체와 전승』, 민속원, 1999.

김태곤, 『한국민간신앙연구』, 집문당, 1983.

박호원, 『한국 마을신앙의 탄생』, 민속원, 2013.

부산대학교 한국문화연구소, 『釜山 山城마을의 基層文化』, 부산대학교, 1994.

부산대학교 한국민족문화연구소 편, 『한국인의 삶과 미의식』, 부산대학교출판부, 1999.

이두현·장주근·이광규, 『한국 민속학 개설』, 일조각, 2004.

이종철, 『한국민속신앙의 탐구』, 민속원, 2009.

이종철·박호원, 『서낭당』, 대원사, 1994.

이종철·김종대 황보명, 『性, 숭배와 금기의 문화』, 대원사, 1997.

이헌홍 외, 『한국의 민속문학과 전통문화』, 삼영사, 2001.

정상박, 「성기숭배사상」, 『한국의 민속사상』, 집문당, 1996.

조자용, 『도깨비 문화』, 경인문화사, 2019.

최운식 외, 『한국민속학개론』, 민속원, 2002.

최준식, 『한국의 풍속 민간신앙』, 이화여자대학교출판부, 2005.

국립민속박물관(https://www.nfm.go.kr)

7장.
해마다 반복되는 열두 달의 생활문화, 세시풍속

1. 해마다 돌아오는 우리 민족의 전통

같은 문화권에 속한 구성원들이 한 해의 특별한 날이 되면 약속이나 한 것처럼 자연스럽게 하는 행동들이 있다. 예부터 우리 조상들은 새로운 한 해가 시작되는 설날이 되면 흰 가래떡을 넣은 떡국을 끓이고, 아이들은 어른들에게 절을 하며 새해의 첫인사를 올렸다. 가을 수확이 끝날 즈음에는 추석이 있는데, 이날에는 주로 송편을 만들어 먹고 밤에는 둥근 달을 보면서 소원을 빌거나, 쥐불놀이와 달집태우기 등의 놀이를 즐겼다. 이렇게 1년을 단위로 해마다 일정한 날에 특별한 의례를 행하거나, 특정한 음식을 먹고, 놀이하는 일을 주기적으로 반복하는 것을 세시풍속歲時風俗이라고 한다.

세시풍속은 일 년을 주기로 되풀이된다는 점에서 '세시歲時', '세사歲事', '시령時令', '세시의례歲時儀禮'라고 부르기도 한다. 또, 일 년 열두 달마다 돌아오는 특별한 날에 행위가 이루어진다는 점에서는 '월령月令'이라고도 한다. 이러한 용어는 모두 일정한 간격을 두고 반복되는 시간적 주기성週期性을 강조한 것이다.

농경사회의 생활주기는 농사와 밀접하게 관련되어 있었다. 1년을 주기로 달마다 반복되는 농경, 즉 농사의 준비와 파종, 곡물의 성장과 수확 등은 우리 민족의 일상생활에 직간접적인 영향을 미쳤다. 이 기간 동안 농사의 결과에 대한 기대와 불안, 수확의 기쁨과 감사를 표하기 위해 했던 의례와 놀이 등이 점차 구체화되면서 그것이 세시풍속으로 정착되었다고 볼 수 있다. 이러한 점에서 우리나라의 세시풍속은 농경의례적 성격이 강하다고 할 수 있다. 이와 동시에 우리 민족이 오랜 기간 동안 받아들이고 발전시킨 사상과 종교 역시 세시풍속에 영향을 미쳤다. 민간 신앙과 불교, 유교의 각 의례가 세시풍속의 성격과 내용은 물론 그 구현 양상에까지 전방위적으로 영향을 준 것이다. 그러므로 조상들의 삶과 사회의 다면을 복합적으로 담아낸 문화현상인 세시풍속을 살피는 것은, 우리 민족의 의식과 사고, 가치관의 근원을 탐구하는 길이 될 것이다.

2. 우리 역사와 문학 속의 세시풍속

우리 세시풍속의 역사는 농경의 기원에서부터 그 시작을 찾아볼 수 있다. 고고학적 자료에 의하면 우리나라에서 농경을 했다는 확실한 증거는 신석기 중기부터 나타난다. 평안북도 미송리, 서울 강동구 암사동과 미사리, 강원도 각북면 오산리, 부산 영도구 동삼동, 제주도 고산리 등에서 신석기 시대의 유물이 확인되는데, 돌괭이·돌보습·돌낫 같은 농기구와 벼·보리·조·기장 같은 곡식 낱알의 발견은 해당 지역에서 농경이 이루어졌다는 사실을 증명한다. 농경을 위해 일정한 장소에 정착한 신석기인들이 농사와 관련된 시간적 주기를 지키게 되면서 다양한 세시풍속이 형성되었을 것으로 짐작할 수 있다.

청동기 시대에 이르러서는 발전된 청동기·철기 농기구로 인해 농업 생산력이 획기적으로 성장했다. 무기도 발달하여 부족 간의 정복 전쟁이 활발해지면서 결과적으로 한반도에 여러 고대국가가 등장했다. 부여의 영고, 고구려의 동맹, 예의 무천 등 고대국가에서 행해지던 제천의례祭天儀禮는 농경문화의 정착과 함께 형성된 세시풍속의 원형적인 형태로서, 풍년을 기원하고 추수를 감사하는 국가적 차원의 제사라 할 수 있다.

삼국시대에도 제천의례의 전통은 이어져서 신라의 오묘제五廟祭·사직제社稷祭·농제農祭·풍백제風伯祭 등을 비롯하여 고구려의 귀신제·사직제·영성제零星祭, 백제의 천신제天神祭·시조제始祖祭·천지제 등 농경신이나 국가 시조에 대한 국가 주도의 제의가 주기적으로 진행되었다. 동시에 중국으로부터 역법曆法이 도입되어 태양태음력太陽太陰曆에 따른 세시풍속이 정착되기 시작했다.

7세기에 나온 중국의 역사서인 『수서隋書』·『당서唐書』·『북사北史』 등에서도 특정한 날에 행해지던 우리 세시풍속의 모습을 찾아 볼 수 있다. 『수서』와 『당서』의 「동이전東夷傳」 <신라조>에는 "신라인들은 정월 초하루면 사람들끼리 치하하고 일월신에게 절한다"라는 설날의 풍속과 "8월 보름이면 크게 잔치를 베풀고 관리들을 모아 활쏘기를 한다"라는 추석의 풍속에 관한 내용이 있다. 정월대보름이나 단오 등의 세시명절에 하던 민속놀이인 석전石戰에 관한 기록도 『수서』「동이전」 <고구려조>에서 확인할 수 있다.

우리 역사서인 『삼국사기』와 『삼국유사』에도 세시풍속의 구체적인 양상을 짐작할 수 있는 기록이 있다. 『삼국사기』「신라본기新羅本紀」 <유리이사금儒理尼師今>의 기록이다.

> 왕이 육부六部를 정한 후 이를 두 패로 나누어 왕녀 두 사람이 각각 부내部內의 여자들을 거느리게 하여 편을 짜고, 7월 16일부터 날마다 육부의 마당에 모여 길쌈을 했는데 밤늦게야 일을 마치게 하였다. 8월 보름에 이르러 그 공功의 다소를 살펴 지는 편은 음식을 장만하여 이긴 편에 사례하고 모두 노래와 춤과 온갖 놀이를 하였으니 이를 '가배'라 한다. 이때 진 편의 여자들이 일어나 춤추며 탄식하기를, '회소회소會蘇會蘇' 하였는데 그 소리가 구슬프면서 아름다웠으므로 뒷사람들이 그 소리를 인연으로 노래를 지어 '회소곡會蘇曲'이라 하였다.
>
> 『삼국사기』「신라본기」 <유리이사금>

7월 16일부터 8월 보름까지 신라 6부의 여성들이 양편으로 나뉘어 길쌈을 하는데, 승부에서 진 편은 이긴 편에게 크게 대접하고 함께 노래와 춤, 온갖 놀이를 하는데, 이를 '가배'라고 부른다는 것이다. 이러한 기록은 공동노동으로서의 길쌈 두레의 풍속을 보여주는 동시에 현재까지도 이어지는 세시명절인 추석의 역사를 확인할 수 있게 해준다. 이처럼 다양한 기록을 통해 삼국시대에 이미 세시풍속의 기본 골격이 이루어졌음을 추정할 수 있다.

고려시대에는 오늘날까지 전해지는 세시풍속이 거의 모두 존재했다. 『고려사』에는 고려 9대 명절로 원단元旦(정월 초하루)·상원上元(정월 대보름)·상사上巳(뒤에 삼월 삼짇날이 됨)·한식·단오·추석·팔관八關·동지·중구重九(음력 9월 9일)를 소개하고 있으며, 그

밖에도 다달이 크고 작은 세시풍속이 행해졌다. 고려 속요의 대표적인 작품인 <동동>은 달마다의 세시명절과 풍속을 노래의 배경으로 삼고 있다.

七月 ㅅ 보로매 아으 百種백종 排배하야 두고
니믈 한대 녀가져 願원을 비숩노이다.
아으 動動동동 다리

九月 九日애 아으 藥이라 먹논 黃花황화
고지 안해 드니, 새셔가만하얘라
아으 動動동동 다리

<동동> 중 제8장·9장

<동동>의 제8장은 백중날인 음력 7월 15일에 여러 음식을 차려놓고 소원을 비는 풍속을 노래하고 있다. 제9장에서는 중양절의 풍경을 그리고 있다. 중양절은 중국에서 유래한 명절로, 삼국시대에 이미 한반도에 전래되어 신라에서는 왕과 신하들이 이날 연례 모임을 행했으며, 특히 고려 때는 국가적인 행사가 벌어지기도 했다. <동동>에서는 이날에 장수長壽를 기원하며 국화로 담근 술을 마시거나 국화꽃으로 전을 부쳐 먹는 풍속을 노래한 것이다.

조선시대에는 설날, 단오, 추석, 한식이 4대 명절이었는데, 동지를 더하여 5대 명절로 여기기도 했다. 그렇다고 다른 명절이 약화된 것은 아니고 민간에서는 오히려 세시풍속이 다양화되었다. 조선시대 세시풍속의 구체적인 양상은 『조선왕조실록』이나 각 지방의 풍속을 담은 여러 지리지 그리고 문인들의 개인 문집과 일기 등을 통해 확인할 수 있다. 문집과 일기의 기록들은 단편적이지만 저자가 해당 절기에 실제로 무엇을 했는지 알 수 있기 때문에 당대 풍속의 생생한 모습을 포착할 수 있다.

조선시대에 널리 행해진 세시풍속은 소설, 가사, 한시 등의 문학작품 안에 다채롭게 녹아있다. <춘향전>에서 이도령은 봄날 광한루에 올랐다가 그네뛰기를 하는 춘향을 보고 한눈에 반한다. 춘향이 마을 어귀에서 그네뛰기를 했던 것은 그날이 바로 단오였기 때문이다. <흥부전>에서는 강남에 갔던 제비가 박씨를 물고 돌아오는 날을 삼월 삼짇날이라고 설명한다. 삼짇날이 되면 봄이 시작되고 제비가 돌아온다는 민중들의 세시절기에 대한 인식이 소설 속에 반영된 것이다.

조선 후기에 이르면 이른바 조선적 정조情操의 포착이 문화의 핵심적 화두가 되었다. 실제 조선의 자연풍광을 화폭에 담아내는 진경산수화眞景山水畵와 민간의 생활상을 생생하게 그려낸 풍속화가 성행했으며, 문학에서도 우리의 역사·풍속·민요·설화 등을 소재로 활용한 작품들이 대거 등장하였다. 이러한 분위기 속에서 우리 민족 고유의 세시풍속 역시 문학의 주요한 소재로 자리 잡게 되었다. 물론 이전 시기에도 세시를 소재로 한 작품들이 있었지만, 대부분은 세시를 맞은 화자의 감상을 노래하는 한시였다. 세시풍속을 소재로 한 연작형 한시인 세시기속시歲時紀俗詩나 세시풍속을 객관적이며 본격적으로 소개한 산문인 세시기歲時記는 18세기 초에 비로소 나타난다.

세시풍속을 소재로 한 대표적인 한시로는 김려金鑢(1766~1822)의 <상원리곡上元俚曲>과 유만공柳晩恭(1793~1869)의 <세시풍요歲時風謠>를 들 수 있다. <상원리곡>은 정월 대보름의 세시풍속을 7언 절구 25수로 세세히 묘사한 작품이다. 작자 김려는 우리 민족 특유의 명절 모습을 민요적 정조를 살려 묘사하고 더불어 주석을 붙여 각 풍속의 내용을 구체적으로 설명하였다. <세시풍요>는 서울을 중심으로 일 년 동안 행하는 거의 모든 세시풍속을 월마다 자세히 포착하여 7언 절구 200수의 연작시로 읊은 세시풍속시이다. 이 두 작품에서 정월 대보름의 풍속 중 하나인 과일나무 시집보내기가 어떻게 그려지고 있는지 감상해보자.

瓦礫前宵拾得多	기와와 돌 조각을 전날 밤에 많이 모았다가
鷄鳴嫁樹占交柯	닭 울면 나뭇가지 사이에 끼워 시집 보내네
年年老杏迎新壻	해마다 늙은 살구나무 신랑 맞이하건만
四柱無兒奈爾何	사주팔자에 자식 없으니 어찌하겠는가.

김려, <상원리곡>

庭前寶樹列成行	뜰 앞에 좋은 나무 줄지어 서 있는데
雙劈枝宜百子房	둘로 나뉜 가지에 자식도 많구나
李氏之娘梅氏女	이씨 아가씨와 매씨의 딸이
一時嫁與石家郞	한꺼번에 석씨 신랑에게 시집갔으니.

유만공, <세시풍요>

과일나무 시집보내기 갈라진 가지 사이에 돌멩이를 끼워 놓으면 열매가 많이 열린다고 믿었다.

김려는 닭이 울면 나뭇가지에 기와와 돌 조각을 끼워 넣는 정월 대보름의 풍속을 시로 표현하면서 주석을 붙여 "민간 풍속에 닭이 울 무렵 과일나무 밑동의 갈라진 가지 사이에 돌멩이를 끼워 놓은 것을 과일나무 시집보내기라 하였으며, 그리하면 열매가 많이 열린다고 한다.土俗鷄鳴時 以瓦礫置樹交丫處 名曰稼樹 結實更繁云"라고 하여 그 의미와 기원하는 바의 내용을 구체적으로 설명하였다. 그러면서도 "사주팔자에 자식이 없으니" 아마도 늙은 살구나무에 열매가 많이 맺히기는 힘들 거라며 유머러스하게 시를 마무리하였다. 유만공은 정원의 나무에 열매가 많이 열렸다면서 여성으로 상징되는 자두나무李氏之娘와 매화나무梅氏女가 남성으로 상징되는 석石씨 신랑에게 시집을 갔기 때문이라고 과일나무 시집보내기 풍속의 목적과 그 결과를 익살스럽게 묘사하였다.

조선후기 사대부들의 우리 풍속에 관한 관심은 세시풍속들을 정리하고 설명한 세시기의 발간으로 이어졌는데, 대표적으로는 김매순(1776~1840)의 <열양세시기洌陽歲時記>, 유득공柳得恭(1748~1807)의 <경도잡지京都雜誌>, 홍석모洪錫謨(1781~1857)의 <동국세시기東國歲時記> 등이 있다. 이 가운데 <열양세시기>와 <경도잡지>가 주로 서울 중심의 풍속을 기록하였다면 <동국세시기>는 저자 홍석모가 "가까이는 서울로부터, 멀리는 궁한 벽촌에 이르기까지 평범한 하나의 행사지만 그 명절에 맞는 것은 아무리 비속한 일이라도 빠짐없이 모두 실어놓았다."라고 서문에서 밝힌 바와 같이 전국적으로 공통된 것은 물론 각 지방의 차이가 있는 풍속들을 두루 소개했다. 이러한 다양한 문헌 기록 및 문학 작품에 언급된 세시풍속들을 보면 알 수 있는 바, 그것은 우리의 역사와 함께 꾸준하게 전승되어 오면서 우리 민족의 공통된 의식과 사고, 가치를 반영하여 구체화한 문화 현상에 해당한다.

3. 세시풍속의 양상과 성격

사계절 내내 이어지는 세시풍속의 구체적인 행위와 현상은 너무나 다양하기 때문에 이것을 분명하게 이해하기는 어려운 일이다. 세시풍속의 양상을 살펴보는 가장 기본적인 방법은 계절이나 월별로 순차적으로 정리하는 것이다. 세시풍속이 본질적으로 1년을 단위로 달마다 주기적으로 순환하는 성격을 가지고 있기 때문에 이에 맞추어 세시풍속을 순차적으로 기술하는 것이다. 조선 후기 대표적인 세시기인 <동국세시기>도 이 방법을 따랐다. 그러나 이러한 정리 방식은 세시풍속에 나타난 다양한 행위와 현상 사이의 공통점과 유사성을 분명하게 드러내기 어렵다는 한계가 있다. 이에 이 장에서는 세시풍속을 일차적으로 계절에 따라 분류하되, 각 계절의 세시풍속은 다시 그 성격을 고려하여 '제의', '기축 및 이방', '금기', '놀이'의 네 가지 항목으로 나누어 설명하도록 하겠다.

제의祭儀란 세시풍속 가운데 특정한 대상에게 기원하는 종교적 성격을 강하게 보이는 행위를 말한다. 기축祈祝은 뚜렷한 대상이 없이 풍년이나 복이 오기를 기원하는 행위인데, 주로 한해의 출발점인 정월과 한 해를 마감하는 동시에 새로운 한 해의 출발이 되는 섣달에 집중되어 있다. 이방豫防은 질병이나 병충해와 같은 액厄을 물리치고 잡귀를 쫓는 액막이를 말한다. 기축이 행운이 오기를 바라는 행위라면 이방은 불운을 미리 예방하는 주술적 기원이라 할 수 있다. 금기禁忌는 우리 민속에 있어서 '꺼리고 피해야하고 하지 못하게 제지하는 것'을 말하는데, 이 가운데 계절에 따라 특정한 날에 주기성을 가지고 행해지는 것을 세시금기라고 한다. 전통사회에서 행해지던 다양한 민속놀이 가운데 농경의례인 세시풍속과 밀접한 관련을 지닌 놀이들은 유희적 성격과 더불어 제의적 성격을 함께 보인다는 점이 특징이다.

1) 봄의 세시풍속

전통사회에서 사계절은 음력을 기준으로 정월부터 3개월 단위로 나눈다. 따라서 봄은 음력 정월부터 3월까지이다. 봄에는 정월의 설날과 대보름, 동지로부터 105일째 되는 날인 한식에 주로 세시풍속이 행해진다.

제의

정월 초하루인 설날에 맨 처음 행해지는 세시의례는 '설 차례'와 '성묘'이다. 설 차례는 설날 아침에 제사 음식을 갖추어 조상들에게 제사를 올리는 것이고, 성묘는 조상의 묘를 찾아가 손질하고 살피는 일이다. 일반적으로 차례는 세대별로 분가해 나간 직계 후손들이 큰집에 모여서 함께 모시는데, 이를 통해 혈연 중심의 질서를 확인하고 공동체적 유대감을 재확인하기도 한다. 차례와 성묘를 마치고 나면 웃어른에게 세배를 올린다. 세배를 하면서 손아랫사람들이 어른들에게 "새해 복 많이 받으십시오."라고 하면 어른들은 손아랫사람들에게 "새해는 소원성취하게."라고 하는 등 상대의 처지와 환경에 알맞은 말을 하는데, 이것을 덕담이라고 한다.

정월 대보름에는 마을 단위의 공동 제의인 당산제가 행해진다. 마을의 길흉화복을 관장하고, 풍년을 약속해 주는 마을 수호신을 대상으로 한 당산제는 가족 단위로 행해지는 차례와 달리 마을 사람들이 모두 참여해서 지역적 연대의식을 높이게 된다.

이월에는 영등할미를 맞아들이는 제의로 '영등할미제'가 있다. 바람을 관장하는 풍신風神이어서 비와 직접 관련되고 농사와 어업을 관장하는 영등할미는 음력 2월 1일이 되면 하늘에서 내려와 2월 15일에서 20일 사이에 다시 올라간다고 한다. 그래서 농촌에서는 영등할미가 지상에 머물러 있는 기간에 한 해 동안 날씨가 순조롭기를 기원하는 제의를 올린다.

세화 집안에 잡귀를 막기 위해 대문에 붙여 둔 호랑이 그림이다.(국립민속박물관)

복조리 한해의 복을 받기 위해서 설날 새벽에 벽에 걸어둔다.(국립민속박물관)

기축 및 이방

정월 초하루나 대보름에 각 가정에서는 복조리를 사서 방문 앞이나 부엌에 걸어 둔다. 이것은 복이 많이 들어오라는 기복의 의미를 가진다. 재액災厄과 잡귀를 물리치기 위한 액막이도 정초에 다양한 방법으로 이루어진다. 집안에 잡귀들이 들어오지 못하게 호랑이 그림을 그려 문 위에 붙이는 '세화歲畵', 설날 저녁에 지난 일 년 동안 빗질할 때 빠진 머리카락을 모았다가 문밖에서 태우며 병마가 물러가기를 기원하는 '소발燒髮'이 대표적인 액막이 행위이다. 또 정월 대보름날에는 연에다가 액厄자를 써서 날리다가 연줄을 끊어 하늘로 날려 보내면서 연과 함께 재액이 사라지기를 기원하기도 한다. 농경과 관련하여 풍요를 기원하는 기축 풍속으로는 '용알뜨기'와 '나무 시집보내기'가 있다. 정월 대보름날 새벽 첫닭이 울기 전에 우물에 가서 샘물을 길어 오는 풍속을 용알뜨기라고 하는데, 마을에서 제일 먼저 물을 길어 가는 사람은 용알을 떠가게 되고 그 집 농사가 가장 잘 된다고 믿었다. 나무 시집보내기란 앞서 김려 등의 시에서 보았듯이, 정초에 과일나무의 갈라진 두 가지 사이에 돌을 끼워두는 것을 말한다. 나무를 여성으로, 돌을 남성으로 인식하여 사람이 혼인하여 자녀를 낳고 번식하는 것처럼, 나무도 시집보내는 것으로 많은 결실을 얻으려는 기풍행위라 할 수 있다.

정월 대보름날 저녁, 보름달이 뜰 때 생솔가지 등을 쌓아 올려 만든 달집을 태우는 달집태우기를 하기도 한다. 보름달은 풍요의 상징이고 불은 모든 부정과 사악을 살라버리는 정화의 상징이므로, 달집태우기에는 생활이 넉넉하고 질병과 근심이 없는 한해를 기원하는 민중의 소망이 담겨 있는 셈이다. 또, 정월 대보름에는 그해 더위를 먹지 않기 위한 이방으로 더위팔기가 행해지기도 한다. 대보름날 해 뜨기 전에 친구의 이름을 불러 상대방이 대답하면 "내 더위 사 가라"라고 하는데, 이렇게 하면 그해 여름에 더위를 먹지 않는다고 한다. 대보름 아침에 먹는 귀밝이술과 부럼은 그 해 좋은 소식을 듣고 귀가 밝아지며, 치아가 단단해지고 부스럼을 방지하는 효과가 있다고 믿었다.

금기

정월은 새해가 시작되는 달이기에 금기도 많다. 우선 정월 초하루에는 부엌의 아궁이를 청소하지 않는데, 아궁이의 재를 버리면 집안의 재산이 나간다고 믿었다. 또한 집안의 곡식을 집 밖에 내는 것도 금기였는데, 이 역시 재물이 줄어들거나 복이 나가는 행위라고 보았다. 정월 대보름에는 칼질을 하거나, 방아를 찧는 일, 빨래하는 것, 마당을 쓰는 것이 전부 금지되었다. 이러한 행위들은 모두 집안의 복을 내보내는 행위로 인식했다.

영등할미날에도 지역에 따라 다양한 금기가 지켜졌다. 제주도의 경우에 영등할미날에는 배 타는 것을 금하고, 해녀들 역시 바다에 가는 일을 삼갔다. 경상도 지역에서는 영등할미가 내려오는 달에 혼사를 치르면 부부 금슬이 좋지 않다고 믿었기 때문에 음력 2월에는 결혼을 꺼리는 풍속이 있었다.

놀이

정월 대보름을 전후해서 많은 놀이가 행해진다. 세시풍속의 일환으로 행해지는 민속놀이는 일상생활에 활력을 불어넣는 유희적, 오락적 성격과 더불어 마을의 안녕과 풍요를 기원하는 제의적 성격을 동시에 지니고 있는 것이 일반적이다. 특히 농경사회에서 보름달은 풍요를 상징하므로 정월 대보름 무렵에 하는 놀이는 대체로 풍년을 기원하는 의미를 담고 있다.

정월 대보름을 전후하여 마을 사람들이 풍물패를 구성하여 풍물을 치면서 집집마다 마당을 밟는 '지신밟기'는 제의적 성격이 비교적 강하게 남아 있는 놀이이다. 지신밟기는 대지의 신에게 올리는 의례이면서 잡귀와 잡신을 몰아내어 마을의 풍년과 각 집안의 태평을 기원하는 의례이기도 하다. 쥐불놀이와 횃불싸움은 불과 관련된 놀이이다. 이들 놀이는 보름달 아래에서 즐기는 불놀이로 달집태우기 행사와 더불어 진행되는 것이 일반적이다. 이 외에도 줄다리기, 고싸움놀이, 차전놀이 등을 즐기기도 했다.

2) 여름의 세시풍속

여름은 음력 4월에서 6일까지인데, 4월의 초파일, 5월 단오, 6월 유두가 대표적인 세시 명절이다.

제의

4월 초파일은 석가모니의 탄신일로 불가佛家의 명절이었으나 한반도에 불교가 정착되면서 민간의 명절로 자리를 잡았다. 이날에는 주로 절에서 재齋를 올리고 연등을 다는데, 불교가 국교였던 고려시대에는 연등회를 열어 국가적으로 초파일을 기념했다. 조선시대에는 국가적 행사는 사라졌지만, 민간에서는 여전히 재를 올렸는데, 민속신앙과 불교가 융합된 모습이라 할 수 있다.

단오端午는 농작물이 한창 성장할 시기인데, 이날 쑥떡·밀전병과 같은 음식을 마련하여 농사의 풍작을 기원하는 제사를 지낸다. 삼국시대에 이미 국가 차원의 제사를 지냈다는 기록이 남아 있으며, 후대에 이르러서도 지역 공동체 단위의 단오제가 베풀어졌다. 『동국세시기』에는 영남의 옛 풍속으로 해마다 단옷날 역마를 탄 고을 아전이 고을 사람을 거느리고 신라 김유신 장군의 사당으로 가서 신을 맞이하고 놀았다는 기록이 있다. 대관령 서낭당에 제사를 지내는 강릉단오제는 오늘날에도 행해지는 단오 제의로, 중요 무형문화재 제13호로 지정되었으며 2005년 유네스코의 인류 구전 및 세계무형문화유산으로 등재되기도 했다.

유월에 행해지는 용신제龍神祭는 일명 농신제農神祭, 논고사라고도 하는데, 농작물의 성장 과정에서 행하는 성장 제의라 할 수 있다. 이날 논의 주인이 떡(용신떡) 등을 마련하여 논이나 밭에 두거나 꼬챙이에 꿰어 논두렁에 꽂아 두고 병충해가 사라지고 풍년이 들기를 기원한다.

기축 및 이방

여름의 기축과 이방 풍속은 단오를 중심으로 행해진다. 단옷날 창포 삶은 물에 머리를 감으면 윤기가 나고 머리가 빠지지 않는다고 한다. 또 창포 뿌리를 잘라 비녀를 만들어 가운데에 '수壽'자나 '복福'자를 새기고 끝에 붉게 연지를 칠해 머리에 꽂으면 악귀를 쫓을 수 있다고 믿었다. 단오는 일 년 가운데 양기가 가장 왕성한 날로, 이날 부적을 쓰면 잡귀를 물리칠 뿐만 아니라 집안의 재액도 모두 사라진다고 믿어서 부적을 써 집안에 붙이기도 했다. 또한 단옷날에는 온갖 풀들이 약藥이 된다고 믿어서 다양한 풀을 베어 말렸는데, 특히 이 날 캐서 말린 쑥과 인동초는 약초가 될 뿐 아니라 벽사辟邪의 기능이 있다고 한다.

금기

음력 6월은 다른 말로 '액厄달'이라고 불렀다. 운수가 사나운 달이라는 의미이다. 농경사회에서 6월은 모내기를 끝내기 위해 몸을 혹사할 만큼 일을 했기 때문에 신체적으로 힘든 시기이며, 동시에 더운 날씨로 인해 상한 음식을 먹고 탈이 나기 쉽기 때문에 주의가 필요했다. 삼가고 조심해야 한다는 의미에서 음력 6월에는 이사를 하지 않고, 잔치할 일이 있더라도 다음 달로 미루거나 당겨서 하기도 했다. 병문안을 하면 그 병을 달고 나온다고 믿어 문병을 삼가기도 했다.

놀이

4월 초파일에는 탑돌이를 했다. 원래 탑돌이는 초파일이나 큰 재齋가 있을 때 사찰에서 승려가 염주를 들고 탑을 돌면서 부처의 큰 뜻과 공덕을 노래하면, 신도들이 그 뒤를 따라 등을 밝혀 들고 탑을 돌면서 극락왕생을 기원하는 불교의식이었다. 그러나 초파일이 민간의 세시풍속으로 정착되면서 탑돌이 역시 민속놀이가 되었다. 『삼국유사』「김현감호조金現感虎條」에서도 탑돌이의 모습을 확인할 수 있다.

여름 놀이로 널리 알려진 것은 단오 무렵의 씨름과 그네뛰기이다. 씨름은 7월 백중 무렵에도 한다. 씨름은 주로 남자들이 즐겼는데, 상고시대부터 '고려기高麗伎'라는 이름으로 불렸다. 여성들은 새 여름옷인 단오빔을 입고 삼삼오오 모여 마을 어귀 큰 나뭇가지에 줄을 메고 그네 타는 것을 즐겼다. 조선 중기 이전까지는 단옷날에 마을 단위로 편을 나누어 돌을 던지며 싸우는 석전石戰이 행해지기도 했다.

무더위가 절정인 유두와 복날에는 물가나 폭포 아래에서 물맞이를 한다. 특히 복날 더위를 이기기 위해 음식을 차려놓고 물놀이를 하는 것을 '복대림', 또는 '복다림'이라고 한다. 시원한 물가나 산에 가서 냇물에 발을 담그며 몸을 식히는 것은 탁족濯足놀이라고 한다. 상층의 사대부들은 더위를 피하며 시를 짓고 낭송하는 모임을 가지기도 했는데, 이러한 놀이가 민중에까지 널리 퍼지면서 후대에는 물놀이로서의 성격이 강해졌다.

김홍도의 『단원풍속도첩』 중 씨름도 단오날에 즐기는 대표적인 민속놀이인 씨름을 생생하게 묘사한 풍속도이다.(국립중앙박물관)

그네뛰기 1966년 강릉단오제에서 그네뛰기를 하는 장면이다.(국립민속박물관)

3) 가을의 세시풍속

가을은 음력 7월에서 9월까지인데, 음력 8월 15일의 한가위가 가장 큰 명절이며, 그 외에 음력 7월 7일 칠석, 7월 15일 백중, 9월 9일 중양절에 세시풍속이 다양하게 행해진다.

제의

음력 7월 7일인 칠석七夕은 헤어져 있던 견우와 직녀가 만나는 날이다. 이 날 새벽에 부녀자들이 참외, 오이 등의 과일을 장독대나 우물가에 차려 놓고 절을 하며 바느질 솜씨가 늘기를 빌었는데, 이를 '걸교乞巧'라고 불렀다. 지역에 따라서는 가정의 수호신인 성주신에게 제사를 지내기도 한다. 7월 15일 백중百中은 온갖 곡식이 마련되는 때라서 '보름 백종百種'이라고도 했다. 불가에서는 죽은 영혼을 위로하는 '우란분회盂蘭盆會'라는 재를 올렸고, 민가에서는 조상에게 차례를 지내기도 했다.

음력 8월 보름 아침에는 햇곡식으로 빚은 송편과 각종 음식을 차려놓고 조상에게 차례를 지내고 성묘를 한다. 가장 물질이 풍성한 시기에 행해지는 제의인 추석 차례는 추수감사제적 성격이 강한데, 농경사회의 전통적인 수확의례가 조상제의의 형태로 변형된 것이라 볼 수 있다.

음력 9월 9일은 중양절重陽節 혹은 중구절重九節이라고 불렀다. 이는 전통적인 숫자 개념에서 양수陽數가 겹쳤다는 뜻으로 특히 9월 9일은 3의 3배수인 9가 겹쳤기 때문에 완전수라 하여 중요하게 여겼다. 국가에서는 고려 이래로 정월, 단오, 추석과 함께 임금이 참석하는 제사를 올리는 풍속이 있었다. 민간에서도 제사를 지냈는데 조선 후기 이후 특히 영남지방에서는 중양절에 큰 공훈이 있는 사람을 영원히 사당에 모시도록 나라에서 허락하여 지내던 제사인 불천위제사不遷位祭祀를 지내거나 시제時祭를 지내기도 했다. 동해안 마을에서는 풍어제豊漁祭를 지내기도 했다.

기축 및 이방

칠월칠석에 달빛 아래에서 바늘에 실을 꿰어 두었다가 집안사람이 시험을 보러

갈 때 장원급제를 기원하며 주기도 한다. 호남 지역에서는 음력 8월 14일 밤에 아이들이 콩밭에 나가 밭고랑을 자기 나이만큼 기는 풍속이 있다. 이렇게 하면 몸에 부스럼이 생기지 않는다고 믿었다. 8월에 지붕의 볏짚을 갈 때에는 화재 예방의 의미를 담아, 지붕에 올라간 일꾼이 일을 마치고 내려오기 전에 지붕 맨 꼭대기의 용마름에 오줌을 누고 내려오기도 했다.

금기

칠석에는 아침 일찍 논에 나가지 않는 풍속이 있었다. 이날 신이 들에 내려와서 들마다 곡식의 생산량을 정해 주는데, 사람이 바깥에 나와서 돌아다니면 신이 수확량을 줄인다고 믿었기 때문이다. 음력 8월의 금기는 지역마다 차이를 보인다. 중부지방에서는 추석 명절을 앞두고 집 안을 청소하고, 창문이나 방문의 창호지를 새로 바르는 풍속이 있다. 하지만 영남과 호남 같은 남부지방에서는 8월에 창호지 바르는 것을 금기시한다. 8월에 문을 바를 경우 집안에 우환이 생기고 도둑이 들거나, 추운 겨울 동안 찬바람이 불어 감기로 고생한다고 믿었다. 만약 7월에 창문을 바르지 못했을 경우에는 그냥 놔두었다가 9월에 바른다. 또, 충남 지역에서는 9월에 메주를 쑤지 않는 풍속이 있었는데, 9월 메주로는 제사도 지내서는 안 된다고 한다.

놀이

가을철 놀이는 대체로 추석에 크게 벌어진다. 추석놀이는 지역별로 약간의 차이를 보이기도 한다. 호남지역에서는 주로 수십 명의 부녀자들이 손에 손을 잡고 둥글게 원을 돌아 춤을 추는 '강강술래'를 행하며, 영남지역에서는

강강술래 1998년 4월 20일부터 4월 23일까지 진행된 <제18회 대한민국 국악제> 중 진도향토문화회관 앞 야외에서 연행된 공연 모습이다.(국립민속박물관)

단장한 젊은 여자들이 공주를 뽑아 자신들의 허리를 굽혀 그 위로 걸어가게 하는 '놋다리밟기' 놀이를 즐긴다. 두 놀이 모두 대보름날 보름달 아래서 부녀자들이 집단으로 놀던 놀이라는 공통점이 있다. 중부지역에서는 '소놀이'와 '거북놀이'를 즐겼다. 소놀이는 멍석을 쓰고 소 모양으로 가장하여 집집마다 찾아다니며 즐겁게 놀아주고 음식을 나누어 먹는 놀이이며, 거북놀이는 소 대신 거북으로 가장하고 즐기는 놀이이다. 추석에 즐기는 이들 놀이는 대체로 풍년을 기원하는 농경의례적 성격을 지닌다.

4) 겨울의 세시풍속

겨울은 음력 10월부터 12월에 해당된다. '동지'와 '납일臘日'이 대표적인 세시명절이며 한 해의 마지막 날인 섣달그믐에도 여러 세시풍속이 행해진다.

제의

음력 10월은 상달上月이라 하여 중요하게 여겼다. 특별한 명절은 없지만 각종 제례가 집중되어 있다. 먼저 각 가정에서는 길일吉日을 잡아 집을 보호하는 성주신을 비롯한 가신에게 고사를 지낸다. 각 문중에서는 유교적 성격이 강한 조상숭배 제의인 시제時祭를 지낸다. 또 마을 단위로는 당산제를 지내기도 하는데, 특히 제주도의 경우 만곡대제萬穀大祭라 하여 햇곡식으로 술과 떡을 장만하고 그 밖에 고기·과일 등을 제물로 갖추어 크게 제의를 행한다. 이러한 음력 10월 제의는 고구려의 동맹, 예의 무천과 같이 10월에 행해지던 고대 제천의례祭天儀禮의 전통을 이은 것으로, 추수감사제의 성격을 가진다.

동지로부터 세 번째 미일未日을 납일臘日이라고 하는데, 조선시대에는 이날 종묘와 사직에 큰 제사를 지냈다. 일 년 동안의 농사 형편을 여러 신에게 고하는 제의로, 이를 납향臘享 또는 납제臘祭라고 했다.

기축 및 이방

음력 11월 동지에는 새알 모양의 경단을 넣어 팥죽을 끓인다. 붉은색의 팥죽에는 악귀를 몰아내는 힘이 있다고 믿었기 때문에 주로 집안의 안주인이 대문, 부엌, 마당,

담장, 화장실 등 집 안팎에 팥죽을 뿌려 잡귀의 출입을 막았다. 또 집안의 최고 어른이 뱀 사蛇자를 써서 대들보 기둥에 거꾸로 붙였는데 이 역시 악귀를 몰아내기 위한 풍속이다. 경남지역에서는 동짓날 베개 속에 메밀껍질을 넣어 베개를 만들어 베고 자면 건강에 좋고 질병 예방에도 좋다고 믿었다.

팥죽 뿌리기 집안의 안주인이 잡귀를 물리치기 위해 집안 곳곳에 팥죽을 뿌리는 모습이다.(국립민속박물관)

조선시대에는 섣달 그믐밤에 궁중에서 귀신을 몰아내는 의례인 나례儺禮를 행했다. 이때 '연종포年終砲'라 하여 대포를 쏘거나 징과 북을 울렸는데 이렇게 하면 역귀疫鬼를 쫓을 수 있다고 믿었다. 이러한 풍속이 민간에 전승되어, 민간에서는 섣달 그믐날 저녁에 마당에서 마른 나뭇가지 같은 검불을 모아 태우기도 했다. 부산 지역에서는 집안의 안주인이 팥, 소금, 콩 등을 볶아 집안과 대문간에 뿌리며 잡귀를 쫓아냈다.

금기

섣달 그믐밤에 잠을 자면 눈썹이 하얗게 센다 하여 이날은 뜬눈으로 밤을 보냈는데, 이것을 '수세守歲'라고 한다. 주로 경남지역에서는 동짓날에 부부가 성관계를 맺는 것을 금지했다. 동짓날이 일 년 중에 밤이 가장 긴 날로 이날 밤을 경건하게 무사히 보내야 탈이 없는데, 부부간에 성관계를 맺으면 잡귀가 시기하여 해코지를 하기 때문에 남자가 급사急死하거나 남자에게 액운이 닥친다는 것이다.

놀이

섣달그믐 무렵부터 정월 대보름까지 남녀노소를 가리지 않고 온 가족과 친척이 모여 윷놀이를 즐겼다. 윷놀이는 재미로도 하지만 농경사회에서는 풍년을 기원하는 소망을 담기도 한다. 윷판은 농사짓는 땅을 상징하고, 윷말은 윷을 던졌을 때 나오는 패에 따라 움직이는 계절의 변화를 상징한다. 따라서 윷판에 윷말을 움직이는 것은 한 해 농사의 풍년을 기원하는 셈이다. '연날리기' 역시 겨울 농한기의 대표적인 민속놀이로 주로 섣달에서 정월까지 즐겼는데, 정월 대보름이 되면 가지고 놀던 연을 액연으로 날린 후 연날리기를 멈췄다.

4. 현대 사회 속 세시풍속의 의미

세시풍속은 오랜 세월을 거치면서 우리 민족이 영위한 삶의 모습들과 경험, 지혜 등이 관습화된 생활양식이라 할 수 있다. 농업경제 중심의 우리 전통사회에서는 세시풍속도 자연히 농경문화를 기반으로 하여 행했다. 그러나 20세기 이후 급격한 근대화 등의 사회 변동을 거치면서 세시풍속의 면면도 변화하게 되었다. 전통적으로 농업이나 어업, 임업 등 1차 산업을 중심으로 한 공동협업의 노동방식에서 상품 경제적 산업사회로의 변화는 사람들의 생활주기와 인식의 변화를 불러왔다. 전통사회에서 사람들이 음력 24절기에 따라 노동의 주기를 기억하고 매년 비슷한 방식의 노동 과정을 진행했다면, 현대 사회에서는 양력의 1주일을 기준으로 일과 여가를 반복하게 되었다. 이에 따라 음력으로 기억되던 특정한 주기의 날짜, 예컨대 삼월 삼짇날이라든지 칠월 칠석날 등의 세시명절과 풍속은 희미해질 수밖에 없었다. 도시화 역시 세시풍속을 위축시켰다. 우리 국민 전체의 도시지역 거주자 비율을 나타내는 도시화율은 1950년 18.4%에서 1970년 50.1%로 급격하게 상승한 후, 2007년에는 무려 90.5%를 기록하였다. 우리 국민의 10명 중 9명이 도시지역에 거주하는 셈이다. 전통사회의 확대가족은 현대에 이르러 핵가족 중심으로 변화했으며, 독신가정 역시 증가하였다. 이러한 변화는 마을 단위와 가족 단위를 중심으로 진행되던 세시풍속이 쇠퇴하는 요인이 되었다.

그러나 오랜 기간에 걸쳐 우리 삶에 녹아든 세시풍속이 하루아침에 단절될 수는 없다. 때문에 변화된 삶의 형태, 사회구조에 맞춰 민속 역시 새롭게 형성, 변화하는 모습을 보인다. 오늘날의 세시풍속은 특정 명절에 집중적으로 행해지는 특징을 보인다. 세시풍속의 전체적인 양상은 축소되었으나 설날과 추석의 풍속은 여전히 중요하게 여겨진다. 차례와 성묘를 위해 고향을 찾는 '민족의 대이동'은 산업화와 도시화로 인해 새롭게 생겨난 세시명절의 모습이라 하겠다.

제의적 성격이 약화되고 오락적 기능이 강화되는 것도 현대 세시 풍속의 특징이다. 특히 마을 단위로 이루어지던 세시풍속은 지역 중심의 축제로 성공적으로 변모하기도 했다. 각 지방단체에서는 대보름, 단오 등의 세시명절을 축제로 발전시켜 연례행사로 성대하게 개최하기도 한다. 부산의 경우 매년 정월 대보름날이면 해운대 해수욕장에서 <해운대달맞이온천축제>를 개최하는데, 5층 규모의 소나무로 만든 달집을 태우고, 길놀이, 지신밟기, 강강술래 등의 행사를 진행한다

때로는 새로운 세시풍속이 생겨나기도 한다. 도시를 중심으로 생겨난 새로운 세시풍속은 주로 학업이나 취업과 연관이 있다. 전통사회에서 농사가 가장 중요한 행사였다면 현대 사회에서는 수능이나 고시 등 학업과 관련된 성패가 중요해지면서 이와 관련된 금기나 기축 행위가 등장하게 된 것이다. 기독교의 전래 역시 새로운 세시풍속의 정착을 촉진했다. 양력을 기준으로 한 부활절이나 크리스마스는 기독교의 세시 명절이라 할 수 있는데, 서양의 전통적인 풍속과는 다른 방식으로 우리 사회에 점차 정착하고 있다. 물론 이러한 새로운 풍속들을 과연 세시풍속이라고 정의내릴 수 있는가에 대해서는 고민을 할 필요가 있다. 그러나 여느 문화처럼 세시풍속도 진행형이라는 점에서 앞으로 어떤 세시풍속이 사라지고, 또 어떤 세시풍속이 새롭게 생겨날지 열린 시각으로 살펴볼 필요가 있을 것이다.

해운대달맞이온천축제 해운대 백사장에 달집을 만들어서 소원을 적은 액자 등과 함께 태우며 액운을 없애고 새해의 복을 기원한다.(해운대구청)

읽을거리

정학유(1786~1855)의 <농가월령가農家月令歌>는 한 해 동안 해야 할 농사에 관한 실천 사항과 철마다 다가오는 명절에 행해야 하는 의례와 놀이, 먹게 되는 제철 음식과 명절 음식을 월별로 나누어 생생하게 노래한 작품이다. 8월령에 언급된 세시풍속을 찾아보자.

<농가월령가> 8월령

팔월이라 중추되니 백로 추분 절기로다
북두성 자루 돌아 서천을 가리키니
선선한 조석 기운 추의가 완연하다
귀뚜라미 맑은 소리 벽간에 들리누나
아침에 안개 끼고 밤이면 이슬 내려
백곡을 성실하고 만물을 재촉하니
들 구경 돌아보니 힘들인 일 공 생하다
백곡의 이삭 패고 여물들어 고개 숙어
서풍에 익는 빛은 황운이 일어난다
백설 같은 면화송이 산호 같은 고추다래
처마에 널었으니 가을볕 명랑하다
안팎 마당 닦아 놓고 발채 망구 장만하소
면화 따는 다래끼에 수수이삭 콩가지요
나무꾼 돌아올 제 머루 다래 산과로다
뒷동산 밤 대추는 아이들 세상이라
아람 모아 말리어라 철 대어 쓰게 하소

명주를 끊어 내어 주양에 마전하고
쪽 들이고 잇 들이니 청홍이 색색이라
부모님 연만하니 수의를 유의하고
그나마 마르재어 자녀의 혼수하세
집 위에 굳은 박은 요긴한 기명이라
댑싸리 비를 매어 마당질에 쓰오리라
참깨 들깨 거둔 후에 중올여 타작하고
담뱃줄 녹두말을 아쉬워 작전하랴
장구경도 하려니와 흥정할 것 잊지 마소
북어쾌 젓조기로 추석 명일 지내보세
신도주 올여송편 박나물 토란국을
선산에 제물하고 이웃집 나눠 먹세
며느리 말미 받아 본집에 근친 갈제
개 잡아 삶아 건져 떡고리와 술병이라
초록장옷 반물치마 장속하고 다시 보니
여름지어 지친 얼굴 소복이 되었느냐
중추야 밝은 달에 지기 펴고 놀고 오소
금년 할 일 못다하여 명년 계교 하오리라
밀대 베어 더운갈이 모맥을 추경하세
끝끝이 못 익어도 급한 대로 걷고 갈소
인공만 그러할까 천시도 이러하니
반각도 쉴 때 없이 마치며 시작느니

생각해보기

과거 한국과 중국, 일본은 모두 벼농사 중심의 생활을 하였고 유교, 불교, 한자 문화를 향유했다. 지리적으로 서로 인접해 있었기에 오랜 세월 동안 교류하며 문화적으로 영향을 주고받았다. 그러나 세 나라의 문화는 각각의 고유한 특성을 지니고 있기도 하다.

> 직녀는 하느님天帝의 손녀로 길쌈을 잘하고 부지런했다. 하느님이 매우 사랑하여 은하수 건너편의 견우라는 목동과 혼인하게 했다. 그러나 직녀와 견우는 신혼의 즐거움에 빠져 매우 게을러졌고, 하느님은 크게 노하여 둘을 은하수를 가운데 두고 다시 떨어져 살게 하였다. 그리고 한 해에 한 번 칠월칠석에만 같이 지내도록 했다. 은하수 때문에 칠월칠석에도 서로 만나지 못하자, 보다 못한 지상의 까막까치들이 하늘로 올라가 머리를 이어 다리를 놓아 주었다. 그 다리를 '까막까치가 놓은 다리', 즉 '오작교烏鵲橋'라 하며, 칠석이 지나면 까막까치가 다리를 놓느라고 머리가 모두 벗겨져 돌아온다고 한다. 또한 이 날 오는 비는 '칠석우七夕雨'라 하여 그들이 너무 기뻐서 흘리는 눈물이라고 하며, 그 이튿날 아침에 오는 비는 이별의 눈물이라고 전한다.

이 이야기는 동아시아 공통의 세시명절인 칠석날의 유래에 대한 설화이다. 칠석날에 대한 설화는 중국 고대 신화를 기록한 <제해기齊諧記>(BC206~AD220)에 처음 등장하는데, 이후 한국과 일본으로 전승되어 비슷하지만 다른 이야기로 변화했으리라 추정된다. 한국에서는 칠석날 바느질 솜씨를 점치는 풍속이 행해졌다. 처녀들이 장독대 위에다 정화수井華水를 떠 놓고, 그 위에 고운 재를 평평하게 담은 쟁반을 올린 후 바느질 솜씨를 좋게 해 달라고 빌었다. 중국의 경우 전통적으로 바느질 솜씨를 좋게 해 달라고 하늘에 기원하는 칠석 풍속이 있었으나, 근래에 들어서는 연인의 날이라는 인식이 강해졌다. 정인절情人節이라고 부르면서 발렌타인데이와 비슷한 날로 기념하는 것이다. 일본에서는 칠석에 어린이들이 평소의 희망하는 내용을 적은 오색五色 종이를 기다란 대나무에 매달고 기원하는 풍습이 있다. 이것을 '탄자쿠短冊'라고 부르는데, 7월 13일까지 지붕보다 높이 대나무를 세워둔다.

칠석 외에도 세 나라는 설날, 단오, 중양절, 추석 등 여러 명절을 공유한다. 한국과 중국, 일본의 전통 세시 풍속 가운데 유사한 성격을 가진 것들을 찾아보고 어떤 점에서 비슷한지 또 어떤 점에서 차이가 있는지를 생각해 보자.

[참고문헌]

『한국세시풍속사전』, 국립민속박물관

김명자 역, 『동국세시기』, 다락원, 1985.

김명자, 「도시생활과 세시풍속」, 『한국민속학』41, 한국민속학회, 2005

김승찬, 『부산지방의 세시풍속』, 세종출판사, 1999.

박은정, 「조선 후기 세시풍속, 그리고 일상」, 『동아시아문화연구』제58, 한양대학교 동아시아문화연구소, 2014.

신승훈, 「漢詩를 통해 보는 조선시대 歲時風俗」, 『한국문학논총』제70, 한국문학회, 2015.

이경엽 외, 『세시풍속의 역사와 변화』, 민속원, 2010.

이현진, 「18~19세기 세시풍속서(歲時風俗書)에 담긴 한양인의 세시풍속과 그 성격」, 『서울학연구』제70, 서울학연구소, 2018

장주근, 『한국의 세시풍속』, 형설출판사, 1989.

국립민속박물관(www.nfm.go.kr/)

해운대구청(www.haeundae.go.kr/)

8장. 물질적 정신적 가치를 담아 나를 표현하는 일상의 예술, 의복

1. 사회적 약속, 문화의 척도

"설날이나 생일, 또는 집안에 혼인이 있는 날과 같이 축제의 날이 되면 어린이들은 마치 열대 지방에서 날아온 팔색조八色鳥처럼 화사한 색동옷을 입는다. 그러나 가엾게도 평민들의 사회에서는 어린이들이 흔히 등한한 취급을 받는다. 가난에 찌들고 어머니는 너무 바빠 자녀들의 옷을 빨거나 만들어 줄 수가 없다. 그러다가 몇 달 동안 보살펴보지도 못하고 지나는 경우도 때로는 있다. 여름철이 되면 캘러웨이 주교가 '태양과 공기를 옷 삼아 입는다.'고 말했던 바와 같이 가난한 어린이들이 글자 그대로 거리를 꽉 메운다. 우리는 어떤 사람이 입다 버려 셀룰로이드 색깔처럼 된 옷과 짚신과 댕기를 자신의 치장의 모든 것이나 되는 것처럼 입고 다니는 소년들이 거리와 골목에서 뛰어노는 것을 흔히 본 적이 있는데, 그들은 자신들이 사회적인 요구를 감당할 수 있을 만큼 적절히 차려입지 못하고 있다는 사실을 모두가 모르고 있었다."

<E. 와그너, 『한국의 아동 생활(Children of Korea)』>

인용문은 외국인 선교사 와그너(Ellasue Canter Wagner: 1881-1957)가 근대전환기 한국 아동들의 삶을 관찰한 후 남긴 기록의 한 부분이다. 아이들이 "사회적 요구를 감당할 수 있을 만큼 적절하게 차려입지 못했다"라는 말에서, 우리는 적어도 와그너에게 있어 의복이란 몸을 가리는 보호수단 이상의 의미를 지니는 사회적 약속의 대

상이며, 한 사회의 문화를 평가하는 척도로 여겨졌음을 알 수 있다. <일동장유가>를 지은 18세기의 김인겸이 맨발, 소매 없는 의복 등을 통해 일본인들의 문화를 이해하고 그들이 미개하다고 판단했던 것처럼, 20세기 초엽의 외국인 선교사 또한 조선 아이들의 남루한 차림새를 보며 한국인들의 문화적 수준을 가늠했으리라.

사전은 문화를 "한 사회의 개인이나 인간 집단이 자연을 변화시켜온 물질적, 정신적 과정의 산물"로 정의한다. 집단의 생활 문화를 살필 수 있는 물질적, 정신적 과정의 산물에는 '의식주衣食住'가 포함되는데, 이는 사람이 살아가며 만들어내는 가장 기초적인 삶의 흔적이다. 그 중 의복은 신체를 보호하거나 신분을 드러내는 기능적인 측면과, 개인이나 집단의 성격과 시대상을 반영하는 '무언의 언어'적 측면을 동시에 지니고 있어서, 한 사회의 문화적 특징과 변천을 유의미하게 살펴볼 수 있는 중요한 정보이다. 이에 이 글에서는 한국의 전통문화를 이해하는 한 방법으로, 전통 의복에 대한 기본 정보와 그것에 담긴 의미를 살펴보려 한다.

한반도에 거주하던 인류가 의복을 착용하기 시작한 것은 신석기 시대로 알려져 있다. 연구에 따르면 동물의 가죽이나 마麻 등으로 만든 의복을 착용한 신석기시대를 지나 청동기시대에는 저고리와 바지를 입는 유고제襦袴制가 자리를 잡았다고 한다. 유고제는 스키타이계 문화로부터 영향을 받은 것으로 조선 시대에 이르기까지 한반도 의복의 기본 양식이었다. 고구려 고분 벽화인 '가무배송도'와 같은 그림을 보면 옷섶을 여민 후 허리띠를 두른 상의 '유'와 바짓단에 장식을 댄 하의 '고'를 입은 사람들을 관찰할 수 있다.

한반도 사람들이 스키타이계 의복문화를 유지하다가 중국식 의복문화를 받아들이게 된 것은 한 군현漢郡縣이 설치된 이후인 기원전 100년 무렵으로 알려져 있다. 중국식 의복문화의 한반도 유입 이후 상이한 두 문화가 융합되어 한국인의 독창적인 의복문화가 형성되고, 그것이 후대로 전해져 전통 의복문화의 근간을 이루었다고 보는 것이 『한국복식사개론』과 같은 복식 연구서에서 읽을 수 있는 견해이다.

고구려 무용총-인물무늬 가무배송도 고구려 무용총 벽화를 국립문화재연구원에서 일러스트로 제작한 것이다. 유고제 복식을 확인할 수 있다.(국립문화재연구원)

한반도에서 의복에 관한 정보를 담고 있는 문헌이 작성되기 시작한 것은 고려시대 이후이다. 『고려도경高麗圖經』, 『고려사高麗史』, 『상정(고금)예문詳定(古今)禮文』 등과 같은 문헌을 통해 고려시대 왕, 백관 등의 공식 예복인 공복公服 제도를 짐작해 볼 수 있다. 『국조오례의國朝五禮儀』, 『진연의궤進宴儀軌』 등의 문헌을 통해서는 조선시대 왕실의 의복 문화를, 『규합총서閨閤叢書』를 통해서는 조선시대 반가班家의 의복 문화를 엿볼 수 있다.

그런데 국가의 공식 기록이나 저서들에 남아있는 복식 관련 정보들은 주로 상층의 것이므로 우리나라 상하층의 의복문화를 두루 살피는 데에는 한계가 있다. 전근대 시대에는 신분에 따른 복식의 차이가 존재했을 텐데, 기층의 문화를 읽을 수 있는 평민의 복식에 관한 기록은 상대적으로 희소한 것이다. 그러므로 이 글에서도 문헌을 통해 다양한 정보를 확인할 수 있는 상층의 의복문화 즉, 조선시대 양반가 남녀의 일상복을 중심으로 한국의 의복문화를 살펴보려 한다.

2. 사회적 지위와 예의 표현에 중점을 둔 조선시대 양반 남성의 일상복

앞서 언급하였듯이 조선시대 복식은 바지와 저고리로 된 유고제를 기본으로 하면서 시기에 따라 크고 작은 형태의 변화를 보였다. 큰 틀에서 보면 조선시대 의복문화는 명나라의 영향을 받은 조선 전기까지의 것에 임진왜란과 병자호란을 기점으로 변화가 더해졌다고 할 수 있다. 그중에서도 전쟁이 발생한 시기를 즈음하여, 일상복인 편복便服이 오늘날 우리가 전통 의복이라고 생각하는 형태로 자리 잡은 것이 특징이다. 남성 의복에는 왕가의 의복, 관료의 의복[百官服], 선비의 편복, 서민의 의복 등이 포함될 수 있는데, 이 장에서는 양반의 일상복인 선비의 편복을 중심으로 조선시대 남성들의 의복문화를 알아보겠다.

조선시대 양반 남성의 일상복은 관冠, 립笠 등의 모자, 몸에 걸치는 포袍를 비롯한 옷, 그리고 신발 등으로 나누어 살펴볼 수 있다. 양반 남성들은 머리띠 모양의 **망건**과 망건 줄을 고정해주는 단추 모양의 관자를 이용하여 머리카락이 흘러내리지 않도록 상투를 틀었다. **관자**는 계급에 따라 재료를 달리하기도 했는데, 정삼품正三品 이상의 당상관堂上官은 금이나 옥을 사용했고 그 이하로 내려가면 거북의 껍데기나 양의 뿔, 소의 발굽, 혹은 호박琥珀과 같은 광물을 사용했다.

망건 조선시대에 제작된 망건으로, 자세히 보면 하단의 좌우에 관자가 달려있는 것을 알 수 있다. 망건 중앙 상부에 달린 붉은 색 모양의 조각은 풍잠風簪이다. 풍잠은 갓을 고정하는 기능을 한다.(국립민속박물관)

망건 위에는 덮개 기능을 하는 **탕건**을 썼으며 이것은 말총 등으로 만들었다. 탕건은 평상시 관冠 대용으로 쓰기도 했다. **관**은 양반들이 손님을 접대할 때 거추장스러운 갓 대신 착용하였는데, 말총으로 만든 산 모양의 관인 정자관程子冠, 소동파가 만들어 써서 동파라는 이름이 붙었다고 하는 동파관東坡冠 등이 있다.

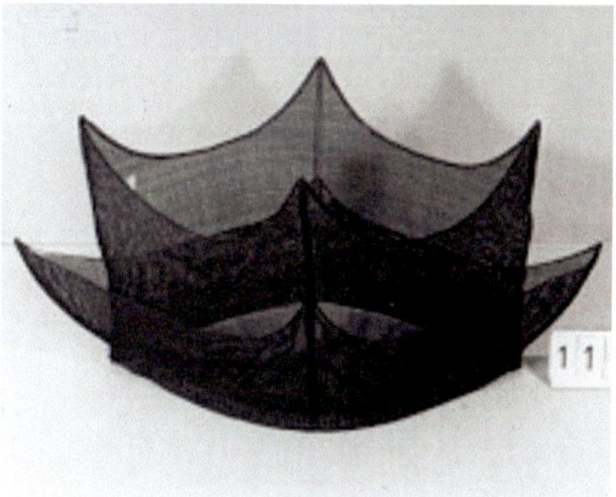

탕건통과 탕건 탕건을 보관하는 나무상자와 말총으로 만든 탕건이다.(국립민속박물관)(좌)
정자관 산 모양이 두 개의 층으로 되어 있는 이층 정자관이다.(국립민속박물관)(우)

양반 남성의 모자로 우리에게 익숙한 갓, 즉 흑립黑笠이 만들어지기 전에는 패랭이라고도 하는 평량자平凉子와 초립草笠을 썼다. 평량자는 대나무 가지를, 초립은 풀을 엮어 만들었다. 립笠은 평량자, 초립, 흑립 순으로 변화했는데, 흑립이 등장하면서 평량자와 초립은 서민들이 쓰는 모자로 자리 잡게 되었다. **흑립**은 머리에 직접 닿는 부분인 대우와 챙이라고 부르는 양태로 이루어진다. 시대에 따라 대우의 높이, 챙의 넓이 등에 변화가 있었고, 재료나 색상에 따른 차이도 있었다. 예를 들어 마미립馬尾笠은 말총, 죽사립竹絲笠은 대나무를 사용하였다. 대체로는 갓을 짠 후 옻칠을 하여 검게 만들었는데, 붉은 옷 칠을 한 것은 구분하여 주립朱笠이라고 했다.

이 외에 햇볕을 가리거나 비를 피하기 위해 갈대로 짠 **삿갓**을 쓰거나, 추위를 막기 위해 모피 등으로 만든 방한모인 **휘항**揮項을 착용했다.

흑립 대나무로 틀을 만든 후 말총으로 엮어 만들었다. 대우와 양태를 연결하는 부분에 붉은색 끈이 둘러져 있다.(국립민속박물관)(좌)
휘항 갈색 직물에 검은색 모피를 붙여 만든 것으로, 넓은 귀 가리개를 볼 수 있다.(국립민속박물관)(우)

조선시대 남성들은 바지와 저고리 위에 겉옷으로 도포道袍, 창의氅衣, 심의深衣, 주의周衣 등을 입었다. **도포**는 조선시대 양반들이 평상복으로 가장 많이 입었던 겉옷이다. 광수의廣袖衣라고 하여 소매를 넓게 재단했고, 뒤트임을 주어 자리에 앉기 편하게 했으며, 트임 위에는 뒷자락이라고 부르는 천을 덧대어 도포 안에 입은 옷의 노출을 최소화하였다. 가슴 부분은 세조대細條帶라고 하는 실로 묶어 고정했는데, 세조대는 품계에 따라 색상을 달리 하기도 했다. 정삼품 이상의 당상관은 검은색이나 붉은색을, 당하관堂下官은 녹색이나 청색을 사용했다.

도포 모시로 만든 도포의 앞면과 뒷면이다. 넓은 소매, 뒤트임, 뒷자락을 볼 수 있다.(국립민속박물관)

창의는 옷깃이 곧은 직령直領 형태의 포에 트임을 주어 만든 옷으로, 중치막, 대창의, 학창의 등이 있다. 옷의 통을 넓히면서도 트임을 가리기 위해 '무'라는 조각을 옷 옆선에 붙였는데, 중치막은 옆트임을 가려주는 '무' 없이 뒤 한 판과 앞 두 판으로 재단하여 만든 포를 가리킨다. 사대부들은 관복 안에 중치막을 입었다. 대창의는 앞뒤 각 두 판으로 되어 있고 소매가 넓으며 옆선엔 무를 붙였다. 학창의는 대창의의 가장자리를 검은 천으로 두른 형태로, 학자들이 많이 입었다. **심의**는 상단과 하단을 따로 재단하여 연결한 옷으로, 상裳이라고 부르는 하단이 12폭으로 되어 있는 게 특징이다. 상을 여러 폭으로 재단한 것과 관련하여 일 년 열두 달을 표현한 것이라고 의미를 부여하기도 하고, 넓은 폭으로 몸을 감싸기 때문에 심원深遠한 느낌을 준다고 하여 심의라는 이름이 붙었다고도 한다. 주희朱熹가 심의를 유학자의 옷이라고 하였으므로 조선시대 유학자들도 심의를 숭상하며 그것에 큰 의미를 부여하였다. 깃이나 소매 끝 등에 검은색 천을 두른 경우도 있다. **주의**는 흔히 두루마기라고 부르는 옷으로, 소매통이 좁고 옆선이 트이지 않은 형태이다. 조선 말기에 창의 등을 입지 않게 되면서 두루 입게 된 겉옷이다.

학창의 곧은 깃, 넓은 소매, 검은색 테두리 등을 볼 수 있다. 옆선에도 트임이 있다.(국립민속박물관)(좌)
심의 상중喪中에 입기 위해 삼베로 제작한 심의이다. 상단과 하단을 따로 재단해 연결한 것을 볼 수 있고, 하단의 12폭도 확인할 수 있다.(국립민속박물관)(우)

겉옷 안에는 상의인 저고리와 배자, 하의인 바지를 입었다. **저고리**는 소재와 두께, 재봉법 등에 따라 겹저고리, 솜저고리, 누비저고리 등으로 나뉜다. **배자**는 저고리 위에 입는 덧옷으로, 대체로 소매가 없고 옆트임이 있으며 길이는 짧은 형태였던 것으로 보인다. 하의인 **바지**는 저고리와 마찬가지로 소재와 두께, 재봉법 등에 따라 홑바지, 겹바지, 솜바지, 누비바지 등으로 구분할 수 있다.

배자 모피로 만든 남성용 배자이다. 겨드랑이가 트여있고, 끈을 사용하여 뒤로 여민다.(국립민속박물관)(좌)
겹저고리 남자 어린이용으로 제작된 광복 이후의 저고리로, 깃, 깃에 달린 동정, 겉고름 등을 볼 수 있다. 둥근 무늬는 강녕康寧이라는 글자를 짜 넣은 것이다.(국립민속박물관)(우)

신발은 형태와 소재에 따라 분류할 수 있는데, 신발 목이 긴 것은 화靴, 신발 목이 없는 것은 혜鞋라 하였으며 기타 이履가 있었다. 이중 양반 남성들이 일상복에 함께 신었던 신은 **태사혜**太史鞋라고 하여 헝겊과 가죽으로 제작한 형태의 것이었다. 식물성 재료 등을 꼬아 만든 신발을 **초리**草履라고 하는데, 짚, 왕골 등을 꼬아 만든 것은 짚신, 마를 꼬아 만든 신은 미투리로 구분하기도 했다.

태사혜 흑색 가죽으로 제작한 남성용 신발이다. 앞뒤로 흰색 가죽 장식을 덧붙였다.(국립민속박물관)(좌)
미투리 마를 꼬아 짠 신발로, 바닥면이 4날로 되어 있다.(국립민속박물관)(우)

서민 남성 또한 모자, 옷, 신발을 착용했는데, 그들은 패랭이(평량자), 초립 그리고 대나무나 말총으로 만든 감투 등을 썼다. 겉옷으로는 저고리와 바지를 입었으며, 활동하기 편하도록 바지의 발목 부분을 대님이라고 하는 끈 등으로 묶었다. 신발은 초리를 신었다.

패랭이 가늘게 자른 대나무를 엮어 만든 갓이다.(국립민속박물관)(좌)
초립 왕골을 엮어 만든 남성용 갓이다. 신분이 낮은 사람이 주로 썼으나, 소재의 곱고 거침에 따라 양반용, 서민용을 구분하기도 했다.(국립민속박물관)(우)

3. 장식적 요소로 멋과 미를 추구한 조선시대 양반 여성의 일상복

조선시대 여성의 기본 의복은 시기별 변화가 크지 않았다고 한다. 저고리와 치마로 이루어진 기본 구조는 유지하되 치마 길이나 선 등에 약간의 변화를 주는 정도였고, 대신 머리모양과 장신구 등에서 크고 작은 변화를 시도했다.

남성들이 머리에 갓, 관 등을 써 지위와 예의를 드러냈다면, 여성들은 비녀, 뒤꽂이, 댕기 등의 머리 장신구를 착용하고, 다양한 머리 모양[頭飾]을 만드는 것으로 멋과 미美, 지위 등을 드러냈다. 양반 여성들의 머리는 모양에 따라 얹은머리, 쪽찐머리(쪽머리), 땋은머리 등으로 구분해볼 수 있는데, 다양한 모양의 머리에 장신구들이 더해졌다.

얹은머리 근대전환기의 화가 기산箕山 김준근이 그린 '향나짜는모양'이라는 제목의 풍속화 일부분이다. 얹은머리 모양을 볼 수 있다.(국립민속박물관)(좌)
가체 머리카락을 두 갈래로 땋아 둥글게 만 형태의, 광복 이후 제작된 가체이다. 상단 부분을 보면 검은색 천으로 감아 마무리한 것을 알 수 있다.(국립민속박물관)(우)

얹은머리는 머리카락을 땋아 정수리 부근에 둥글게 얹는 머리 모양으로, 자신의 머리카락만으로 틀어 올리기도 하고, 머리를 풍성하게 꾸미기 위해 **가체**加髢를 활용하기도 했다. 가체는 다리, 다래라고도 부르는 머리 장식 가발이다. 상민이나 천민 여성도 얹은머리를 했다. 조선후기에 특히 성행했는데, 지나치게 큰 가체를 사용하는 것의 폐단을 지적하거나 가체를 금하는 기사를 『조선왕조실록』에서도 찾아볼 수 있다.[읽을거리 참조]

쪽찐머리는 얹은머리를 대체하는 머리 모양이라고 할 수 있다. 조선 후기 실학자 이규경은 조선 순조 대 이후 가체로 머리를 얹지 않는 대신 자기 머리카락으로 머리 뒤쪽에 쪽을 찐 다음 비녀를 꽂는 풍속이 생겼다는 기록을 남겼다. 쪽머리는 결혼한 여성의 머리 모양으로 우리에게도 익숙한데, 이마 중앙에서부터 가르마를 타 정리한 후 머리 뒤쪽에서 한데 모아 검은 댕기로 묶고 비녀로 고정하는 방식이다. 머리를 틀어 올려 고정하는 용도로 사용되었던 **비녀**는 재료나 모양에 따라 다양한 형태로 제작이 가능하여 장신구 기능도 했다. 비녀는 소재와 비녀머리의 모양에 따라 구분해볼 수 있는데, 금비녀, 은비녀, 옥비녀, 목비녀, 봉잠, 용잠, 모란잠 등 다양한 형태의 것이 있었다. 금, 은, 옥 등의 소재로 만든 비녀는 양반 신분 이상의 여성들만 사용할 수 있었다고 한다. 쪽찐머리는 비녀 외에 **뒤꽂이**로도 장식을 했다. 뒤꽂이는 국화, 연꽃, 매화, 나비 등의 모양을 산호, 비취, 칠보 등으로 꾸몄다. 순수하게 장식 기능만 있는 것도 있고, 귀이개, 빗치개 등과 같이 다른 용도를 겸한 것들도 있었다. 신분에 따라 뒤꽂이를 만드는 재료는 달랐지만 왕실, 양반가, 민가에서 두루 사용하였다.

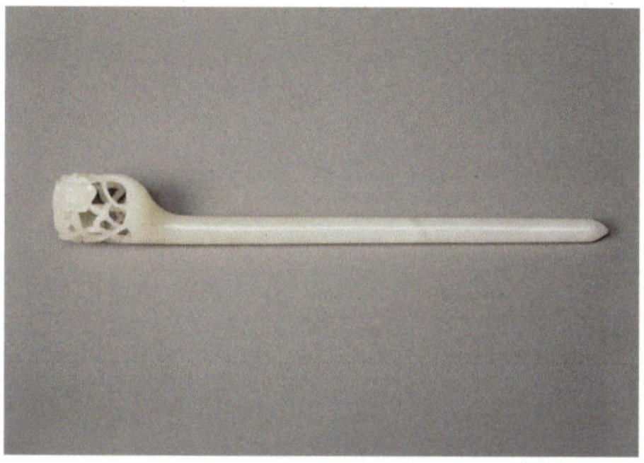

비녀 꽃과 줄기 모양을 새긴 백옥비녀이다.(국립민속박물관)(좌)
뒤꽂이 나비 모양의 뒤꽂이이다. 광물을 원료로 하는 유리질의 유약을 나비의 몸통에 발라 색을 냈고, 나비의 몸통 가운데는 주황색 구슬로 장식했다.(국립민속박물관)(우)

땋은머리는 미혼자의 머리 모양이다. 이마 중앙에서 가르마를 탄 후 귀 밑에서부터 땋은 머리를 뒤로 모아 그 끝을 댕기로 장식했다. **댕기**는 본래 미혼, 기혼을 가리지 않고 긴 머리카락을 정리하기 위해 사용했지만, 일반적으로는 미혼 여성의 머리장식으로 여겨진다. 혼인 등의 예식을 할 때는 도투락댕기라고도 하는 큰댕기를 착용했고, 평소 기혼자가 쪽을 찔 때는 쪽댕기를, 미혼자가 땋은 머리를 장식할 때는 제비의 부리 모양에 착안하여 이름을 지은 제비부리댕기를 사용했다.

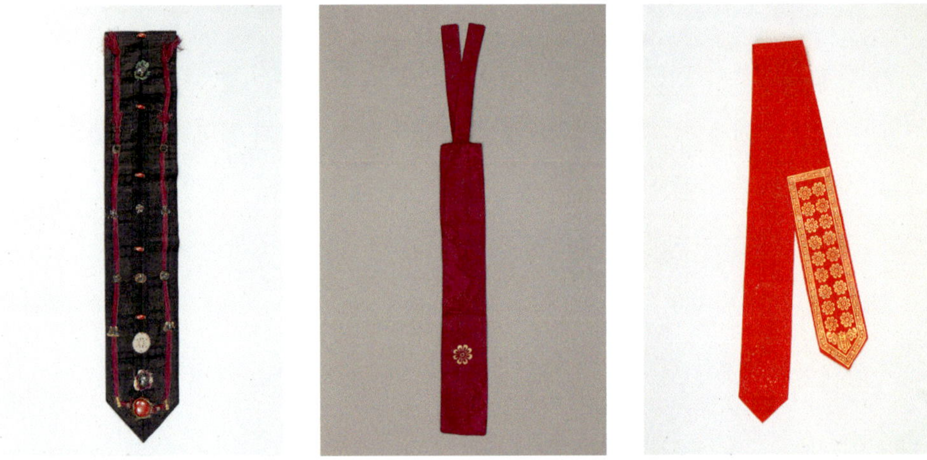

도투락댕기 반가에서 혼례 때 예복을 입고 족두리나 화관을 쓴 뒤 길게 늘어뜨리는 예장용 댕기이다. 검정 비단인 항라 등으로 되어 있으며, 색실, 칠보 등으로 장식했다.(국립민속박물관)(좌)
쪽댕기 기혼자가 쪽을 질 때 사용하던 꽃무늬가 금박된 댕기로 광복 이후 제작된 것이다.(국립민속박물관)(중)
제비부리댕기 미혼자의 땋은 머리를 장식하던 금박 장식 댕기로 광복 이후 제작된 것이다.(국립민속박물관)(우)

장식보다 실용적인 목적으로 여성들이 사용했던 쓰개에는 가리개로 사용한 너울, 장옷, 쓰개치마와 방한용으로 착용했던 아얌, 조바위 등이 있다. **너울**은 양반 여성들이 얼굴을 가리기 위해 착용한 내외용 쓰개이다. 포대자루처럼 되어 어깨를 덮었고, 얼굴 부분에 망사 등을 대어 앞을 볼 수 있게 했다. **장옷**은 본래 서민 여성들이 얼굴을 가리기 위해 착용했던 것인데, 후대로 내려오면서 상하층 여성들이 모두 사용했다. 두루마기 형태의 옷으로 깃에 고름을 달아 머리와 얼굴을 덮어 가린 후 여밀 수 있게 했다. **쓰개치마**는 조선 중기 이후 양반가 여성들이 외출 시 너울 대용으로 간편하게 사용한 쓰개이다. 치마와 비슷하게 생겼으며 치마허리처럼 생긴 부분을 머리와 얼굴에 두르는 방식으로 착용했다.

장옷 광복 이후 제작된 외출용 가리개로, 옷고름이 달려 있으며, 소매 배래선이 직선이고, 겨드랑이 부분에 삼각무가 달린 것을 볼 수 있다.(국립민속박물관)(좌)
쓰개치마 치마 상단에 동정을 달고 그 양 끝에 끈을 달아 잡을 수 있게 했다.(국립민속박물관)(우)

아얌은 방한용 모자로, 머리를 덮는 모자 부분과 머리 뒤로 길게 늘어지는 댕기 부분이 결합된 형태이다. 방한모이지만 귀를 덮지 않는다. **조바위**는 정수리 부분은 뚫려 있고 귀 옆면의 천은 길게 내려와 귀를 덮는 형태의 방한모이다. 주로 양반 여성들이 외출할 때 사용했지만, 상하층 여성 모두 착용할 수 있었다. 비단으로 만들어 비취, 옥 등의 보석으로 장식하거나 수를 놓기도 했다.

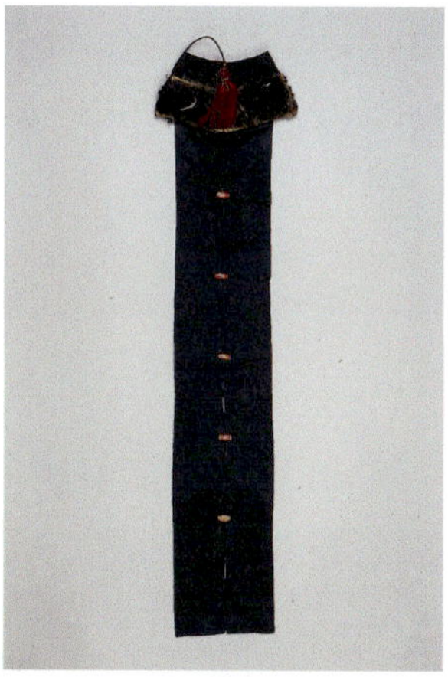

아얌 모자 둘레에 털이 둘러져 있고, 늘어진 댕기 부분에 5개의 장식이 있다.(국립민속박물관)(좌)
조바위 머리 앞뒤로 술 장식과 동으로 만든 꽃모양 장식을 붙여 꾸몄다.(국립민속박물관)(중), (우)

조선시대 양반 여성들은 일상복 상의로 저고리, 배자 등을 입었다. **저고리**는 시대에 따라 길이와 소매 모양 등이 조금씩 달라졌는데, 허리 아래까지 오는 긴 길이의 저고리인 유襦가 기본형이었다. 조선 초기의 저고리는 길이가 상대적으로 길었고, 소매 모양이 겨드랑이부터 소매 끝까지 직선 형태였다. 이를 '직배래'라고 부른다. 조선 중기의 저고리 길이는 조선 전기와 후기의 중간쯤에 해당하며 배래선이 완만한 곡선이었다. 조선 후기에는 저고리의 길이가 매우 짧아졌고 배래도 통이 좁은 직배래 형태로 바뀌었다. **배자**는 저고리 위에 입는 소매 없는 덧옷으로, 옆선은 겨드랑이부터 끝단까지 트여있고, 토끼털, 양털 등을 안감으로 덧대어 만들었다. 대체로 길이가 짧은 형태였고 본래 남녀 모두 입었으나 개화기 이후로는 여성들만 착용했다고 한다.

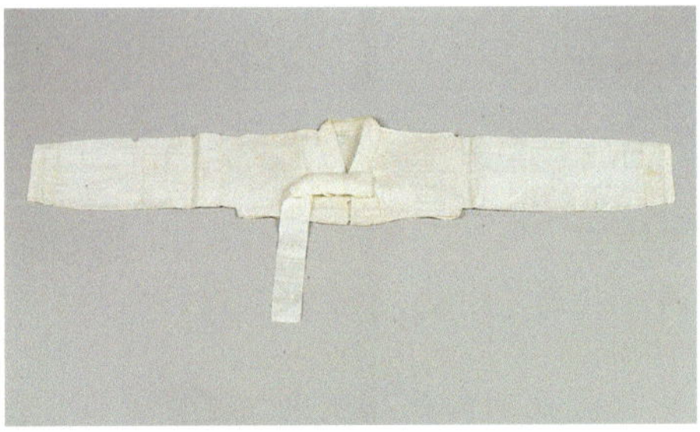

저고리의 배래 겨드랑이부터 소매 끝까지의 모양이 좌측의 것은 곡선 형태이고, 우측의 것은 직선 형태이다. 좌측은 다홍색 회장을 붙인 반회장저고리이고, 우측은 삼베로 만든 홑적삼이다.(국립민속박물관)

여성들은 하의로 상裳이나 군裙이라고 부르는 **치마**를 입었다. 저고리의 길이에 따라 치마 길이도 달라졌는데, 저고리가 길면 치마가 짧아지고, 저고리가 짧아지면 치마가 길어졌다. 조선 초기에는 저고리가 길었기 때문에 치마를 허리에 맞춰 입었다면, 조선 후기로 가면서 저고리 길이가 매우 짧아져 치마의 길이가 그만큼 길어졌다. 그러나 저고리와 비교할 때 치마는 상대적으로 변화가 없었다고 볼 수 있다. 어려서부터 결혼하기 전까지는 대체로 다홍색 치마를 입었고, 중년 이후로는 남색, 노년에는 옥색 등의 치마를 입었다.

신발은 소재에 따라 가죽으로 제작한 당혜, 운혜와 식물성 재료로 짠 짚신, 미투리로 나눌 수 있다. 양반 여성들의 신발인 **당혜**와 **운혜**는 가죽으로 신울을 만든 후 비단으로 감싸고, 발이 닿는 부분인 신 안쪽을 부드럽고 도톰한 천 등으로 덧대어 만들었다. 신발 코 부분에 식물 덩굴인 당초무늬를 수놓은 것은 당혜, 구름무늬를 수놓은 것은 운혜라고 했다. 신발 바닥에는 여러 개의 징을 박았다. **짚신**과 **미투리**는 양반가 여성들도 착용하는 경우가 있었지만 대개는 서민 여성들이 신었다.

가죽신발 양반 여성들이 신었던 당혜(좌)와 운혜(우)이다. 각각 자주색 비단과 옥색 비단으로 신울을 감쌌고 신창과 신울 밑 둘레를 굵은 실로 꿰맸다.(국립민속박물관)

서민 여성들은 소매 끝동, 옷깃, 겨드랑이 부분, 고름 등의 색을 달리하는 삼회장 저고리를 입을 수 없었고, 행동하기 편하도록 긴 치마를 걷어 올려 허리띠를 묶는 형태의 '거들치마' 등을 입었다. 다만 혼례 때는 서민 여성도 양반 여성과 마찬가지로 원삼이나 족두리 등을 착용할 수 있었다.

삼회장저고리 소매 끝동, 옷깃 등에 색이 다른 천을 대어 지은 여성용 저고리이다.(국립민속박물관)(좌)
원삼 예식을 할 때 입는 여성용 예복이다.(국립민속박물관)(우)

이상으로 조선시대 양반가의 남녀가 착용했던 일상복을 중심으로 하여 우리나라 전통 의복을 살펴보았다. 우리 조상들은 일상복을 입을 때에도 시기에 따라, 신분에 따라, 철학에 따라 옷의 디자인이나 장신구, 소재 등에 변화를 주는 등 제도와 상황에 맞춰 다양한 변주를 시도하고 있음을 알 수 있었다. 편의성이나 신체 보호 기능 이상의 사회, 문화적 역할과 의미를 의복에 담아냈던 것이다. 이제 다음 장에서는 실재했던 두 가지 사건을 들여다봄으로써 조선시대 사람들이 의복에 부여했던 사회, 문화적 의미에 대해 더 생각해보려 한다.

4. 사치와 유행에 관한 논쟁을 통해 생각해보는 의복의 사회문화적 의미

> "이때부터 소씨 가문에 기쁨이 그치지 않았다. 아침저녁 문안 때가 되면 양 태부인 앞에 소씨, 윤씨, 화씨, 석씨 네 명의 부인들이 비단 치마에 푸른 적삼을 입고 나와 앉았다. 붉은 치마에 푸른 적삼을 입은 여인들과 당건을 쓰고 흰옷을 입은 젊은이들이 남좌男座, 여좌女座로 나뉘어 앉아 태부인을 모시니, 영화롭고 풍요로운 복덕福德이 가득하였고, 수려한 풍채로 인해 자리가 빛났다."
>
> 『소현성록』 권5

『소현성록』은 상층 귀족 가문을 배경으로 하여 가문 안팎에서 발생한 각종 갈등을 다양하고 세세하게 풀어나가는 조선후기 국문장편소설이다. 중국 송宋 대를 시간 배경으로 하는 작품이므로 역사 사건이나 주요 지명들은 시대적, 지역적 여건에 맞게 중국의 것을 활용하고 있다. 그러나 일상생활을 다루는 부분에서는 이 작품이 창작되고 향유되었던 조선 후기의 문화나 상층 양반 여성과 같은 당시의 소설 향유층이 지니고 있었던 일상 문화에 대한 인식들이 반영되어 있기도 하다. 때문에 많은 연구자들이 조선 후기 생활사를 이해하는 간접 자료로 『소현성록』과 같은 소설을 연구하기도 한다.

인용문은 소씨 가문의 번성함을 보여주는 장면에 해당하는 것으로, 작가는 자손의 수가 많고 그들의 외모가 빼어난 것을 그 근거로 들고 있다. 여기에서 눈길이 가는 것은 작가가 작중 인물이 입은 옷을 묘사함으로써 소씨 가문의 영화와 풍요, 복과 덕등을 독자들에게 압축적으로 전달할 수 있다고 판단했다는 점이다.

앞서 본 것처럼 조선시대 양반들은 의복을 활용하여 사회적 지위를 나타내고, 예의를 드러내며, 멋과 미를 추구하는 방식들을 고안하여 의복문화를 가꾸어 왔다. 소재나 문양을 통해 지위를 드러내고, 옷깃의 모양이나 옷 길이 등의 작은 변주를 통해 미적인 감각을 표출하며, 머리 모양이나 모자와 같은 소품을 활용하여 멋을 부리거나 예의를 갖추는 것에 의미를 두었던 것이다. 소재나 문양뿐 아니라 위 인용문에서 표현한 것처럼 옷의 '색상' 또한 조선시대 의복문화를 이해할 수 있는 중요한 요소 중 하나이다.

조선시대에는 의복과 관련된 각종 기본 법제가 존재했는데, 그중에는 '복색服色'에 대한 금제禁制도 있었다. 황금색, 붉은색, 옥색, 초록색 등 대체로 황실이나 왕실과 같은 최상층의 복색에 관한 금제들이 많았고 왕복이나 관복 등에 관한 것들이 주를 이루긴 했지만, 양반의 의복 영역에서 생각해볼 만한 복색 금제 논쟁 또한 있었기에 본 장에서 그 중 한 사례를 살펴보고자 한다. 이는 '백의민족白衣民族'이라는 익숙한 표현에 대한 새로운 관심을 환기하는 측면도 있다.

> 신이 또 삼가 보건대 (중략) 음식·의복·궁실宮室·기용器用의 부류에 있어서는 풍속이 같지 않고 고금의 사정이 다르더라도 사람들이 편안하게 여기는 것을 가벼이 바꾸어 사람의 마음을 거스르거나 이목을 놀라게 해서는 안 됩니다. 그런데 전하께서 바로잡아 고치는 것은 그렇지 않아, 반드시 바꾸어야 하는 것은 느긋하게 하고 바꿀 필요가 없는 것은 급박하게 하시니, 근래 청색 옷을 입으라는 새로운 명령을 반포하신 것이 바로 그 일입니다. (중략) 신이 삼가 들으니, 전하께서 경연經筵 자리에서 '동방의 습속이 흰색을 숭상하지만 이는 아름다운 조짐이 아니다.'라고 하셨다는데, 이는 그렇지 않습니다. 우리 동방 사람들이 흰옷을 즐겨 입는 것은 이미 중국의 역사책에 기록되어 있습니다. 기자가 흰색을 숭상하여 천 년 동안 대대로 전해 주었으며 그 뒤로 신라가 천 년, 고려가 오백 년을 이어 왔지만 흰옷의 착용을 금지한 명령이 있었다는 말은 듣지 못하였습니다. 일은 옛것을 따르면 새로운 일이 생길 기미에 대해 논할 것이 없습니다. 그러나 고쳐서 새것을 따르면 새로운 조짐이 나타나니, 흰색을 청색으로 바꾸다보면 도리어 미워할 만한 조짐이 생길지 어찌 알겠습니까. 만약 '색을 숭상하는 것은 그 방향을 따라야 하니, 동방은 청색을 숭상하고 흰색을 꺼려야 한다.'라고 한다면, 중국은 또 어찌하여 대대로 황색을 숭상하고 청색을 꺼리지 않는

것입니까. (중략) 그리고 사치를 숭상하는 풍속이 이에 따라 틀림없이 심해질 것이니, 이 또한 심히 염려스럽습니다. 가난한 사람과 한미한 선비는 1년에 한 벌의 옷을 지어 길사吉事와 흉사凶事에 두루 입는데, 평소 청색 옷을 입더라도 흉사에까지 청색 옷을 입을 수는 없으니, 형편상 사람들은 자연히 두 벌의 옷을 갖추게 될 것입니다. 그런데 여력이 없는 경우 흉사에 청색 옷을 입는 것을 면할 수 없으니, 예에 어긋나고 교화를 손상함이 도리어 길사에 흰옷을 입는 것보다 심합니다. 거칠고 얇은 면포綿布는 염색이 잘 되지 않으므로 부자와 조정 관원들은 분명 정밀하고 고운 옷감을 취하려 들 것이고, 가난한 자와 한미한 선비들도 따라서 부러워하고 모방할 것이니, 재물을 소모하고 사치를 숭상함이 어찌 끝이 있겠습니까. 전하께서는 바야흐로 사치를 경계하면서도 사치로 인도함을 면치 못하시게 될 것이니, 신은 성상의 생각에 잘못이 있어 미처 자세하게 살피지 못하신 것이 아닌지 걱정됩니다. (중략) 바꾸어도 이익이 없고 행하기는 지극히 어려운 복색服色의 말단과 나라의 낡은 풍속을 먼저 거론하시니, 신은 의혹을 품게 됩니다.

『승정원일기承政院日記』, 영조 2년 병오(1726), 11월 27일

위의 기록은 의복의 사치 문제를 사이에 두고 군신이 대립했던 영조 2년의 사건을 보여준다. 영조가 오행五行을 근거로 삼아 대신과 선비들에게 흰색 대신 청색靑色 옷을 입도록 명을 내리자, 관료 한원진韓元震이 사치를 경계하는 것은 옳지만 청색 옷을 입도록 하는 것은 도리어 사치를 조장할 것이라는 주장을 편다.

영조는 병오 10월 8일에 이미 1차 교서를 팔도에 반포하여 대신과 선비들이 모두 청색 옷을 입도록 했고, 10월 13일에도 2차 명을 내려 수놓은 비단옷 입는 풍속을 구체적인 폐단으로 지적하였다. 영조의 이러한 경계에 대해 우의정 조도빈趙道彬이 "사치하는 풍습에 있어서는 서민의 처첩妻妾들도 모두 비단옷을 입는 버릇을 보통으로 여기고 있으니, 먼저 궁중宮中에서부터 사치를 버리고 검소함을 따른다면 아래 있는 사람들이야 누가 보고서 감동하여 그에 감화되지 않겠습니까?"(『영조실록』, 영조 2년 병오, 10월 13일)라고 답한 것을 보면, 다소 과장된 면이 있다 하더라도, 당시 사회에 사치하는 풍조가 있었던 것은 분명해 보인다.

그런데 붕당, 음주, 사치 등의 폐단을 지적하는 영조의 봉서封書를 접한 신료들은

붕당의 폐단은 고질이기 때문에 하루아침에 고치기 어려운 문제라고 말한다. 그리고 사치의 경우 궁중이 먼저 모범을 보여주어 백성이 감동하도록 해야지 금제하는 것만으로 그 습속을 바꿀 수는 없다며, 솔선수범하지 않고 경계만 하는 형식적인 가르침을 그만두라고 맞선다. 신료들이 이러한 태도를 보인 까닭은 영조의 복색에 대한 금제가 단지 옷감과 옷의 색만을 논하기 위한 것이 아니라 '붕당의 폐단'을 고치고, '군신간의 기강'을 바로잡고자 하는 정치적인 의도에서 비롯된 것임을 알았기 때문일 것이다.

앞서 인용한 한원진의 상소를 보면, 그는 흰 비단에 수를 놓아 사치를 부리는 것보다, 흰색, 청색 두 벌의 옷을 갖추어 때에 맞게 입어야하기 때문에 생기는 사치, 그리고 청색으로 곱게 염색하기 위해 좋은 면포를 구하려는 사치가 더 문제라고 했다. 또 격식에 맞는 옷을 갖추어 입지 못하는 것으로 인해 교화敎化가 손상되고, 고운 면포에 대한 기호와 유행은 새로운 사치를 유발할 것이라며 임금의 말을 조목조목 비판한다. 그리고 한원진 또한 "궁중 안에서 먼저 소박함을 따르고 재물을 쓸 때도 오로지 절약하는 데 힘쓴다면, 백성들에게 교화를 따르기를 구하지 않더라도 그들이 스스로 교화될 것이니, 어찌 번거롭게 말씀하고 명령하기를 기다리겠습니까."(『영조실록』, 영조 2년 병오, 10월 13일)라고 하여 백성들의 사치를 다스리기 전에 왕실이 먼저 절약하는 모범을 보여야 한다는 직언을 서슴지 않는다.

'옷'을 두고 영조와 대신들이 벌인 이 논쟁은 근검절약이나 오행에 부합하는 색 찾기라는 표면적인 내용 이면에 존재하는 군신 간의 정치적 힘겨루기 양상을 보여주며, 당시에도 의복이 몸을 보호하는 것 이상의 기능을 하는 문화적인 대상으로 여겨졌다는 것을 여실히 보여준다는 점에서 흥미롭다. 영조 대에는 이처럼 생필품으로서의 의복에서 한 단계 더 나아가 사치품으로서의 의복이 문제가 된 또 다른 사례도 있었는데, 장신구로 부리는 사치가 그것이다.

영조는 즉위 32년차인 병자(1756)년 1월 16일에 '사족 부녀의 가체를 금하고 족두리를 쓰라.'는 명을 내린다. 앞서 본 것처럼 영조는 즉위 초반에 사치 풍조를 바로잡는다는 명분으로 흰색 비단옷 입는 것을 금하고 청색 옷을 입도록 명하였다. 그러나 대신들이 말했던 것처럼 사치풍조는 타이르고 경계하는 것만으로 바로잡을 수 있는 것이 아니었는지, 영조 통치 중반 무렵에도 의복과 연관된 사치는 여전히 사회문제로 존재하고 있었던 것이다. 이때 말썽이 된 것은 사족 부녀자들의 '가체'였다. 통일신라시대부터 있었던 가체 장식이 조선시대 들어 매우 성행하여 그 크기가 점점 커져서는, 건강을 해치는 문제도 생기고 가산을 탕진하는 사치 풍조도 심해졌으므로 영조가 가체를 금하고 대신 족두리를 쓰도록 명을 내린 것이다.

그러나 가체를 금하는 명을 내린 지 약 7년 후인 영조 39년 계미(1763) 11월 9일의 기사를 보면 가체를 제외한 머리 꾸미는 방식을 옛 제도대로 회복하도록 허락한 것을 알 수 있다. 사치를 막기 위해 머리 장식을 금했지만 대신들의 원성을 감당할 수 없었던 것이다. "속습俗習이 이미 고질이 되어서 한 가지도 실효가 없었음은 물론 법령만 부질없이 어지러이 고치는 꼴이 되고 말았다."(『영조실록』, 영조 39년 계미, 11월 9일)라는 실록의 언급은 오랜 기간을 거치며 형성된 짙은 습속을 일거에 고치는 것이 얼마나 어려운 일인지 짐작케 한다.

논란거리였던 가체를 얹는 습속은 순조 대에 와서야 없어졌다고 한다. 그러한 결과에 이르기까지 많은 논란과 저항이 있었을 텐데, 한 예로 정조 18년 갑인(1794) 10월 5일의 『일성록』을 보면 가체가 금지된 부녀자들이 이제 가체 대신 쪽 찐 머리에 많은 비용을 들이는 등 또 다른 사치의 대상을 찾았다고 한다.

이상으로 예의를 갖추기 위해, 철학적 사유를 담아내기 위해, 신분을 표현하기 위해, 그리고 아름답게 보이기 위해 의복과 관련된 제도를 만들고, 변화를 추구하며, 틈새를 공략했던 우리 조상들의 의복문화에 대한 관심을 살펴보았다. 일상적으로 착용하는 옷이나 장신구 하나를 만들더라도 소재, 색상, 문양, 선, 조각 등 다양한 요소들에 의미를 담아 삶을 풍성하게 가꾸려 노력한 조선시대 양반들의 문화적 취향은 일상 속의 작은 예술품을 만드는 행위로서 의미가 있고 또 오늘을 살아가는 우리에게 의복과 관련하여 시사하는 바가 있다.

조선시대에도 일상을 영위하기 바쁜 누군가에게는 의복이 몸을 가리는 수단에 지나지 않았을 수 있다. 그러나 통일신라시대에도 가체가 존재했다는 사실을 떠올려 보면, 유행과 규범에 따르는 남과 같은 나, 혹은 남보다 좋은 것을 추구하는 남과 다른 나를 만들어가며 자신을 드러내기 위해 옷에 다양한 의미를 담는 행위들이 자연스럽게 각 시대의 의복문화를 형성했고, 그 오랜 역사가 앞으로도 지속될 것이라는 점은 분명해 보인다. 조선시대에 비해 상대적으로 자신을 표현할 수 있는 수단이 더 다양해지고 자유로워진 오늘날에도 여전히 의복은 나의 몸을 보호해주는 수단 이상의 의미를 지닌 채 다양한 방식으로 추구되고 소비되는 것을 보면 말이다.

읽을거리

조선시대 지배층의 관점에서 볼 때 법도에 맞는 멋과 법도에 어긋난 사치의 기준은 무엇이었는지를 비변사의 <가체신금절목加髢申禁節目>을 읽고 유추해보자.

비변사[1] 가 <가체신금절목>을 올렸다. 절목은 다음과 같다.

부인의 머리 장식에도 예의와 법도가 있다. 부녀자들의 머리쓰개에 관해 상세히 고찰할 수는 없으나 요컨대 다리를 얹는 양식이 출현한 지 아직 수십 년을 넘지 않았다. 그 근원이 이미 중국의 제도를 본뜬 것에 어긋나고 나쁜 풍속은 점차 사치를 숭상하는 고질병을 낳아 무턱대고 서로 흉내 내기 때문에 마침내는 그 값이 높이 뛰어올라 심지어는 부자조차 가산을 탕진하고 가난한 자는 혹 혼사를 치르지 못하기도 한다. 그러므로 우리 선대왕(영조)께서 쓸데없는 것의 폐단을 통렬히 징계하여 마음으로 결단해서 금령禁令을 설치하여 없앤 것이다. 금령이 시행된 지 6, 7년 사이에 온 나라 사람들이 교화되어, 벼슬아치들과 사대부들이 모두 오랑캐의 제도를 변화시킨 것에 대해 존경하여 우러렀을 뿐만 아니라 또한 여염閭閻의 부녀자들과 아이들까지 검소를 숭상하는 미덕을 잘 따랐으니, 후대에 오래도록 전할 수 있고 위대하다고 할 만한 공업功業으로 말하면 이보다 더 훌륭한 것이 없었다. 그런데 한 적신賊臣이 탐욕을 채우고 분수에 넘치는 사치를 좇는 버릇을 제멋대로 부리고자 하여 사람들을 속이고 현혹시킬 계책을 남몰래 써서 감히 '궁중의 양식'이라는 말을 연석筵席에서 멋대로 내뱉어 법을 저지하여 낭패를 보게 하였다. 이로 말미암아 분에 넘치는 사치를 부리는 폐단이 갈수록 더욱 고치기 어렵게 된 것이니, 이것이 어찌 우리 선대왕께서 천박한 풍속을 크게 변화시키고자 하신 본뜻이었겠는가.

아, 우리 성상聖上께서 한결같은 마음으로 선대왕의 뜻을 계승하시어 다리 얹는 것을 거듭하여 금하려는 뜻을 누차 연석에서 나타내셨으나 조정의 신하들이 아무도 그 뜻을 받들어 거행하지 않아 폐습弊習을 좇아왔다. 이에 성상께서 개연히 마음에 느끼는 바가 있어 조정에 나와 자문한 후 선대왕의 뜻을 밝히고 성대한 공을 계승하겠다고 하교하시니 조정의 의논이 모두 일치되었다. 성상께서 결단하시어 우리 선대왕께서 문명으로 야만적인 습속을 변화시키고 검소의 미덕을 밝힌 성대한 덕과 위대한 공업功業이 수십 년 뒤에 찬란히 다시 밝아지게 하였으니 한 가지 일을 거행하자 모든 선이 갖추어졌다. 이는 통례원[2] 에서 상소하여 호소하고 대신大臣 채제공蔡濟恭이 깨우쳐 인도한 것이 성상의 마음을 움직여서 그런 것일 뿐만이 아니다. 지금부터 무릇 우리나라의 신하 가운데 누가 감히 오늘날 이의를 제기하겠으며 후대에 이 법령을 바꾸어 어지럽히겠는가. 임금의 말씀은 이미 불변의 가르침을 전하였고 만세의 규범은 영구히 표준이 되어 간직될 것이니, 아, 성대하도다. 관련 사건을 삼가 하교를 따라 조목별로 아래에 열거하는 바이다.

1. 사족士族의 처첩妻妾과 여염의 부녀자들이 다리를 땋아서 머리에 얹는 것과 밑머리[3] 를 다리에 얹는 제도를 일체 금지한다.

2. 다리를 대신하는 양식으로 말하면, 땋은 머리의 일종인 낭자머리와 새앙머리는 시집가기 전에 쓰는 제도이므로 사용해서는 안 되니 머리를 땋아 뒤에다가 쪽을 찌는 것으로 대신한다. 머리 위에 쓰는 것은 이전대로 족두리를 사용하되, 솜으로 만든 것이든 얇게 깎은 대나무로 만든 것이든 간에 모두 검은색으로 겉을 싼다.

3. 이번의 금제禁制는 오로지 사치를 없애겠다는 성상의 뜻에서 나온 것인데, 그 대신에 족두리[4] 를 사용한다는 핑계를 대고서 족두리에 칠보七寶와 같은 종류로 여전히 장식하여 쓴다면 제도를 고쳤다는 이름만 있고 검소의 미덕을 밝히는 실질은 없는 것이다. 무릇 머리를 장식하는 금옥金玉과 장식물 따위를 모두 금지한다.

4. 어여머리와 거두미 등 가체를 사용한 머리 장식은 국가로부터 작위를 받은 여인들이 항시 착용하는 것인데 일반 백성들의 집에서 혼인할 때 착용하는 것은 금지하지 않는다.

5. 족두리에 장식을 하는 것은 이미 금령의 조목에 실려 있으니, 혼인할 때 사용하는 칠보족두리를 세를 주거나 세를 내는 것을 우선 금지한다. 금령을 반포한 뒤에 이를 어기는 자는 모두 법으로 판단하여 귀양을 보낸다. 여성 상인이 각종 노리개를 매매한다는 구

---

1 비변사 : 조선 중, 후기의 정무기관
2 통례원 : 조선시대 국가의 의례를 주관하던 관청
3 밑머리 : 본디부터 있는 자기 머리털
4 족두리 : 여성들이 예복을 입을 때 머리에 쓰는 관

청금상련 조선시대 화가 신윤복의 풍속도이다. 국보 135호로 간송미술관이 소장하고 있다. 오른쪽 두 번째 여성이 머리에 쓴 것이 가리마이다.(국립중앙박물관)

실로 온갖 가증스러운 짓을 하는 버릇은 철저히 혁파해야 하므로 종전에 포도청에서 적발하는 대로 통렬히 다스리는 데에 법의法意가 있었던 것이다. 이후로 이와 같은 무리가 있으면 옛 법을 거듭 천명하여 포도청에 넘겨서 잘 살펴서 금지하게 한다.

6. 상민常民과 천민賤民의 여인으로 거리에서 얼굴을 드러내 놓고 다니는 부류 및 천인들은 모두 밑머리를 머리에 얹는 것을 허락하도록 하지만, 다리를 얹는 제도는 각별히 금지한다. 각 궁방宮房의 무수리, 의녀醫女, 바느질하는 기생과 각 영읍營邑의 기녀妓女는 밑머리를 머리 위에 얹고 가리마[5] 를 덮어 위계를 구별하는 뜻을 나타내는데, 내의녀內醫女는 비단을 사용하고 나머지는 검은 삼베를 사용한다.

7. 서울은 동짓날을 기한으로 하고, 지방은 동짓날에 맞추어 공문을 발송하고 공문이 도착한 뒤 20일을 기한으로 일제히 준행한다.

8. 기한을 정한 뒤에 금령을 따르지 않는 자는 각각 그 가장家長을, 적발하는 대로 각별히 철저히 다스린다. <정조 12년(1788) 10월 3일>

5 가리마 : 예전에 부녀자가 머리 위에 쓰던 직사각형 모양의 머릿수건

생각해보기

의복은 철학적 사유의 대상이 될 수 있을까? 우리는 '백의민족白衣民族'이라는 말을 종종 쓴다. 앞서 영조와 논쟁을 벌인 한원진의 글에서도 언급되었듯이 기자조선 이래 흰색을 숭상하며 수 천 년 이상 우리의 의지에 따라 백의를 대대로 전하고 이어온 민족이라는 자부심이 있다. 그러나 백의 풍속을 해석하는 연구자들의 견해는 다양하다. '우리 민족의 백의형성白衣形成에 영향을 미친 요인要因'과 같은 연구에서는 우리 조상들이 백의를 입은 것은, 태양의 광명한 빛을 신성시하고 자연미를 추구하는 미의식이 반영된 것일 수도 있지만, 염료나 직조 방식의 한계가 영향을 미쳤을 수도 있다고 봤다. 이처럼 백의에 대한 다양한 해석과 의미 부여가 가능한 이유는 신체 보호 기능 이외에 옷이 내포하고 있는 여러 기호에 주목하기 때문이다.

실제로 우리 조상들은 유고제의 기본 복색은 유지하면서도 상이한 디자인과 색감의 옷을 만들어 입었고, 공식적인 자리에서 입는 옷과 일상복들에 각각의 의미를 부여하며 '의복문화'를 형성했다. 그런데 오늘날 우리는 전통 복식과 관련된 기초 정보를 잘 알지 못할 뿐 아니라 그것의 좋은 점을 찾아 보존하거나 계승하려는 노력을 일상생활에서는 거의 하지 못한다.

옷이 한 사회의 문화나 가치관을 상징적으로 보여주기도 하고 문화 발달의 정도를 측정하는 하나의 척도로 활용될 수도 있다는 점에 대해서는 대체로 공감할 것이다. 그러나 옷에 담긴 의미나 정신을 매번 고민하며 의생활을 영위하지는 못한다. 값싼 재료로 대량생산하여 간편하게 입고 버리는 의류 소비 문화가 존재하는 오늘날, 전근대 시대 복색의 기본적인 특징들, 그리고 의복을 계기로 하여 벌인 몇몇 논쟁을 살펴보면서, 역으로 옷에 대한 자기 나름의 기준과 철학을 세워보는 것은 어떨까. [**읽을거리**]로 제시한 <가체신금절목>과 더불어 1970년대 한국에서 실시한 장발, 미니스커트 단속에 대한 글들을 찾아 읽어보는 것도 생각의 폭을 넓히는 데 도움이 될 것이다.

[참고문헌]

『소현성록』, 이화여자대학교소장본 15권 15책

『승정원일기』

『조선왕조실록』

김문자, 『한국복식사개론』, 교문사, 2015.

류희경·김미자 외, 『우리 옷 이천 년』, 미술문화, 2011.

유효순, 「우리 민족의 白衣形成에 영향을 미친 要因」, 『논문집』 10, 혜전대학, 1992.

유희경·김문자, 『한국복식문화사』, 교문사, 2002.

이승우, 『모자의 나라 조선』, 주류성, 2023.

E. 와그너, 『한국의 아동 생활』, 신복룡 역주, 집문당, 1999.

국립민속박물관(https://www.nfm.go.kr)

국립문화재연구원(https://www.nrich.go.kr)

국립중앙박물관(https://www.museum.go.kr)

한국민족문화대백과사전(https://encykorea.aks.ac.kr)

9장.

환경에 적응한 삶의 흔적, 음식

1. 환경과 역사의 산물, 음식문화

"무엇을 먹는지 알려주면, 당신이 어떤 사람인지 말해주겠다."(19세기 프랑스의 법관이자 미식가 장 앙텔름 브리야사바랭)는 말이 있다. 음식문화와 민족의 관계도 마찬가지다. 음식문화는 그 민족이 어떤 환경 속에서 어떤 역사를 겪으며 살아왔는지에 대해 많은 것을 말해 줄 수 있다.

음식문화에 가장 큰 영향을 미치는 것은 무엇보다도 자연환경이다. 기후와 지형 등에 따라 식재료와 조리방식이 결정되기 때문이다. 문화적 요인과 역사적 요인도 음식문화를 형성하는 데 큰 영향을 미친다. 특히 종교나 이념 등은 식재료와 조리법의 선택에 영향을 미치는데, 불교 국가였던 신라와 고려시대에 채식 위주의 식습관이 정착 된 것이 그 예이다. 또한, 다른 나라와의 접촉의 경험은 그것이 우호적이거나 비우호적이거나 간에 새로운 식재료와 조리법 유입의 중요한 계기가 된다.

즉, 음식문화는 자연환경이라는 일차적 요인에 종교나 이념 등의 문화적 요인과 역사적 특수성이 반영되어 형성되고 변화되어 전해지는 민족문화의 하나이다.

2. 식재료와 조리법의 변화에 따른 음식문화의 역사

1) 원시·선사시대 : 수렵과 채집, 벼농사의 시작

이 시기에는 수렵과 채집을 통해 식재료를 확보하는 것이 일반적이었다. 김해를 포함한 여러 지역의 패총貝塚에서 알 수 있듯이 원시적 방법으로 쉽게 채집할 수 있는 조개류가 가장 대표적인 식량원이었고, 그 외에도 다양한 생선류, 해조류, 열매류를 채집하였으며, 사슴류와 멧돼지, 토끼, 우마류 등은 수렵하였다.

우리나라에서 벼농사가 시작된 시기는 신석기 시대로 흔히 알려져 있었다. 그런데, 1988년 충북 소로리 구석기 유적지에서 기원전 13,000~15,000년 전의 것으로 추정되는 볍씨가 발견되었다. 물론, 이를 근거로 벼농사 시작 시기를 신석기 이전으로 소급할 수는 없지만, 구석기 시대에도 한반도에 소규모의 벼 재배가 있었을 것이라는 추측은 가능하다. 본격적인 농경기술은 청동기 시대에 들어 유입되었고, 벼농사는 청동기 후기에 이르러 습지 등을 중심으로 광범위하게 퍼졌다.

2) 삼국과 신라시대 : 쌀밥 및 채식 위주의 식생활 정착

삼국시대에는 불교의 전래로 인해 육식을 금하는 채식 위주의 식습관이 정착 되었다. 물론 그러한 식습관이 자리 잡을 수 있었던 이유를 불교의 영향으로만 설명할 수는 없다. 식재료의 선택에는 우선 자연환경이 중요한 요인으로 작용하는데, 우리나라의 경우 기후와 풍토가 농경에 적합한 환경이었기 때문에 채식 위주의 식생활이 무리 없이 정착할 수 있었다.

지역과 신분에 따라 차이가 있었으나 3~4세기경에는 쌀밥이 보편화되었다. 채식 위주의 식단을 보완하는 단백질 공급원인 수산물은 바다와 강에서 충분히 생산하였고, 이전 시대부터 수렵하여 식용하던 사슴, 멧돼지, 야생조류와 가축으로 기르던 소, 말, 닭도 여전히 식용하였다. 7세기 중엽에는 간장과 된장을 담그기 시작하고, 포脯와 젓갈도 등장하여 식생활이 점차 풍성해졌다. 한편 본격적인 신분 계층의 분화는 식생활에도 영향을 미쳐 계층 간 격차가 발생하기 시작하였다.

3) 고려시대 : 다양한 식재료의 유입과 차문화 발달

신라를 이은 고려도 불교국가를 표방하였으므로 채식 위주의 식습관이 계속 이어져 오늘날까지 영향을 주고 있다. 그러나, 고려는 수렵과 목축에 능한 여진, 거란과 줄곧 인접해 있었기 때문에 그들의 육식 문화의 영향을 받지 않을 수 없었다. 특히 몽고의 원나라 건국 이후에는 양국의 교류가 활발해져서, 다양한 음식 및 식재료가 수입되었다.

삼국시대에 불교가 전래 된 뒤 성행하기 시작한 차茶 문화는 고려 시대에 더욱 발전하였다. 원래 차는 부처님께 바치는 것이었으나 상류사회에서 마시기 시작하자 차차 일반에도 보급되었다. 차문화의 성행은 고려의 자기와 다구류, 공예품 등이 발달하는 계기가 되었다.

4) 조선시대 : 한식의 정립

우리가 흔히 '한식韓食'이라고 이름 붙이는 일반적인 식생활 풍속이 정립된 시기는 조선 시대이다. 오늘날 우리 식탁에 자주 오르는 중요한 식재료인 고추, 호박, 토마토, 옥수수, 완두, 감자, 고구마, 수박 등의 외래 작물이 임진왜란을 기점으로 유입되어 다채로운 식문화가 발달하였을 뿐만 아니라, 각 계층의 음식들이 섞이면서 양반과 평민의 식습관이 점차 통일되었다. 많은 음식 관련 서적들이 나와서 이 당시 얼마나 음식 문화가 발달하였는지를 방증한다.

육류 섭취와 관련해서도 중요한 변화가 생겼다. 원래 백성들은 소를 농사를 돕는 존재로 여기기도 했고, 오랫동안 이어져 온 채식 위주의 식습관 때문에 소고기 먹는 것을 꺼렸다. 그런데 소가 유교식 제례에서 중요하게 사용되는 희생제물이 되자 점차 소고기 식용이 확대되어 갔다. 제례에 바쳐진 고기를 식용한 경험은 소고기를 먹는 것에 대한 불편함을 줄이는 계기가 된 것이다.

이제, 조선시대에 그 모습이 완성되었다고 할 수 있는 전통사회의 일상음식과 세시 의례 음식의 구체적인 모습을 살펴보자.

3. 전통사회의 삶을 지탱한 일상음식과 세시 의례음식

1) 일상음식

밥상차림 : 반상飯床

우리 음식은 '밥+반찬'의 상차림을 기본으로 한다. 밥을 주식으로 놓고 밥을 맛있게 먹을 수 있는 반찬과 함께 구성한 것이다. 밥을 주식으로 한 이유는 우리나라의 기후 조건이 농사에 적합하여 밥 짓기 좋은 곡물들이 풍부하였기 때문이다. 그런데, 밥만으로는 영양이 부족하므로 곡물 이외의 반찬으로 상을 함께 차리게 된 것이다.

밥상 차림은 여러 가지 면에서 조화와 균형을 이루도록 구성되었다. 가장 중요한 것은 영양이다. 『동의보감』에 "음식으로 치료한 후에도 낫지 않으면 다음에 약으로 구하는 것"이라고 하였고, 『규합총서』에도 "저箸를 들면 늘 약을 먹는 것같이 생각하라."고 하였다. 그만큼 상차림에 있어 영양의 균형이 중요하게 고려되었음을 알 수 있다.

영양뿐만 아니라 맛과 색채, 온도 등도 조화가 되도록 구성되었다. 담백한 맛(밥)과 짠맛·단맛·매운맛·쌉쌀한 맛·곰삭은 맛(김치, 된장, 젓갈 등의 반찬), 담백한 색깔(밥)과 다양한 색깔(김치, 나물, 구이나 조림, 장아찌나 토장국의 붉고 푸르고 희고 진한 색채), 더운 것(밥, 국, 찌개 등)과 찬 것(김치, 나물 등)이 어울려 조화를 이루도록 구성되었다. 맛과 색채, 온도 등을 조화롭게 구성하는 이유는 감각적 쾌감만을 위한 것은 아니다. 음식의 맛, 색채, 온도 등은 실은 그 음식의 영양과 깊이 관련된다. 즉, 우리의 전형적인 밥상 차림은 감각적으로 균형 잡힌 모양새를 취하고 있는데 결과적으로는 그러한 균형이 영양에까지 연결되는 것이다.

주식

우리의 밥상 차림에서 밥이 주식으로 자리 잡을 수 있었던 것은 쌀을 대표로 하는 곡물의 생산이 뒷받침되었기 때문이다. 우리나라는 신석기 시대 중기 이래 다양한 잡곡을 재배하였고 청동기 시대 이후에는 벼농사도 보편화되었는데, 철기 농구를 사용하면서부터 곡물 생산은 더욱 증가하였다. 고구려, 백제, 신라 삼국뿐만 아니라 이후의 모든 왕조에서도 벼를 포함한 곡물 생산의 증대를 국가의 주요 시책으로 하는 적극적인 중농정책을 추진하였다.

그런데, 청동기 시대만 하더라도 쌀을 포함한 곡물은 증숙蒸熟해서 먹었다. 청동기 유적지에서 발견된 시루가 이를 증명한다. 그러다 삼국시대 후기에 철기문화가 발달함에 따라 무쇠솥이 보급되었다. 시루와 달리 무쇠솥은 바닥은 두껍고 뚜껑은 무거워서 열이 잘 보존되어 쌀알이 잘 호화糊化되고 열이 오래 남아 수분이 밥알로 잘 흡수되어 밥이 고슬고슬하게 된다. 무쇠솥의 등장으로 맛있는 밥을 짓는 기술이 발달한 것이다. 그래서인지 일찍부터 "조선 사람들은 밥알이 고슬고슬하게 밥을 잘 짓는다. 또한, 윤이 흐르고 부드럽고 향긋하다. 또 솥 속의 밥이 고루 익어 기름지다."고 알려졌다.

이처럼, 밥을 주식으로 하는 밥상 차림이 정착한 데에는 밥 짓기에 좋은 작물 및 쌀 생산과 맛있는 밥 짓기가 가능하도록 한 무쇠솥의 보급이 중요한 역할을 하였다.

부식

밥을 맛있게 먹기 위해서 각종 식재료와 그것을 다양하게 가공, 저장한 부식들이 발달하였다.

가장 많이 이용된 식재료는 각종 채소류이다. 들에서 자생하는 나물과 재배 나물 등은 비타민의 주요 공급원인데 오래 저장하여 먹기 위해 건조, 김치 등의 방법이 사용되었다. 수산물은 중요한 단백질 공급원으로서 그 종류는 풍부하였으나 보관상 어려움이 컸는데, 이 역시 건조, 염장, 발효 등을 이용하여 그 문제를 해결해 나갔다. 축산물은 귀한 먹거리였다. 소는 농가의 주요 노동력이고, 돼지, 닭은 새끼를 치고 알을 낳아 농가의 소득이 되었으므로 마음 놓고 식용으로 사용할 수 없기는 하였으나 다양한 조리법이 개발되었다.

한편, 다양한 식재료를 오래 저장하고 맛과 영양을 더하는 가공방법이 일찍부터 발달하였다. 봄철의 장 담그기와 나물 말리기, 초여름의 젓갈 담그기, 초가을의 나물 말리기와 장아찌 담그기, 겨울철의 김장 담그기와 메주 쑤기 등이 가장 중요한 한 해의 먹거리 저장, 발효 방법이었다. 대표적인 가공 발효 음식은 다음과 같다.

장은 콩을 이용한 가공 음식으로 전통적인 식생활의 근원이다. 각종 음식의 기본 조미료로 사용되었을 뿐만 아니라 어류나 육류 섭취가 어려운 환경에서 중요한 단백질 공급원이었다.

김치는 우리나라의 대표적인 발효음식이다. 겨울 동안 채소의 영양을 섭취할 수 있도록 개발한 것이 바로 김장김치다. 본래 김치는 해醢, 저菹, 지漬, 지염漬鹽, 침채沈菜 등으로 불렸다. 조선 초기까지는 무, 가지, 오이, 부추, 미나리, 파 등이 김치의 주재료였고, 조선 후기에는 배추가 주재료로 사용되었다. 조선 후기에 고추를 포함한 젓갈 등의 양념류가 매우 다양해져서 오늘날과 같은 김치 형태가 완성되었다.

전통사회의 상차림 모든 가족 구성원들이 찌개와 탕 등의 반찬을 공유하며 한 상에서 식사하는 지금의 방식은 산업화의 시기를 거치면서 정착한 것이다. 전통사회에서는 한 사람이 각각 하나의 상을 마주하는 개별 상차림이 일반적이었다.(한국학중앙연구원)

젓갈은 소금과 수산물의 조화로 완성되는 대표적인 발효식품이다. 우리나라는 삼면이 바다라는 지리적인 조건 덕에 지역, 계절에 따라 다양한 종류의 젓갈을 담갔는데, 조선 시대 문헌에 나오는 종류만 해도 1,000여 종이 넘는다. 젓갈류는 갓 잡은 신선한 어류로 만들어야 하므로 해안 지역에서 담근 것이 전국으로 유통되었다.

전쟁 이후 우리나라는 급속한 경제 발전을 이뤄냈다. 그런데 급속한 경제 발전을 이룬 여타의 나라들이 이전의 영양 부족을 만회라도 하듯 영양 과잉의 식단으로 변한 것에 비해 우리는 비교적 전통적인 식단을 잘 유지하였다. 곡물을 위주로 한 밥과 다양한 부식들로 구성된 밥상 차림, 여러 가지 가공 저장 음식들은 오늘날도 여전히 우리의 식탁을 채우고 있다. 이러한 우리의 식생활은 '건강에는 좋으나 양이 너무 부족했던 과거의 식단'과 '양은 넘치나 건강에는 나쁜 현대의 식단' 사이에서 알맞은 지점을 찾은 훌륭한 사례로 꼽힌다.

이처럼 한때 가난의 상징으로 보잘것없게 여겨졌던 우리의 전통적인 음식문화가 재평가되는 시대가 되었다. 그러나 한편으로는 우리의 음식문화를 둘러싼 논란도 김치 등의 국적 문제와 개고기 논란 등 다양한 방면에서 진행 중이기도 하다. 지나친 자문화 중심주의는 시대에 어울리지도 않고 무엇보다 바람직하지 않다. 마찬가지로, 근거 없는 열등의식과 문화상대주의에 대한 무지의 태도로 모든 논란에 임해서도 안 될 것이다.

2) 세시 의례 음식

세시풍속은 주로 계절의 변화나 농사의 주기에 따라 해마다 반복되어 전승되어 온 일종의 생활습관이다. 세시풍속 가운데 오늘날까지 남아 있는 것으로는 음식과 관련된 것이 많다. 그만큼 세시풍속은 음식이 중요한 비중을 차지한다. 지금까지 비교적 잘 계승되고 있는 대표적인 세시 음식은 다음과 같다.

설날

새해 첫날 차례상에 올릴 음식과 세배 온 손님을 대접하기 위한 음식을 통틀어 '세찬歲饌'이라 한다. 설날의 대표적인 세찬은 떡국이다. 원래 떡국은 꿩고기를 넣고 끓였으나 꿩고기가 없으면 닭고기를 넣고 끓였다. 개성지방에는 조랭이떡, 충청지역에는 생떡국, 남쪽 지방에는 굴을 넣고 끓이는 굴 떡국 등 지방에 따라 차이가 있다.

입춘立春

입춘에는 오신채五辛菜 또는 오신반五辛盤이라는 나물을 먹었다. 다섯 가지 색과 매운맛이 나는 햇나물의 모둠 음식이다. 시대와 지역에 따라 나물의 종류가 다르지만,

파, 마늘, 달래, 부추, 무릇, 미나리 새싹이나 새순 등 가운데서 색을 맞춰 다섯 가지 나물을 무쳤다. 햇나물 무침을 먹는 이유는 겨우내 결핍된 신선한 채소를 보충하기 위해서이다.

정월 대보름上元

대보름의 대표적인 세시 음식은 찹쌀을 쪄서 대추, 밤, 기름, 꿀, 간장 등을 섞어 찌고 잣을 박은 약밥이다. 오곡밥과 묵은 나물도 빼놓을 수 없다. 오곡밥은 찹쌀, 찰수수, 팥, 차조, 콩 등 다섯 가지 이상의 곡식을 섞어 지은 밥으로 다음 해에도 모든 곡식이 잘 되기는 바라는 뜻이 담겨 있다. 가을에 손질해서 겨울 동안 잘 말려 두었던 묵은 나물들을 대보름날 먹어야 일 년 동안 더위를 먹지 않는다고 한다.

그밖에 날밤, 호두, 은행, 같은 것을 껍질이 있는 채로 깨물면(부럼 까기) 일 년 동안 무사태평하고 종기나 부스럼이 나지 않는다고 하고, 이날 아침에 데우지 않은 술을 마시면 귀가 밝아지고 귓병이 생기지 않으며 한 해 동안 좋은 소식만 듣는다고 하여 귀밝이술[耳明酒]을 마셨다.

삼복

'복伏'은 가을의 기운이 대지로 나오려다가 아직 여름의 더운 기운에 눌려 '엎드려 복종한다.'는 의미가 있다. 삼복 날 더운 성질의 개장(개를 삶아 파를 넣고 푹 끓인 것)을 먹고 땀을 흘리면 이열치열로 더위를 물리치고 허한 것을 보충할 수 있다고 여겼다. 서민층에서는 개장국을 주로 먹고 개고기가 식성에 맞지 않은 사람이나 양반층에서는 쇠고기로 끓인 육개장을 먹었다. 오늘날은 닭고기로 삼복을 나는 것이 일반적이다.

추석

추석의 대표적인 세시 음식인 송편은 '솔 떡'이다. 송편을 찔 때 솔잎을 깔고 찌기 때문이다. 송편은 청대콩, 녹두, 깨, 밤, 대추 등 지역마다 각기 다른 다양한 재료를 사용한다. 햅쌀로 만든 송편 외에도 시루떡, 인절미, 율단자栗團子(찹쌀가루를 쪄서 계란같이 둥근 떡을 만들고, 삶은 밤을 꿀에 개어 붙인다), 햅쌀로 빚은 술 등 햇곡식, 햇과

일로 만든 음식을 먹는다.

동지

팥죽이 대표적인 세시 음식이다. 찹쌀가루로 새알 모양의 떡(새알심)을 만들어 죽 속에 넣어 끓인다. 동짓날을 작은설이라 하고, 설날에 떡국을 먹듯이 '동지팥죽을 먹어야 한 살 더 먹는다.'고 한다. 벽사辟邪의 의미를 담아, 붉은 색의 팥죽을 방, 마루, 광, 헛간, 우물, 장독대에 한 그릇씩 놓고, 대문이나 벽에 뿌리면 귀신을 쫓고 재앙을 면할 수 있다고 믿었다.

그밖에 지금은 거의 희미해진 실정이지만 전통사회에서는 매우 중요하게 여겨졌던 세시 음식은 다음과 같다.

정월 보름에 풍년을 기원하며 여러 가지 곡식 이삭을 볏짚단에 싸서 장대에 매달아 두었다가 음력 2월 초하루인 머슴날에 이 곡식으로 떡을 해서 나누어 준다. 농사일이 이때부터 시작되므로 머슴에게 음식을 대접하는 것이다. 삼월삼짇날의 대표적인 세시 음식은 진달래 화전이다. 찹쌀가루를 반죽하여 둥근 떡을 만든 다음 진달래 꽃잎을 얹어 기름에 지진 것이다. 영남 부녀자들의 규방가사에 화전놀이하는 모습이 많이 남아 있다. 한식일寒食日은 동지로부터 105일째 되는 날이다. 이날 술과 과일 등을 마련하여 차례를 지내고, 쑥을 이용한 음식들을 먹었다. 사월초파일(부처님 오신날)에는 관불 의식을 거행하고 육식을 삼간다. 다양한 떡과 노란 장미꽃으로 만든 화전을 먹었다. 단오(수릿날)는 일 년 중 가장 양기가 왕성한 날이라 하여, 조선 시대에는 설날, 한식, 추석과 함께 4대 명절에 포함되었다. 단오를 수릿날이라고 부르는 이유는 이날 해 먹는 쑥떡의 모양이 수레바퀴처럼 생겼기 때문이라고도 하고, 수리취로 떡을 해 먹기 때문이라고도 한다. 유두流頭는 동쪽(양기가 가장 왕성한 곳)으로 흐르는 물에 머리를 감는다는 뜻에서 유래한 말이다. 곡식이 익어가는 시기로 비교적 농가의 한가한 시기이다. 대표적인 세시 음식은 수단水團과 증편이다. 수단은 멥쌀가루나 찹쌀가루를 쪄서 떡을 만들고 잘게 썰어 끓는 물에 삶아 건져 찬물에 헹구고 이를 꿀물이나 오미자 국물에 띄워 먹는 것이다. 증편은 쌀가루에 막걸리를 넣어 반죽하여 부풀게 한 다음 대추, 밤, 잣, 석이버섯 등으로 고명을 얹어 찐 대표적인 여름 떡으로 기주떡, 술떡, 기증병, 기지떡, 벙거지떡 등으로 지역마다 이름도 다양하다. 이즈음에는 날씨가 덥고 습도가 높아 음식이 쉽게 상하므로 떡이 쉬이 상하는 것을 막기 위해 술을 이용하여 발효시킨 떡을 만들어 먹었다. 음력 7월 15일 백중百種은 농사 일정 중 김매기를 마치는 시기여서 농가에서는 그동안 수고한 일꾼들을 위로하는 잔치가 열린다. 이 무렵에 과실과 채소가 많이 나와 백 가지 곡식의 씨앗을 갖출 수 있다는 데서 명칭이 유래하였다. 백중에는 밀전병과 밀개떡, 수수나 감자로 만든 떡이나 부침개, 호박 부침, 다양한 나물 등을 먹었다.

세시 음식은 주로 제철에 나는 식재료를 최대한 이용하여 만들었다. 제철 식재료는 계절의 변화에 따르는 생리적 변화를 조절하여 건강을 지키는 한편, 부족한 영양소 보충의 의미가 있는 식보食補의 기능을 한다. 또한 세시 음식은 그 계절의 기후 등을 고려한 조리 및 보관법을 적절히 활용하여 만들었다.

오늘날은 제철 식재료라는 개념이 무의미하고, 계절의 기후에 조리 및 보관법이 영향을 받는 일도 많이 줄었다. 그래서인지 다양한 세시 의례 음식들이 계절이나 세시 의례와 상관없이 언제라도 즐길 수 있는 먹거리로 향유되고 있다. 오늘날의 풍성하고 다채로운 식생활에 전통사회의 세시 의례 음식이 한몫한다고 할 수 있다.

4. 시대를 반영하는 척도, 음식문화

1) 전통사회의 '대식大食'과 오늘날의 '먹방mukbang'

한때 한국인은 아시아의 대식가라는 별칭을 가지고 있을 만큼 많은 양의 밥을 먹었다. 외국인들의 견문기에도 우리나라 사람들이 많이 먹는다는 언급은 자주 보인다. 조선에 표류한 하멜은 '조선 사람들은 명랑한 성격을 지닌 엄청난 대식가들이다.'라고 하였고, 독일 여행가 헤세 바르텍은 '조선인들이 대식가라는 데는 비교할 만한 대상이 없다. 일본인들은 자신들의 이웃이 자신들보다 세 배나 더 많이 먹는다고 말하는데, 실제로 제물포 개항장에 와서 보니 정말로 그랬다.'라고 하였다. 많이 먹는 습성은 조선 시대 이전에도 있었다. 송나라 사신인 서긍은 <고려도경>에 "고려인들은 많이 먹는 것만 좋아하는 듯 자꾸 권했다."라고 썼다.

토지주택박물관이 2006년 경기도 연천의 고구려 유적을 발굴하는 과정에서 출토된 6~7세기 토기 밥그릇과 개성에서 출토된 12~13세기 고려 시대의 밥그릇 청동 주발, 그리고 남한산성의 행궁 터를 발굴 조사하면서 찾아낸 19세기 조선 시대 백자 밥사발을 함께 전시한 적이 있다. 시대별 밥그릇의 모양과 크기를 비교해 보면, 시대를 거슬러 올라갈수록 밥그릇의 크기가 크다는 것을 알 수 있다.

시대별 밥공기 왼쪽부터 '현대-조선-고려-고구려' 시대의 밥공기가 순서대로 놓여 있는데, 오늘날의 밥공기에 비해 고구려 시대의 밥공기가 대여섯 배는 커 보인다.(토지박물관)

이처럼, 전통사회 음식문화의 특징 중 하나로 '대식'을 꼽을 수 있다면, 오늘날 우리들의 독특한 음식문화로 '먹방(먹는 방송)'의 유행을 무시할 수 없다. 먹방은 2000년대 초반 양방향 뉴미디어 플랫폼과 함께 등장한 콘텐츠 중 하나이다. 드라마를 포함한 여러 영상물을 통해 먹방을 노출하거나, 글로벌 팬덤을 가진 아이돌들이 플랫폼을 통해서 먹방을 시도하는 등 한국의 대중문화 전반이 먹방 콘텐츠를 꾸준히 소개하는 바람에 해외 시청자들을 대거 끌어들였다.

그런데, 얼핏 보아서는 전통사회의 대식과 오늘날의 먹방이 매우 분명한 공통점을 공유하는 것처럼 보인다. 원래 대식하던 조선인의 DNA가 오늘날까지 이어져 자연스럽게 먹방이라는 콘텐츠가 탄생한 것으로 보인다는 것이다. 그러나, 조선시대의 대식과 오늘날의 먹방이 표면적으로 '먹는 것'에 집중하는 공통점이 있다고 해서 그 둘

사이에 인과관계가 있다고 단정하는 것은 문화의 형성과 변화를 너무 게으르고 안이하게 바라보는 태도에서 비롯된 것이라 할 수 있다.

'대식'은 그 드러나는 현상을 살피는 것만큼 '대식해야 했던 이유'와 '대식할 수 있었던 이유'를 살피는 것도 중요하다. 대식의 이유로는 우선, 늘 식량이 안정적으로 확보되지 않는 상황에서 노동에 필요한 많은 열량을 충족할 필요가 있었다는 것을 꼽을 수 있다. 그런데 전근대사회에서 사람의 노동력에 근거한 경제를 꾸리지 않았던 사회는 드물다. 이 지점에서 우리는 '대식할 수 있었던 이유'에도 주목할 필요가 있음을 알 수 있다. '많이 먹어야만 했다.'는 것이 전근대사회의 일반적 현상이라면, '많이 먹을 수 있었다.'는 사실이야말로 우리가 전통 사회를 이해하는 데 있어 관심을 기울여야 할 문제라는 뜻이다. 즉, 대식이라는 현상은 먹는 행위에 대한 선호만으로 설명할 수 없는, 여러 요인이 상호 작용한 결과인데 그 여러 요인에는 '많이 먹을 수 있는 사회경제적 환경'이라는 긍정적 측면도 포함된다는 것이다.

'먹방'의 유행도 물론 먹는 행위에 대한 선호가 일차적 원인이지만, 그보다는 외모지상주의, 1인 가구의 증가와 같은 요인들로 인해 가속화되었다는 점을 간과해서는 안 된다. 특히, 주목할 것은 먹방은 혼밥(혼자 밥먹기) 문화의 일종이라는 점이다. 2000년대 이후 경쟁 문화와 취업난, 고용불안이나 빈곤 문제와 결합한 혼밥이 유행하였다. 이 무렵 먹방은 청년세대의 혼밥 경험을 미디어를 통해 공유하고 소통하는 과정에서 성장했다. 즉 열악한 주거공간에서 현실 도피적으로 확산된 먹방의 혼밥문화는 같은 세대의 아픔을 위로하고 격려하는 위안의 콘텐츠였던 것이다.

대식과 먹방은 일견 동일한 욕구가 시대를 달리하여 그 발현 모습만 바꾼 것으로 보일 수 있다. 그러나 앞서 살펴보았듯이 두 가지 현상을 각각 견인하는 요인은 전혀 다르고 담고 있는 문제의 층위도 이질적이다. 따라서 '먹는 행위에 대한 선호'로 두 가지 현상을 뭉뚱그려 바라볼 것이 아니라, 대식이 증언하는 전통사회와 먹방이 그려내는 현대사회의 실상을 각각 자세히 들여다볼 수 있어야 할 것이다.

2) 음식문화 변화의 바람직한 방향

우리 전통 음식문화의 대표적인 특징을 몇 가지만 꼽자면 서열의식, 남녀구별, 지역성과 계층성, 한 상에 차려지는 공간적 배열 등을 꼽을 수 있다. 어른의 밥상에만 특별히 준비한 반찬을 올리거나 어른이 먼저 수저를 들어야 식사가 시작되었고, 성인 남녀는 한자리에서 밥을 먹지 않았으며 대체로 남성의 밥상은 더 격식을 갖추어 차렸다. 지역마다 즐기는 식재료의 종류가 다르고 같은 재료라 하더라도 요리법에 차이가 있었고, 특히 의례 음식에 있어서 상층민과 하층민의 계층 간 식생활 차이가 두드러졌다. 상차림은 서유럽식의 시간적 배열과 비교되는 공간적 배열을 보인다. 식탁을 구성하는 밥과 반찬이 서로 보완하는 관계이므로 함께 놓여야 하기 때문이다.

그런데, 오늘날 이러한 특성들은 많이 희미해졌다. 연장자보다 수험생이나 어린아이 위주로 식단이 구성되기도 하고, 식탁에서의 남녀 차별도 거의 사라졌다. 유통 및 통신의 발달로 지역성이 희미해졌고, 신분제가 사라짐에 따라 계층성도 사라졌다. 공간적 배열의 상차림은 시간적 배열에 따른 코스요리와 공존하고 서유럽식의 한 그릇 음식도 발달하였다. 이러한 변화는 활발한 국제교류로 인한 서구적 음식문화의 확산, 사회 구조의 변화, 외식문화 및 배달 음식의 발달 등에 따른 결과이다.

음식문화가 자연환경이라는 일차적 요인 외에 문화적, 역사적 요인을 수용하여 형성되는 것이라는 사실을 이처럼 근대 이후 우리 음식문화의 변화에서도 확인할 수 있다.

그런데 이러한 사실을 달리 표현하면 음식문화가 자연환경이라는 주어진 조건을 극복하는 방향으로 얼마든지 '만들어질 수도 있다.'는 말이기도 하다. 그렇다면 앞으로 전개될 시대에 우리는 어떤 음식문화를 만들기 위해 노력해야 할까?

조선왕조는 유교를 이념으로 표방한 왕조였다. 따라서 군주가 양로의 예를 다하는 것은 매우 중요한 일이었다. '양로연養老宴'은 군주가 양로의 예를 표하는 대표적인 가례로서 세종대에 처음 제도적으로 정비되었는데, 『목민심서』에도 그 구체적인 절차와 방식이 기록되어 있다. 가령, 연회상宴床을 차릴 때 80세 이상이면 찬을 네 접시로 하고, 90세 이상이면 여섯 접시로 하였고, 만약 100세 된 이가 있으면 여덟 접시의 찬을 집으로 직접 보내도록 했다. 병들어 양로연에 올 수 없는 경우에도 집으로 찬을 직접 보내주었고, 상경이 어려운 노인에게는 거주하고 있는 곳에서 대접하였다. 비록 흉년일지라도 궁촌 노인에 대해서는 연회를 허락하였고, 양로연이 열리지 않을 때도 노인들에게 음식을 대접하기도 하였다.

그러나, 시절이 늘 이렇게 좋았던 것은 아니다. 경술년(1670)과 신해년(1671) 두 해 동안 이어졌던 '경신대기근'은 조선 시대를 통틀어 가장 참혹한 기근으로 기록되었다. 특히 이상저온현상이 극심했는데 이 시기가 바로 소빙하기였기 때문이다. 이때 충청도에 사는 순례라는 노비가 그의 다섯 살 된 딸과 세 살 된 아들을 죽여서 먹었다는 흉흉한 소문이 돌았다. 막상 조사를 해 보니 순례가 큰 병을 앓던 중 아들과 딸이 병으로 먼저 죽자 굶주림을 견디지 못하고 삶아 먹은 것으로 밝혀졌으나, 그렇다 하더라도 그 참혹함이 덜한 것은 아니었다. 사건의 실상을 정확히 파악하고자 하는 조선 조정의 논의가 이후로도 여러 차례 이어진 것으로 보아 이 일이 당시 사람들에게 매우 충격적으로 인식되었음을 알 수 있다. 이 일은 유교 왕국 조선의 자존심과 명예에 상처를 입힌 사건이었다. 조선은 양로연 등을 통해 볼 수 있듯이 사람을 귀히 여길 수 있는 마음은 마련하였으나, 경신대기근과 같은 재난을 방비할 대책은 마련하지 못한 것이다.

경신대기근은 천재天災로 비롯되었다. 그러나, 이미 조짐을 보였던 이상기후와 거듭되는 재난을 제때 대비하지 못한 것이었다면 인재人災이기도 하다. 오늘날 점점 심각해지고 있는 기후위기와 이로 인한 식량 위기의 문제도 자칫하면 천재를 인재로 악화시킬 수 있다는 점에서 경신대기근과 비슷한 상황에 놓여 있다. 기후위기의 시대에 기후 적응 기술을 제대로 개발하고 적용하지 않는다면 경신대기근과 같은 재난은 앞으로 얼마든지 발생할 수 있다. 그리고 그때처럼 인간으로서의 존엄을 지킬 수 없는 지경이 될 수도 있을 것이다.

그러나, 그렇게 되지 않도록 우리가 준비할 수 있는 일은 얼마든지 있다. 어떤 세월이 오더라도 최소한의 인간다운 삶은 영위할 수 있고, 살아있음 그 자체를 축복할 수 있는 문화를 만들어가는 것, 아무리 심대한 재난이 닥치더라도 인간이 인간으로서의 최소한의 존엄을 지킬 수 있도록 하는 것은 주어진 환경이 아니라 공동체 구성원이 어떻게 하느냐에 달려 있다. 기후위기로 인한 식량 위기를 타개할 방안들을 미리 차근 차근 마련해 나가는 것은 물론이고, 낭비적인 식습관을 개선하고, '식구食口'의 범주를 전 지구적으로 확장하는 관점과 시야가 필요하다.

어떤 음식문화를 만들어나갈 것인지는 일차적으로는 기후나 지형 등 환경의 영향 아래 놓인다. 그러나 오늘날처럼 국제적 교류가 일상화된 시대에는 환경적 제약이 무의미해질지도 모른다. 교류를 통해 그러한 제약을 극복할 기술과 도구들을 공유할 수 있기 때문이다. 따라서 이제 음식문화를 만들어가는 데 있어 더 결정적이고도 중요한 요인은 함께 문화를 만들어가는 공동체 구성원의 선택과 의지라고 할 수 있다. 공동체의 범위는 확장되어야 한다.

읽을거리

각 가정의 음식은 가족 구성원들의 식성, 체질, 건강상태 심지어 주거의 환경적 특성까지 고려하여 완성된다. 따라서 모든 집안에는 세심하게 다듬어진 나름의 레시피가 존재한다고 할 수 있다. 이러한 사정은 옛날과 오늘날이 다르지 않다. 다만 이러한 각 가정 고유 레시피의 전승은 주로 구두口頭로, 주부들을 중심으로 이루어졌을 것이다. 세월의 위협을 견디고 문헌의 형태로 오늘날까지 전해지는 전통 조리서들은 그 숱한 무형과 유형의 전승에 비한다면 빙산의 일각이라고 할 수 있다. 따라서, 현전하는 전통 조리서들은 조선 시대에 우리 음식 문화가 얼마나 풍성하였는지를 방증하는 자료이기 때문에 소중하다.

문헌으로 전하는 전통 조리서 가운데 양반 여성이 쓴 한글 조리서 2편을 소개하고자 한다.

음식디미방飮食知味方

이 책은 1670년경 안동 장씨(장계향張桂香, 1598~1680)가 한글로 쓴 조리서이다. 책의 앞표지에는 '규곤시의방閨壼是議方'이라는 한자 제목이 있고, 본문의 첫 줄에 한글로 '음식디미방'이라고 적혀 있다. '규곤'은 여자들이 거처하는 안방을 말하므로 '규곤시의방'은 '부녀자들의 길잡이'라는 뜻이고, '음식디미방飮食知味方'은 음식의 맛을 아는 방법이란 뜻이다.

대개의 조선 시대 조리서는 남성에 의해 한문으로 쓰였거나 중국의 문헌을 그대로 옮겨놓은 것이었다. 그런데 이 책은 양반 여성인 장씨가 본인의 경험과 외가나 친정어머니를 통해 알게 된 조리법 등을 여성들이 쉽게 읽고 사용할 수 있도록 한글로 정리한 것이라는 점에서 독특하고 귀하다.

책의 뒤표지 안쪽에 후손들에게 남긴 당부의 말이 인상적이다.

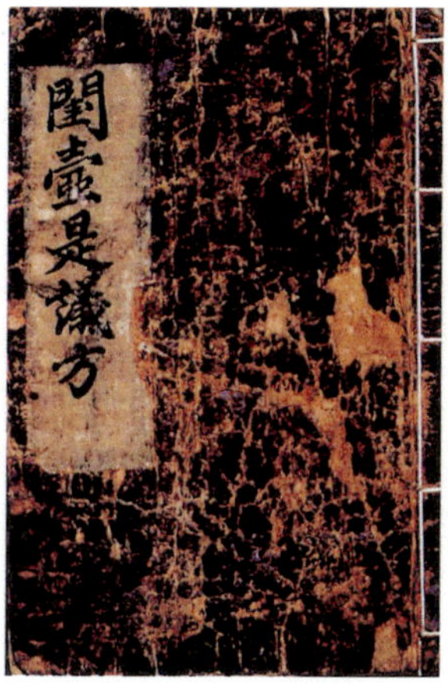 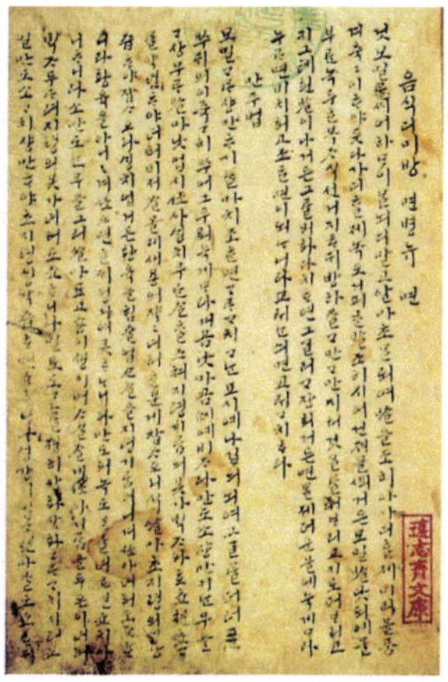 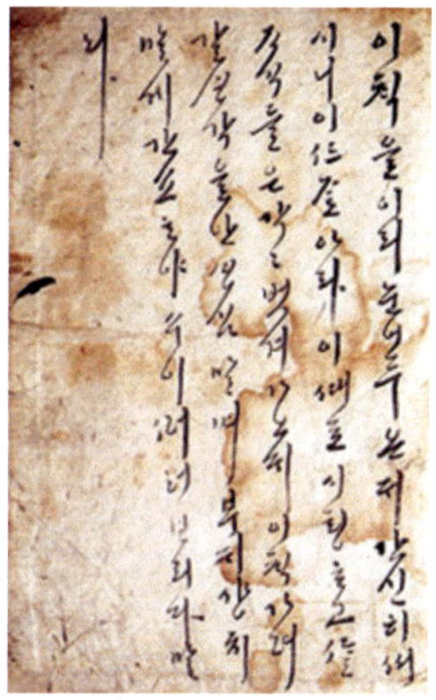

『음식디미방』 표지와 첫 장 표지에는 '규곤시의방閨閫是議方'이라는 표제標題가 적혀 있다. 표지를 넘겨 첫 장을 펼치면 '음식디미방'이라는 한글 제목이 적혀 있다.(장계향문화체험교육원)(좌), (중)
『음식디미방』뒤표지 안쪽 뒤표지 안쪽에는 후손에게 남기는 짧은 당부가 적혀 있다. 현대어로 번역하자면 "이 책을 이리 눈 어두운데 간신히 썼으니 이 뜻 잘 알아 이대로 시행하라. 딸자식들은 이 책을 베껴 가되 가져갈 생각을 말며 부디 상치 말게 간수 하여 쉬이 떨어버리지 말라."는 말이다.(장계향문화체험교육원)(우)

규합총서閨閤叢書

『규합총서閨閤叢書』는 1809년 빙허각 이씨가 한글로 쓴 일종의 가정생활 백과사전이다. '규합'은 여성들의 공간을 가리키는 말이므로 '규합총서'는 여성들의 일상에 요긴한 생활의 슬기를 모은 책이라는 뜻이다. '장 담그는 법, 술 빚는 법, 밥과 떡, 반찬 조리법'(주사의酒食議), '누에치기, 길쌈, 염색, 수놓기, 옷 수선하는 법, 그릇 때우는 법, 불 켜는 법'(봉임칙縫紝則), '논밭을 일구는 법, 꽃과 대나무의 관리, 가축 사육법 등 농가 생활에 필요한 내용'(산가락山家樂), '아이를 기르는 요령, 구급법, 약 복용 시 주의사항 등 가족의 건강 문제 관련 정보'(청낭결靑囊訣), '집의 방향에 따른 길흉, 재액 막이와 무당에게 속지 않는 방법'(술수략術數略) 등을 5권에 나누어 기록하였다.

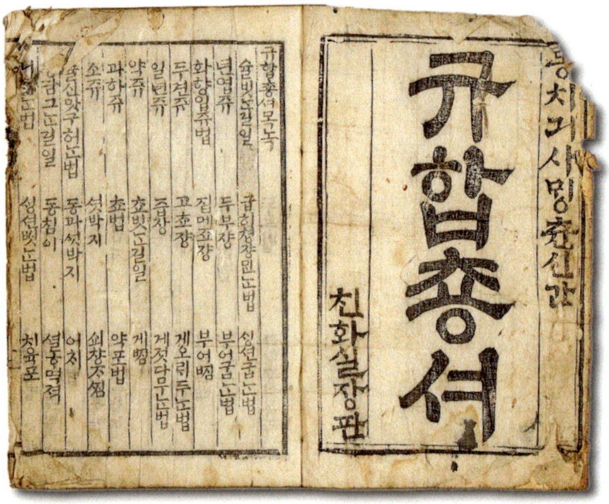

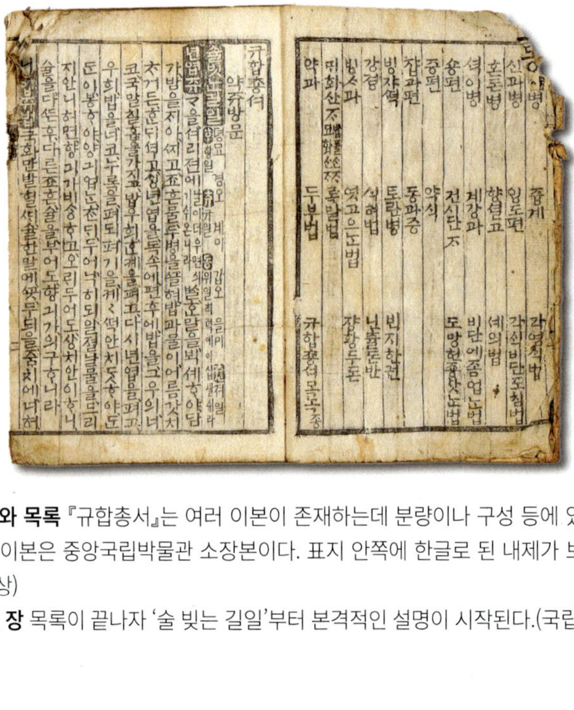

『규합총서』 내제內題와 목록 『규합총서』는 여러 이본이 존재하는데 분량이나 구성 등에 있어서 조금씩 차이가 있다. 그 가운데 위의 이본은 중앙국립박물관 소장본이다. 표지 안쪽에 한글로 된 내제가 보이고 목록이 시작된다.(국립중앙박물관)(상)

『규합총서』 목록과 첫 장 목록이 끝나자 '술 빚는 길일'부터 본격적인 설명이 시작된다.(국립중앙박물관)(하)

생각해보기

1. '먹방' 콘텐츠는 어떻게 변화하고 있는가? 그러한 변화는 우리 사회의 어떤 측면과 관련지어 생각해 볼 수 있을까?

2. 전 세계의 각 민족이 오랜 세월 공들여 만든 전통적인 조리법과 식재료 가공법 등이 바야흐로 민족과 나라의 경계를 넘어 광범위하게 공유되고 있다. 맛있게, 그리고 멋있게 먹고자 하는 인간의 욕망을 실현할 재료와 방법들이 그 어떤 때보다 풍성한 시대가 된 것이다.

저마다 자국의 음식 역사의 우수성을 자랑하기 바쁜 이 시대에 전통 조리서들은 우리가 내세울 수 있는 훌륭한 문화적 자산이기도 하다. 다른 나라의 전통 조리서에는 어떤 것이 있는지, 오늘날의 '레시피북'은 과거와 어떤 차이를 보이는지 살펴보자.

[참고문헌]

강현모,『한국 민속과 문화』, 비움과 채움, 2006.

김덕진,『대기근, 조선을 뒤덮다』, 푸른역사, 2008.

김문기,「17세기 중국과 조선의 재해와 기근」,『이화사학연구』43, 이화사학연구소, 2011.

김문기,「17세기 중국과 조선의 기근과 국제적 곡물유통」,『역사와경계』85, 부산경남사학회, 2012.

비 윌슨, 김하현 옮김,『식사에 대한 생각』, 에크로스, 2020.

이두현 외,『한국민속학개론』, 일조각, 1991.

이춘자·김귀영·박혜원,『김치』, 대원사, 1998.

정혜경,『밥의 인문학』, 따비, 2015.

정혜경 외 3,『식생활문화』, 교문사, 2013.

조은하,「먹방의 유행과 문화현상 연구」,『한국콘텐츠학회논문지』20-9, 한국콘텐츠학회, 2020.

최인학 외,『한국민속학 새로 읽기』, 민속원, 2001.

한국고문서학회,『의식주, 살아있는 조선의 풍경』, 2006.

한복려·한복진·이소영 지음,『음식고전-옛 책에서 한국 음식의 뿌리를 찾다』, 현암사, 2016.

한복진,「조선시대 양로연에 대한 고찰」,『동아시아식생활학회지』13-2, 동아시아식생활학회, 2003.

한정수,「세종대 궁중 양로연의 성립과 의미」,『서울학연구』53, 서울학연구소, 2013,

______,『한국민속의 세계(3)』, 고려대민족문화연구원, 2001.

______,『문화예술의 고장(Ⅳ) 우리 음식』, 광주시립박물관, 2009.

국립중앙박물관(https://www.museum.go.kr)

장계향문화체험교육원(https://www.yyg.go.kr)

토지주택박물관(https://museum.lh.or.kr)

10장.

공존과 조화를 담아낸 공간, 주택

1. 삶의 기본 조건, 생활 문화의 반영체

주택은 인간 삶의 기본적 조건임과 동시에 가치관, 제도, 생활문화 등 다양한 면이 반영되어 있다. 우리의 주택은 근대 이후 서양문화의 도입, 일제 강점, 한국전쟁, 전쟁 후의 복구와 개발, 경제발전으로 이어지는 급격한 사회변화와 함께 바뀌어 오늘날에는 과거와 매우 다른 모습을 보인다. 시대에 따라 다양한 형태의 주택이 등장하고 사라졌으며, 또한 계속해서 새로운 것이 나타나고 있다. 이렇게 빠른 기간에 일어난 주택의 변화는 세계 어느 곳에서도 찾아보기 힘든 매우 독특한 현상이며, 이것은 우리 삶의 격렬한 변화에서 기인한다고 할 것이다.

현재 주택의 모습은 19세기 말 서양의 문물이 한국에 유입된 이래 서구화의 과정과 맞물려 있다. 적어도 외형적으로는 전통적인 주택의 형태가 거의 소멸되었기 때문에 현재 주택의 유형은 서양식인 것으로 보아도 무리가 없어 보인다. 그래서 우리의 주택은 통시적으로 볼 때 주로 '전통과의 단절'이라는 측면이 많이 부각된다. 전통의 계승이냐, 단절이냐 하는 것에 대한 판단은 먼저 우리 주택에 대한 이해가 선행되어야 가능할 것이다.

인간이 주택이라는 공간을 창조한 것은 자연이나 맹수 등의 외부 공격으로부터 자신을 보호하고자 하는 것이었다. 그렇기에 우리 주택의 역사는 우리 민족이 한반도에 터전을 잡으면서부터 시작되었다고 볼 수 있다. 구석기시대 인류는 수렵, 채집으로 생활하며 계절이나 환경에 따라 거주지를 옮겨 다녔다. 이러한 생활 방식에는 견고한 주택이 사실상 무의미하였으며, 주로 동굴이나 바위 틈 등 자연적인 공간에서 생활했다. 신석기시대로 접어들면 농경이 시작되면서 정착생활을 하게 되고 이에 따라 정착형 주거지가 형성되었다. 물론 이전의 동굴주거 등도 유지되기는 했으나 대개는 땅속에 움집을 짓고 살았다. 이때의 움집은 지면을 파 만든 구덩이의 둘레에 기둥을 세우고 잔 나뭇가지나 풀 등으로 덮어 만든 반지하 형태였다.

청동기시대에 이르러 농경이 본격화되면서 수확한 농산물을 보관할 수 있는 저장 공간, 배수로, 난방과 취사용으로 분리된 화덕 등으로 보아 주거 공간이 분화되고 있었음을 알 수 있다. 또한 움집의 깊이가 얕아진 '반움집'은 지상 주택으로 발전하는 단계에 들어섰음을 보여준다. 철기의 보급으로 농업 생산력의 엄청난 증대를 가져온 철기시대에는 사유재산이 늘어났고 잉여 농산물이 생겼는데, 이는 빈부와 신분의 격차로 이어져 신분제도를 바탕으로 하는 국가가 생겨나게 된다. 이 시기 다양한 주택의 형태는 중국의 기록에 잘 나타난다. 『후한서後漢書』에 북방의 읍루족들이 **"기후가 추워서 구덩이를 파고 그 안에 들어가 산다. 혈거穴居는 깊이가 깊을수록 귀하게 생각했고 큰 집이면 아홉 계단을 이룬다."**라는 기록을 볼 때 이 시기에도 움집에서 생활했던 것으로 보인다. 또한 『진서晉書』에는 이곳 사람들이 사는 모습을 **"여름에는 소거巢居에서 살고, 겨울에는 혈처穴處에서 산다"**라고 전하는데, 이것은 겨울에는 움집에서, 여름에는 원두막과 같은 고상형高床形 주택에서 생활했던 것으로 추정된다. 고상형 주택은 남부 지역 특히 가야의 주택 특성으로 여겨지는데, 바닥이 지표 위로 들어 올려진 다락집 형식으로 지면에서 올라오는 습기를 차단하고 통풍이 가능하도록 한 것이다.

삼국시대에는 기단과 초석 등을 사용한 증거들로 보아 움집의 단계를 지나 지상 주거로 발전하는 모습과 더불어 주거 공간, 작업 공간 등의 완전한 기능 분화가 이루어졌음이 확인된다. 이 시기에는 건축기술이 발달하여 지배계층의 위엄과 권위를 표현하기 위한 주택이 나타난 것이 특징적이다. 지배계층은 그들의 주택을 보다 크고 화려하게 지었고, 피지배계층이 이를 모방하지 못하도록 제한하는 제도적 장치를 만들었다. 이를 가사제한家舍制限이라고 하는데 삼국에서 모두 이러한 규제를 두었을 것으로 추정한다. 대표적으로 신라의 경우 골품제에 따라 진골에서 백성에 이르기까지 그 주택의 규모나 기단, 지붕의 구조, 기와종류, 실내 장식 등에 계급별 규제가 적용되었는데, 지배계층의 주택에는 공포, 부연, 단청, 장식 기와를 사용한다든가 금, 은 등의 금속재료로 지붕을 장식한 것에서 그들의 웅장하고 화려했던 주택의 모습을 짐작할 수 있다.

문벌귀족사회의 성격이 강한 고려시대에는 귀족들의 집 치장에 사치가 매우 심했던 것으로 보인다. 단적으로, 고려시대의 문인 최자의 <삼도부三都賦>에 "공경들의 저택이 10리에 뻗쳤는데 엄청난 누각은 봉황이 춤추는 듯하고 서늘한 마루와 따스한 방을 갖추었으며 금벽이 휘황하고 단청이 늘어섰네. 비단으로 기둥을 싸고 채단으로 땅을 깔고 온갖 진기한 나무와 이름난 화초를 심었네."라는 내용을 통해 당시 그들의 호화스러운 주택을 엿볼 수 있다.

반면, 유교적 국가 체제를 추구했던 조선 시대에는 유교적 가치를 실제 생활에 실현하기 위한 규범이나 의례들이 제정되었다. 이에 따라 지배계층을 형성했던 사대부계층을 중심으로 새로운 유교적 생활문화와 이를 실천하기 위한 주거 형식이 정착되어 갔으며 조선중기 이후에는 일반 민중에게로 확산되었다. 여기에 대해서는 장을 나누어 살펴보기로 한다.

이상에서와 같이 한반도에 우리 민족이 정착하면서부터 시작된 주택의 역사를 보면, 주택은 단순히 외부 세계로부터 자신을 보호하는 삶의 기본 조건임을 넘어 우리 생활 문화의 반영체임을 확인할 수 있을 것이다.

현재 남아 있는 전통주택은 대부분 18세기 이후에 지어진 것이 대부분이다. 이를 중심으로 전통주택을 분류해 보면 상류주택, 중류주택, 민가로 나눌 수 있다. 상류주택은 종이품 이상의 벼슬을 한 양반계급이 소유한 사대부가를 의미하고, 민가는 일반 백성의 주택을 말한다. 중인의 주택이거나 부농들이 살았던 규모가 큰 주택을 중류주택이라고도 하나 그 구분이 명확하지 않다. 양반이라 할지라도 벼슬을 하지 못하면 평민과 다름없는 주택에 살았던 경우도 있었기 때문이다. 그렇기에 전통주택은 반가班家와 민가民家로 구분하는 것이 일반적이다. 이 글에서는 가장 많은 기록과 실체가 전하는, 조선 후기 양반들이 거주했던 반가班家를 중심으로 전통주택의 형태와 그 속에 내재된 의미를 짚어보기로 한다. 조선시대 주택의 면모를 모두 살펴볼 수는 없기에 그 특징을 비교적 잘 드러낼 수 있는 요소들을 선정했다. 사람들이 살기 위해 집을 지을 터를 살피는 일과, 생활문화가 반영된 주택 내 공간의 역할과 기능을 알아본다. 그리고 우리 주택의 정체성을 가장 잘 드러내는, 온돌과 마루의 결합을 소개하는 것으로 우리 주택이 담고 있는 특징과 그 의미를 살펴보고자 한다.

2. 자연과의 조화로움을 이룬 이상적 공간을 찾아서, 터의 선정

전통마을의 형성은 산과 물, 방위 등 지리적 요소를 최대한 반영하고 땅의 이치를 살피어 적합한 장소에 마을과 주택의 터를 정하고 배치하는 데서 시작되었다. 이를 풍수지리사상이라고 하는데, 풍수는 장풍득수藏風得水의 약어로 '바람은 감추고 물은 얻는다'는 의미다. 이는 땅의 내부에 바람이 통하는 길과 물이 통하는 길의 방향, 기세, 경로 등에 따라 인간의 길흉화복이 결정된다고 여기는 사고방식이다. 풍수지리사상에 따라 마을들이 자리한 곳은 대체로 배산임수背山臨水의 기본 형태를 갖게 된다. 앞면을 제외한 세 면이 둘러싸인 입지로, 산과 물이 마을 공간의 기초적인 틀을 만들고 있다. 전통마을은 주거지를 중심으로 뒤쪽에 높은 산이 버티고 좌우로 낮은 산이 마을을 두루 감싸면서 앞산에 연결되어 전체가 모나지 않은 형세를 띠게 된다. 이로써 앞쪽은 펑퍼짐하고 나지막한 산이 있고, 그 사이로 물이 흐르는 기본 형태를 갖게 된다. 산과 물에 의해 한정된 생활영역은 아늑하고 포근한 공간이 되며, 산 능선은 자연스럽게 마을의 경계가 된다. 풍수지리사상은 자연의 흐름을 거스르지 않고 그 품에 안기는 기술로서, 전통마을을 형성하는 출발점이 된다.

전통마을은 또한 풍수지리사상과 함께 성리학적 은일적 복거관隱逸的 卜居觀에 영향을 받았다. 전통마을은 주로 교통로에서 한발 물러나 한 모퉁이 돌아선 곳에 위치하는 경우가 많고, 부득이 길가로 나앉은 경우는 누각으로 마을의 입구를 가려 길에서 마을이 바로 들여다보이지 않게 했다. 이러한 '물러남'의 관념은 주거지와 그 안에 위치한 주택에까지 이어져, 여러 단계를 거쳐야 비로소 하나의 주택에 이르게 된다. 이와 같이 전통마을이라는 공간의 형성은 길의 체계로 완성되는데, 길은 큰길, 안길, 샛길 등의 단계를 보이며 마을과 마을, 이웃과 이웃을 순차적으로 연결하는 요소가 된다. 즉 전통마을은 흐르는 시냇물처럼 작은 줄기가 모여 보다 큰 줄기가 되고 다시 그것들이 모여 더 큰 줄기가 되면서 서로 감추어주는 자연적이면서도 명확한 질서를 갖는 것이다.

마을 입구에서 시작되는 어귀길은 안길과 이어지며, 안길 주변으로 주거지가 형성된다. 안길이란 주로 공동시설과 종가처럼 마을공간을 이루는 중요한 요소들을 서로 연결하는 도로로, 마을의 중심축이 된다. 따라서 안길은 접근이 가장 용이해 마을의 중심공간이 된다. 안길에서 갈라져 나온 샛길은 단위주택들이 모인 주거군에 연결되고 그 안에는 골목길이 얽혀 있다. 전체 마을은 이 길을 따라 공적인 공간에서 사적인 개개의 집들이 형성되는 것이다.

마을은 주로 방어나 보호를 위해 축조된 성으로 둘러싸여 있는데 이렇게 형성된 마을을 흔히 읍성이라고 부른다. 여기서 공적인 공간으로 수령이 거처하는 관아는 성 안에 있었고, 관아에서 일을 해야 하는 아전들은 주로 성 안에 거주했다. 양반들은 집성촌을 이루어 노비와 하인들을 데리고 성 밖에 거주했으며 일반 양인들은 성 안팍에 두루 퍼져 살았다. 또한 양반들은 성 바깥에서 살았으므로 비교적 관권으로부터 자유로운 지점에서 영향력을 키워 나갈 수 있었다. 양반들이 읍성이 아닌 곳에 자립잡음으로써 향교나 서원 같은 교육기관도 굳이 읍성 안을 고집하지 않게 되었다.

이와 같은 마을의 형성은 규모와 자연 지세에 따라 약간의 차이가 있을 뿐 대체로 유사한 모습을 나타낸다. 왕이 거처하는 한양에서도 풍수적으로 가장 좋은 곳인 명당에 궁궐을 지었듯이 마을에서도 최고의 명당에 관아를 배치했다. 또한 『주례』에 나타난 전조후시前朝後市, 좌묘우사左廟右祠의 원칙, 곧 궁궐 앞에 육조를 배치하고 그 뒤로 시전市廛을 두었으며, 궁궐을 중심으로 왼쪽으로 종묘, 오른쪽으로 사직단을 두었다. 이처럼 읍성의 북쪽에는 주산의 내맥을 따라 사직단이, 서쪽에는 서낭당이, 남쪽에는 마을을 감싸 흐르는 하천과 숲이 배치되어 읍성과 마을은 자연지세와 섬세한 조화 속에서 형성되고 있음을 본다.

순천 낙양 읍성 현존하는 읍성 가운데 보존 상태가 좋은 것들 중 하나로 읍성을 중심으로 마을의 모습을 한눈에 볼 수 있다. 읍성은 동서로 뚫린 길을 기준으로 위쪽엔 관아 시설이, 아래쪽에는 민가가, 성 밖 남쪽으로 펼쳐진 넓은 들판에는 양반들의 거주지가 형성되어 있다.(국가유산청)

이렇게 형성된 마을 가운데 살 만한 터를 어디에 잡아야 할 것인가에 대해서는 다음의 글이 도움이 된다. 조선 후기 지리학자인 이중환이 저술한 『택리지』 중 「복거총론卜居總論」에는 당대 사대부들이 살 곳을 택할 때 갖추어야 하는 현실적인 요건들을 압축적으로 제시되어 있다.

> 무릇 터를 잡는 데는 첫째 지리地理가 좋아야 하고, 다음 생리生利가 좋아야 하며, 다음 인심이 좋아야 하고, 또 다음은 아름다운 산과 물이 있어야 한다. 이 네 가지에서 하나라도 모자라면 살기 좋은 땅이 아니다. 지리가 아름답고 생리가 좋지 못하면 오래 살 곳이 못되며, 생리가 좋고 지리가 좋지 못하여도 역시 오래 살 곳은 못된다. 지리와 생리가 모두 좋다고 해도 인심이 좋지 못하면 반드시 후회함이 있을 것이고, 근처에 아름다운 산수가 없으면 정서를 기를 수가 없다.

이중환은 살 만한 곳을 찾는 요건으로 지리, 생태, 인심, 산수 네 가지를 들었다. 지리와 산수는 지형 조건, 생리는 경제적 조건, 인심은 풍속이나 관습 등 사회적 조건을 의미한다. 즉 아름다운 정서를 기를 수 있는 자연적 조건 아래 사람들이 어울려 만들어 가는 사회·경제적 환경과 문화적 요소가 조화로운 공존을 이룬 곳을 그들의 이상향으로 설정했다는 점에서 시사하는 바가 크다고 할 것이다.

3. 건축 재료·장식의 규제, 가대와 가사의 제한

조선 건국 초기에는 집짓기를 신청하는 한양 사람들에게 집터를 나누어 주었다. 빈터에 집을 지으려면, 지금의 서울시에 해당하는 한성부의 허가를 받아야 하는데, 2년 동안 계속 공터였음이 확인되면 곧 사용을 허가했다. 그러나, 도성의 땅이 불과 500여 결이어서 집터의 면적을 제한할 수밖에 없었다. 그래서 태조 4년(1395년)에 신분별로 집터의 크기를 제한하는 가대제한家垈制限을 마련했다. 『경국대전』 호전戶典 급조가지조給造家地條에는 대군·공주는 30부負(현행 1,170평), 왕자군·옹주 25부(975평),

일·이품 15부(585평), 삼·사품 10부(390평), 오·육품 8부(312평), 칠품 이하·유음자손有蔭子孫 4부(156평), 서인庶人 2부(78평)로 정해져 있다. 대군이나 공주는 서인에 비해 15배나 많은 땅을 받는 등 신분에 따른 차등 지급이었다. 이런 차이는 있었지만 서인들에게까지 토지 분급이 가능했고, 그 면적도 현재와 비교할 때 생각 외로 넓은 것을 보면 당시 한양의 거주자 수에 비해 집 지을 땅이 여유가 있었던 것으로 보인다.

『경국대전』에 기재된 집터 제한은 조선 말기까지 유지되었으나, 이는 어디까지나 성문화된 규범이었고, 왕족이나 세도가 있는 집안에서부터 이를 어기고 있었다. 성종 대에는 왕자군과 옹주의 집터가 과다함을 상소하였으나 성종은 듣지 않았고, 숙종 대에는 왕자군의 집터가 2,200여칸이나 되었다고 하니 왕족들이 먼저 국법을 어기고 있었다. 이에 경제력 있는 고급 관리도 편승하게 되었다. 또한, 백성의 집은 필요에 따라 헐리거나 빼앗기기도 했다. 대표적으로 세조는 창덕궁 후원을 넓히기 위해 73채의 민가를 헐었고, 간경도감에 너무 인접하여 화재 위험이 있는 집 23채를 철거했다. 연산군은 서울 성벽 주위의 백 보 이내의 집을 강제로 철거하고는 고양, 광주, 김천 등지로 이주시켰다. 영조 대에는 양반들이 여염집을 빼앗자 이를 범한 20여 명을 귀양보냈다는 기록도 보인다.

집터의 규제를 벗어나려는 것은 민간에서도 마찬가지였다. 조선은 고려와 마찬가지로 집터는 국가 소유이고 지상의 집은 사유를 인정했다. 집터의 사용료로 세금을 징수했는데, 도로는 집세 대상에서 제외되었기 때문에 세금을 물지 않기 위해 도로 위에 임시로 가건물을 짓고 사는 사람도 있었다. 이들 가건물이 생기면서 점점 길이 좁아지게 되었는데, 조선후기 정조 때 영의정을 지낸 채제공이 "근래 민심이 교활하여 처음에는 길옆에 가건물을 지어 살면서 관에서 아무 소리 없으면 그 안에 온돌을 만들고 그 다음에는 판자집에 흙으로 벽을 만들어 짓는 까닭에 길이 좁아 이리저리 비뚤어져 가고 있다"라고 한 것을 보면 어느 정도인지 짐작할 것이다. 그리고 몇 해가 지나면 완전한 집으로 만들어 전매했다. 이와 같이 서울의 주택은 가대에서 많은 제약을 받았으나, 지방의 경우는 이러한 제약이 없었던 것으로 보인다.

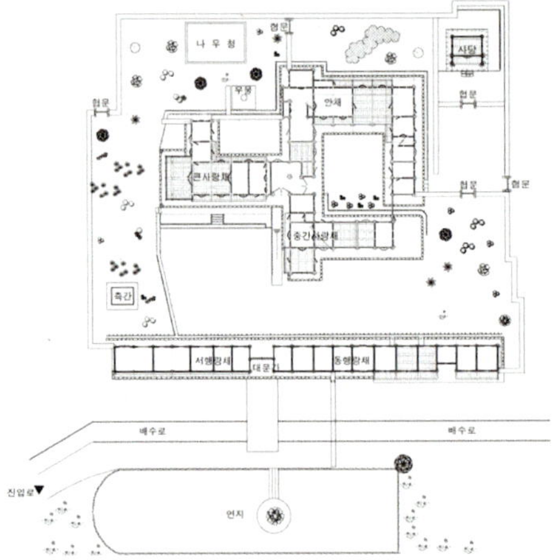

운조루 배치도-도면『한국의 전통가옥 기록화보고서-구례운조루』, (국가유산청.)(좌)
운조루 전경 2008년. 운조루(www.unjoru.net) (우)

조선 건국과 더불어 한양으로 천도 후 주택의 양적인 건설이 끝난 상태에서 그 가사家舍들이 사치의 경향으로 흐르게 되자, 세종 대에는 가옥의 전체규모와 건물의 종류 및 구조부재의 크기, 장식과 색채 등 세부치장에 이르기까지 신분에 따라 허용범위를 제한하는 건축규제인 가사제한家舍制限이 반포되었으며 고종 대까지 여러 차례 개정이 이루어졌다.『경국대전』에는 대군 60칸, 왕자군이나 공주 50칸, 옹주나 종친, 2품 이상의 문무관 40칸, 3품이하 30칸, 서민 10칸을 넘지 않도록 하되, 조상에게서 물려받은 집이거나 구입한 집, 사당은 예외로 하였다. 가사제한에 대한 법 규정은 고종 대까지 거의 바뀌지 않았으나, 실생활에서 칸수 규제는 별로 의미가 없어지게 되었다. 실제 조선후기에는 100칸을 훨씬 넘는 집들도 있었는데, 가장 넓은 집은 180칸이 넘었다. 18세기 후반에 전라남도 구례의 운조루雲鳥樓는 아들에게 물려줄 당시 기록으로 78칸이었다. 1784년 경에 지었다는 정읍 김명관金命寬 고택은 1,500여 평에 87칸으로 되어 있는 것으로 보아 경제력에 의해 칸수 제한을 넘어서는 것이 가능했던 것을 알 수 있다. 이렇게 보면, 가사 칸수 제한을 벗어나는 것은 서울이나 지방이나 차이가 없었던 듯하다. 법전과 소위 현실 법이 상충하면서 "양반집은 99칸까지 지을 수 있다"라는 말이 있었을 뿐 실제로 법전에 기록된 바는 없다.

칸수 제한 말고도 살림집에는 주춧돌 외에는 매끈하게 다듬은 돌과 공포, 단청도 쓸 수 없었다. 공포는 처마의 무게를 받치기 위해 기둥머리에 짜 맞추어 댄 부재部材로 건물 지붕의 무게를 분산 혹은 집중시켜 완충적 기능을 하기도 하고, 내부공간을 확장시키고 건물을 높여 웅장한 멋을 낼 뿐 아니라, 그 구성과 공작이 섬세하고 화려하여 장식적으로 중요한 기능을 가진다. 건물의 가장 중요한 의장적意匠的 표현이어서인지 공포 금지는 꽤 엄격하게 준행되어 익공 형태의 단순한 공포라도 쓴 집은 대개 조선전기에 지어진 집이다.

여러 가지 빛깔로 무늬를 그려서 아름답게 장식하는 단청은 특히 규제가 엄격하게 적용되었다. 연산군대에 한강변 두모포豆毛浦에 지은 정자를 중종이 제안대군齊安大君에게 하사했는데, 신하된 자로서 거처할 수 없다는 주장이 제기되자 중종은 단청을 긁어내도록 할 정도였다. 실제로 오늘날 남아 있는 양반집에서 사당을 제외하면 단청을 쓴 예는 극히 드물다.

함양 일두고택咸陽 一蠹古宅 가묘家廟 일두고택은 정여창鄭汝昌(1450~1504)의 옛집으로, 안채 뒤 따로 쌓은 담장 안에는 가묘가 있다. 가사제한에서 벗어난 화려한 단청과 부연, 공포와 둥근 기둥이 보인다. (국가유산청)

이외에도 일반 민가에서 둥근 두리기둥보다는 네모기둥을 쓰고, 지붕도 부연婦椽[1] 이 없는 홑처마로 하고, 기와도 막새를 쓰지 않아 수키와를 회백색 반죽인 아구토牙口土로 마감한 것이 일반적이어서 궁궐이나 관아 건물들보다 격을 낮춘 것을 볼 수 있다.

4. 신분과 지위에 따른 위계적 공간 구조

집 역시 주인의 신분을 나타낸다. 반가의 구조는 기후나 풍토와 같은 자연적 요인에 사회적 요인까지 감안하여 이루어졌다. 오늘날 우리가 보는 양반집은 대부분 18세기 이후에 지어진 것이되, 그 얼개는 16세기 양반들의 지위와 함께 굳어져 계승되었다.

반가는 세 구역으로 나뉘어 있다. 이들 구역을 나누는 것은 담과 문이다. 문은 담과 일체를 이루면서 전체 공간을 3분한다. 우선 맨 바깥쪽에 있는 대문은 대개 솟을삼문 형식을 갖추고 있다. 좌우의 작은 문과 가운데의 큰 문은 각기 이용하는 신분이 달랐다. 삼문은 지체 높은 대갓집의 삼문은 고관이 타는 연(바퀴 달린 가마)이 그대로 통과할 수 있도록 높고 널찍했다.

안동 학암고택, 솟을대문 1800년경 학암 김중휴(1797~1863)가 분가할 때 지은 집이다. 동네 어귀를 돌아들면 약간 경사진 곳에 토담을 두르고 행랑채에 솟을대문이 있다. (국가유산청)

우선 대문을 들어서면 바깥 담과 맞붙어서 행랑채가 잇따라 늘어서 있다. 여기서 마당을 건너질러 가면 바깥주인이 거처하는 사랑채이다. 주인을 찾아오는 손님들은 대개 하인들의 영역을 거쳐서 사랑채에 이르렀다. 이런 설계는 하인들로 하여금 출입자를 가려 주인의 신변을

1 겹처마에서 서까래 끝에 덧얹는 네모지고 짧은 서까래를 말한다. 처마를 위로 돌리게 하여 날아갈 듯한 곡선을 이루게 하는 구실을 한다. 이렇게 하면 둔탁해 보이지 않고 날씬하고 힘 있어 보인다. 또 서까래나 부연의 말구를 직절하지 않고 빗 자르며, 양 옆면도 밑 부분이 폭이 좁고 위가 넓은 역사다리꼴로 만들어 밑에서 올려다봤을 때 시각적인 안정감과 위가 좁아 보이는 착시현상을 없애준다. 이러한 착시현상의 교정은 한국건축에서는 곳곳에 나타나며 한국건축이 아름답고 세련되게 보이게 하는 데 큰 역할을 한다. 흔히들 한옥은 그 멋을 지붕곡선에서 찾곤 한다. 사실, 허공으로 날렵하게 버선코처럼 들어 올려진 지붕의 추녀마루 곡선은 언제 봐도 아름답다.

지키게 하려는 의도에서 나온 것으로 보인다. 행랑은 보통 대문의 좌우에 1~2채 정도 설치하는 것이 보통이지만, 세력이 큰 반가에는 이 행랑채가 대문 옆 담벼락을 따라 줄을 이었으므로 '줄행랑'이라고 한다. '도망가다'라는 의미로 '줄행랑치다'라고 표현하는데, 이는 행랑을 치듯이 재빠르게 줄달음질을 친다고 하여 생겨난 말이다.

행랑채 강릉 선교장. (국가유산청)

위세 있는 양반가에서는 많은 노비를 소유하여 주인집과 떨어져 농업에 종사하는 외거노비도 있었지만, 양반가의 의식주 생활에 필요한 노동력의 대부분을 제공한 솔거노비들도 있었다. 집에 함께 생활하는 노복들이 사는 곳이 행랑이다. 행랑은 대문에 붙어 있거나 안채로 들어가는 중문에 붙어 있었으며, 사랑채나 안채보다 기단부터 낮게 하고 전체적으로 규모도 작게 하여 낮은 신분의 사람들이 쓰는 공간임을 쉽게 알 수 있다. 이 행랑은 집의 칸수를 지나치게 많이 한 경우에도 규정된 칸수 계산에서 제외해야 한다는 주장이 제기될 정도로 양반가에서는 필수적인 공간이었다.

가장이 머무는 사랑채는 아무나 들락거릴 수 없는 위엄과 권위의 공간이다. 하인들조차 허락이 있을 때만 들어갈 수 있다. 사랑채야말로 양반의 본분과 성격을 잘 드러낸다. 이 채는 바깥주인이 항시 머무는 사랑방과, 책을 쌓아 두고 독서할 수 있는 서재, 그리고 여럿이 잘 수 있는 침방으로 이루어져 있었다. 주인의 아들이 혼인한 뒤에도 분가하지 않는 경우 방만 따로 빼어 작은 사랑이라 하고, 가장이 머무는 큰 사랑과 구분하여 썼다. 사랑채는 무엇보다 친교의 공간이었다. 세력이 도도한 양반의 사랑에는 많은 손들이 찾아와 머물렀다. 이들이 머무는 기간은 일주일은 아무것도 아니고 한 달이나 두 달, 심지어

대문간에서 바라본 큰 사랑채와 작은 사랑채, 청송 송소고택 송소고택은 만석의 부를 누린 송소 심호택이 1880년 경 건축한 가옥이다. 큰 사랑채와 작은 사랑채를 사이에 있는 내담에서 집안의 위계에 의한 생활공간과 영역이 구분되어 있음을 알 수 있다. (국가유산청)

초겨울에 찾아와 이듬해 추위가 다 물러갈 때에야 떠나는 이들도 있었다.

사랑채 마당을 질러가면 중문이 나온다. 이 문은 안채로 들어가는 입구다. 평상시 이 문은 굳게 닫혀 있으며, 집안 사람이라도 남자는 함부로 드나들 수 없었다. 바깥 손님들을 위한 음식이나 차는 주인의 신임을 받는 종을 통해서 안채에서 사랑으로 전달되었다. 안채는 집안 여인들이 남녀유별이라는 엄격한 내외법에 따라 아예 바깥 남자들과 얼굴을 대하는 일이 없도록 되어 있다. 일반적으로 반가의 안채는 중문을 거쳐서 들어가도록 되어 있다. 그만큼 출입이 까다로웠다는 이야기다. 거룩한 공간인 사당조차도 이중 출입문을 거치지 않고 바깥에서 하나의 문을 따고 들어갈 수 있게 되어 있다는 점을 고려하면, 내외법의 엄격함이 어느 정도인지 알 수 있다.

이상 살펴본 것처럼 담장으로 구획된 조선시대 양반집의 세 영역은 엄격한 신분제와 내외법을 반영한다. 신분제는 담장에 붙은 노비들의 영역과 마당 안쪽에 붙은 주인의 공간을 나누고, 내외법은 중문을 통해 바깥주인의 영역과 안주인의 영역을 가른다.

그 밖에 반가에서 주목할 곳은 곳간 그리고 사당이 그것이다. 이 공간은 다른 신분의 집에서 흔히 볼 수 없는 것으로 반가의 특징이다. 곳간은 가을걷이한 곡식을 쌓아 두는 곳인데, 지방에 따라서는 뒤뜰에 소규모 창고인 뒤주를 설치해 이런 용도로 쓰기도 했다. 많은 이들이 뒤주라면 으레 나무로 짜서 부엌이나 마루 한 켠에 들여 놓고 쓰는 곡식 저장함 정도로 알고 있는데, 김제 장화에는 창고처럼 지붕과 함께 견고한 문을 가지고 있는 독립된 건축물로 존재하는 뒤주도 있다.

원통 뒤주 구례 운조루. 곡식 다섯 섬이나 들어가는 큰 뒤주이다. 곡식을 꺼낼 수 있는 구멍을 만들어 그 위에 외부인만이 열 수 있다는 뜻의 '타인능해他人能解'라고 적어 두었다. 이웃의 가난한 사람들이 언제든지 곡식을 먹을 만큼 꺼내 가라는 뜻이다. 뒤주를 주인이 안 보이는 헛간에 놓도록 하여 얻으러 오는 사람을 배려했다. (국가유산청)

북원수회도北園壽會圖 겸재謙齋 정선鄭敾의 작품으로, 1716년 북원(서울의 서촌,현재 청운동 일대)에서 이광적이 과거 급제 60년을 맞아 잔치를 치른 뒤, 같은 동네에 사는 노인을 모아 기로회耆老會를 연 것을 기념하며 만들어졌다. 조선후기 반가의 모습을 잘 담고 있는데, 모임장소인 사랑채와 그 앞의 넉넉한 마당, 마구간, 샛담을 사이에 두고 연결된 안채 등에서 편하고 여유로운 삶이 느껴진다.(국립중앙박물관)

마지막으로 사당을 보자. 달리 가묘라 불리기도 한 사당은 조상의 위패를 모시는 거룩한 공간이다. 일반 생활 공간과 동떨어진 곳에 별도의 담으로 둘러쳐져 있다. 사당이 양반집 설계에 포함되기 시작한 것은 주자가례가 보급된 15세기 이후이다. 조선의 지배 이데올로기로서 지위를 굳힌 주자학은 조상 숭배와 결합하여 민간 속에 깊이 스며들었다. 양반이 아닌 서민들은 조상을 위하여 별채는 못 짓더라도 방 한 칸을 따로 비우거나 마루의 위쪽을 비워 위패를 모셨다. 크기의 차이는 있더라도 어느 집에서나 신성한 공간은 마련했다.

사당은 단지 죽은 조상을 기리는 공간만이 아니라 양반의 위엄을 과시하는 공간이기도 했다. 친척들은 종가의 사당에 모여 제사를 드리고 우의와 효를 다졌다. 주인의 일족은 부자, 부부, 남녀 간의 본분을 조상의 이름 아래 익혔다. 양반들은 집안에 큰 일이 있을 때면, 예를 들어 장가는 간다거나 아들을 낳았거나 멀리 외출할 때에는 이 곳에 와서 조상에게 고하였다. 죽은 조상들이 살아 있는 후손들과 한 집안에서 생사 구분 없이 살고 있었다고 볼 수 있다. 전통 주택의 주요한 특징이 드러나는 부분이다. 사당은 삶과 죽음이 한데 어울려 가문의 영속을 꾀하는 공간이라는 의미를 지녔다.

5. 극단과 극단의 공존, 온돌과 마루

우리 전통주택에는 문명사적으로 보기 드문 예가 있다. 다른 나라에서는 볼 수 없는 온돌과 마루의 공존이 바로 그것이다. 우리만의 독자적인 특별함이 있다. 사면이 시원하게 트여 있는 대청과 그 바로 옆에 온돌방이 공존하는, 말하자면 무더운 남방의 건축과 추운 북방의 건축이 직렬로 붙어 있는 아주 특이한 형태이다.

온돌은 오늘날의 주택에서도 흔히 볼 수 있는 것이라 새삼스러울 것이 없어 보이지만, 비슷한 문화권인 중국이나 일본의 전통건축과는 크게 구별되는 특징이라 할 수 있다. 물론 중국이나 일본에도 온돌의 한 형식인 쪽구들이 있지만, 방의 한 부분을 온돌로 만든 쪽구들과 방 전체를 온돌로 만든 우리의 온돌과는 분명히 차이가 있다.

온돌溫突은 글자 그대로 따뜻하게 데운 돌이라는 뜻으로, 우리나라 고유의 난방 방식이다. 옥스퍼드사전에도 'ondol'로 등재되어 있다. 온돌은 방바닥에 돌(구들)을 깔고, 아궁이에 불을 지피면 그 열기가 불의 길인 고래를 지나면서 돌을 달구어 방을 데우고는 굴뚝으로 배출되는 구조로 되어 있다. 아궁이의 뜨거운 열이 바로 전달되는 아랫목과 여기서 가장 먼 윗목은 온기의 차이가 있었으니, 아주 어린 아이를 제외하고는 어른 순서로 잤다고 한다.

온돌이 언제부터 사용되었으며 어떻게 전파되었는지는 확실하지 않지만, 가장 먼저는 옥저를 시작으로 고조선, 고구려, 발해 등의 유적지에서 쪽구들이 발견되는 것을 보면 아주 오래 전부터 널리 보급되었음을 알 수 있다. 하지만, 방바닥 전면에 구들을 놓고, 방마다 온돌을 깔게 된 것은 생각보다 늦다. 고려시대로 접어들어서야 마침내 방 안 전체를 데우는 온돌방이 생겨났고, 조선 초기에도 일부 관청이나 부잣집에서만 볼 수 있을 정도였고, 병자나 노인의 방에 주로 설치되었다. 인조대의 영의정 이원익은 "선조先朝의 나인들이 모두 말하기를 '사대부 집 종들도 온돌에 거처하는데 나인으로서 마루방에 거처해서야 되겠는가.' 하므로 이로부터 대궐 안에 온돌이 많아졌다 하니, 마루방으로 바꾸면 낭비를 줄일 수 있을 것입니다."라고 한 것으로 보아 광해군 대가 되어서야 온돌의 사용이 일반화되었던 것으로 추측된다. 또한, 궁궐의 온돌 보급은 민간에서보다 늦게 이루어졌고, 온돌방을 마루방으로 되돌리자는 건의를 할 정도로 땔나무를 조달하는 부담이 컸던 상황도 알 수 있다.

사랑채의 대청과 분합문 정읍 김명관 고택.(국가유산청)

17세기 말에는 온돌방이 주택의 중심이 되었지만 난방을 위해 나무를 베다보니 산에 나무가 고갈될 지경이었다. 19세기말 조선을 방문한 선교사들은 조선의 산에 나무가 없음을 신기하게 여길 정도였다. 온돌방의 확산은 주거 생활 방식에도 큰 변화를 가져왔다. 이전에는 신발을 신고 방에 들어와 의자 등에 앉아서 일을 보는 입식생활이 좌식생활로 바뀐 것이다. 아궁이에 취사를 겸하다보니 부엌이 방보다 낮아져 주부의 생활 동선이 나빠지게 되었고, 활기차게 몸을 움직이기보다는 온돌방에 앉아서 생활하느라 사람들이 게을러지기도 했다고도 한다. 이러한 폐단들이 있었지만, 더 많은 장점을 지녔기에 온돌은 꾸준히 보완되고 개선되어 많은 전통문화가 사라졌음에도 현대에까지 살아남을 수 있었다. 어떤 이들은 온돌을 '가장 이상적인 온방 시스템', '난방문화의 으뜸'이라고도 한다.

온돌과 더불어 마루는 전통주택의 이해를 돕는 중요한 단어이다. 마루는 건물 안에 지면보다 높게 나무 널판을 평평하게 깐 바닥을 말하는데, 고온다습한 남방지역에서 습기를 피하기 위해 바닥을 지면에서 높게 설치하던 풍습이 북방으로 전래된 것이다. 마루는 바닥이 지면으로부터 떨어져 그 밑으로 통풍이 가능하고, 벽의 일부가 개방되어 있거나 개폐가 쉬운 공간으로 외부에 그대로 노출되어 내부와 내부, 내부와 외부의 중간적인 역할을 하는 매개공간이자 완충공간이었다. 즉, 안방과 건넌방, 사랑방과 누마루, 채와 마당 사이를 스스럼없이 통과하고 합쳐지면서 경계를 넘나드는 무변적無邊的 공간인 것이다.

마루는 문헌이나 집토기 등으로 볼 때 고대부터 존재했으며 오랜 시간에 걸쳐 다양하게 발전되어 왔다. 위치와 사용에 따라 대청, 툇마루, 쪽마루, 누마루 등으로 구분된다. 넓은 마루라는 뜻의 대청은 대개 안채에 딸린 안대청과 사랑채에 딸린 사랑대청 있으며 안채와 사랑채의 중심을 이룬다. 조선 중기까지는 남성중심인 사랑대청이 안대청보다 다소 높고 컸으나, 후기에는 안대청이 가정의 중심이 되면서 그 용도와 크기가 확대되었다. 날씨가 더워지면 지역에 따라 대청의 문 설치 여부는 달랐지만 앞과 뒤를 모두 터놓으면 뒷마당의 찬 기운이 대청으로 밀려와 더욱 시원하게 여름을 날 수 있었다. 안방이나 사랑방으로 들어가는 문을 미닫이나 분합문으로 만들어 많은 사람들이 모였을 때 문을 떼거나 들어올려 훨씬 넓은 공간을 확보할 수도 있었다. 이처럼 대청은 단일 공간으로 가장 넓었는데, 여기가 관혼상제의 장소로 이용되었기 때문이다. 혼례는 보통 안채의 안마당에 초례청을 차렸다. 경우에 따라 안대청과 사랑대청에서는 조상의 지방을 모시고 제사를 지냈으며, 특히 안대청은 집의 수호신이며 여러 가

봉화 만회고택 奉化 晩悔古宅 사랑채의 누마루.(국가유산청)

신家神들 중에서 으뜸인 성주신을 모시는 곳이기도 했다. 이와 같이 대청은 조상이나 성주를 모시는 신성한 공간이며 그래서 가장 높은 곳이기도 하다. 집의 바닥을 이루고 있지만, 정상, 꼭대기, 으뜸, 근원이라는 마루의 뜻이 통하는 지점이다.

지붕의 처마부분에 위치하여, 방에 들어가기 전 밟고 올라가거나 걸터앉을 수 있도록 문 앞에 달린 마루는 툇마루 혹은 쪽마루이다. 툇마루는 툇간에 설치된 마루로서, 툇간이란 집의 몸체 바깥으로 내민 기둥과 벽과의 사이 공간을 말한다. 기둥과 기둥 사이로 쭉 이어진 툇마루는 외부공간이긴 하지만 집의 칸 수에 산입된다. 반면 쪽마루는 방안으로 출입을 편리하게 위해 내밀어 만든 작은 마루이며 툇마루와는 달리 칸 수에는 산입되지 않는, 면적의 측면에서 보면 부가적인 공간이다.

누마루는 일반적인 주택에서는 흔히 있는 방식이 아닌 무척 호사스러운 마루이다. 방보다 바닥이 올라간 고상식의 높직한 마루로, 그 가장자리에 난간을 두른 형태를 가진다. 그리고 최소한 한 면 이상이 개방되어 있다.

이와 같이, 남방과 북방이라는 극단과 극단의 문화가 공존하는 마루와 온돌에서 현재와 과거, 동양과 서양의 문화를 과감하고 융통성 있게 접합할 수 있는 밑바탕이 될 수 있음을 본다.

현대를 살아가는 우리에게 전통 주택은 고루하고 생활함에 비효율적인 구조물로 생각될 수 있다. 하지만 그 안을 자세히 들여다보면, 자연과 신과 인간이 공존하면서 어떻게 조화롭게 살아갈 것인가를 고민하고 그것의 실현을 하나씩 담아낸 공간임을 알게 된다. 집을 자연에 얹으려 하지 않고, 자연 속에 넣어 하나도 거슬리지 않도록 했다. 그 속에서 인간이 만들어 낸 창조적 삶의 방식들을 통해 우리의 삶을 성찰해 볼 수 있기를 바라면서 이 글을 갈음한다.

읽을거리

다음은 기대승奇大升(1527~1572)이 지은 <면앙정기俛仰亭記>로, 송순宋純(1493~1583)이 면앙정을 짓게 된 경과와 주변의 지세가 자세하게 기술되어 있다, 송순은 면앙정을 짓기 위해 많은 노력을 했는데, 32세에 그의 고향 기촌企村의 서북쪽에 있는 면앙정 터를 구입하고, 41세에 귀향하여 면앙정을 건립했다. 이후 77세가 되어서야 오랜 벼슬살이를 끝내고 완전 귀향하여 당시 호남의 명망 있는 시인이자 학자였던 정철, 고경명, 기대승, 임제, 송인수 등과 많은 시작詩作 활동을 했던 곳이 면앙정이다. 우리에게 익히 알려진 <면앙정가>의 산실이기도 하다. 다음의 글은 조선시대 양반들의 문화공간에 대한 이해를 돕는다.

기곡에서 북쪽으로 걸어서 채 2, 3리가 못 되는 곳에 작은 마을이 있는데, 산을 등지고 양지바른 곳에 있으며 토지가 비옥하고 샘물이 달다. 이곳에 한 뙈기의 집이 있으니 공이 신축한 것으로 이 마을 이름은 기촌(企村)이라 한다. 기촌의 산은 서리고 울창하며, 가장 빼어난 봉우리를 '제월봉霽月峯'이라 한다. 기촌에서 제월봉 허리를 지나 돌아서 북쪽으로 나오면 산자락이 조금 아래로 내려가 건방乾方을 향하여 쭈그리고 있는데, 산세가 마치 용이 드리운 듯 거북이가 고개를 쳐든 듯하여 구불구불하고 높이 솟아 있으니, 이곳이 바로 면앙정이 있는 곳이다.

면앙정은 모두 세 칸인데, 긴 들보를 얹어서 들보가 문미門楣보다 배나 높다. 그러므로 그 가운데를 보면 단정하고 확 트였으며 판판하고 바르며 그 모서리는 깎아지른 듯하여 마치 새가 나래를 펴고 나는 듯하다. 사면四面을 비우고 난간을 세웠으며, 난간 밖은 지형이 다 약간의 벼랑인데, 서북쪽은 특히 절벽이다. 빽빽한 대나무가 병풍처럼 둘러 있고 삼나무가 울창하다.

그 아래에는 '암계촌巖界村'이란 마을이 있으니, 산에 돌이 많고 깎아지른 듯하기 때문에 암계촌이라 이름 붙인 것이다. 동쪽 뜰 아래에는 약간 아래로 내려간 산세를 인하여 확 터놓고, 온실溫室 4칸을 지은 다음 담장을 둘러치고는 아름다운 화초를 심어 놓고 서책을 가득히 쌓아 놓았다. 산마루에서 좌우 골짝으로 내려가면 큰 소나무와 무성한 나무들이 울창하게 서 있다. 정자가 있는 곳은 이미 지형이 높고 탁 트였으며 또 대나무와 나무들이 둘러싸고 있어서 인간 세상과 서로 접하지 않으니, 아득하여 마치 별천지別天地와 같다. 빈 정자 안에서 멀리 바라보면 그 시원한 모습과 우뚝 솟은 산세가 이어져 구물구물하는 듯하고 뛰어서 나오는 듯하니, 마치 귀신이나 이상한 물건이 남몰래 와서 흥취를 북돋아 주는 듯하다. <중략>

물이 옥천玉泉에서 근원하여 나온 것을 여계餘溪라 하는데, 바로 면앙정 뒤쪽 기슭 앞을 감돌아 잔잔히 흐르고 맑아 가뭄에도 마르지 않고 장마에도 넘치지 않는다. 넘실넘실 아득히 흐르며 가다가도 멈추는 듯한데, 석양에는 뛰는 고기들이 텀벙거리고 가을 달밤에는 조는 백로들이 다리를 연해 있다. 그리고 용천龍泉에서 근원한 것은 읍내에 이르러 백탄白灘이 되어서 꺾어 흐르고 가로질러 졸졸 흐르다가 깊은 못이 되어 여계와 함께 흘러 한 마장쯤 지나서 합류하여 서쪽으로 흘러간다. 그리고 서석산瑞石山에서 발원發源한 것은 정자 왼쪽 세 번째 굽이의 밖으로부터 비로소 그 모습을 드러내는데, 아래로 흘러 앞의 두 내와 합류하여 곧바로 용산에 이른 뒤 혈포穴浦로 흐른다.

아득한 큰 들은 추월산 아래에서 시작되어서 어등산 밖 만타미曼陀靡의 불단佛壇이 있는 곳까지 뻗쳐 있는데, 깊이 들어가기도 하고 높이 솟기도 하여 구릉과 숲이 서로 가리고 있는 것이 마치 한 폭의 그림과 같다. 이 사이에는 도랑과 밭두둑이 아로새긴 듯이 널려 있고 마을이 여기저기 흩어져 있는데, 그 사이에서 농사짓는 사람들이 봄이면 밭을 갈고 여름이면 김을 매고 가을이면 수확하여 한때도 쉼이 없으며, 사시의 경치도 또한 이와 더불어 무궁하게 펼쳐진다.

복건幅巾에 짧은 잠방이를 입고서 난간 위에 기대 있노라면 높은 산과 멀리 흐르는 물, 떠 있는 구름과 노니는 새와 짐승 또는 물고기들이 모두 자유롭게 와서 내 흥취를 돋운다. 명아주 지팡이를 짚고 나막신을 끌고 섬돌 아래에서 조용히 거니노라면, 푸른 연기는 절로 멈춰 있고 맑은 바람은 때로 불어온다. 소나무와 회나무에서는 바람 소리가 들리고 온갖 울긋불긋한 꽃들은 향기가 온통 가득하니, 자유롭게 육신을 잊어버리고 한가롭게 조물주와 놀 수 있어서 일찍이 다함이 없다.

- 기대승, <면앙정기>, 『고봉집』 권2.

생각해보기

앞서 소개한 이중환李重煥(1690~1752)의 『택리지擇里志』는 지리학을 넘어 정치, 역사, 경제, 사회, 문화, 산수, 명승 등을 두루 다룬 책이다. 1751년 즈음 세상에 나온 이후 200종이 넘는 이본이 나올 만큼 대중적으로 인기가 있었으며, 당시 사람들이 이주하고 여행하는 데 실제로 이 책의 영향력은 상당했다고 한다. 다음은 이익, 정약용이 쓴 『택리지』의 서발문序跋文이다. 이 글을 읽고, '사대부가 살 만한 곳[가거처可居處]' 즉, 주거지를 선정하는 기준에 대한 이들의 생각을 살펴보고, 현대의 상황과 비교해 보자.

1. 사는 동네를 가린다는 말은 공자와 맹자로부터 나왔다. 사는 동네를 가리지 않으면 크게는 교화가 행해질 수 없고 작게는 자기 자신도 편안하게 살지 못한다. 그러므로 군자는 반드시 사는 마을을 가리는 것이다. <중략> 조선 땅에도 지형이 험준한 곳과 평탄한 곳이 있고, 풍속이 아름다운 곳과 추악한 곳이 있다. <중략> 경전을 공부하며 초야에 묻혀 자중하는 사람들이 더러 있었다. 향리에서는 그런 사람을 존경하여 문벌이 있는 집안 사람들과 똑같이 대우하니, 나라 안에서 가장 살기 좋은 지역이 되어, 선비 가운데 때를 만나지 못한 사람들은 반드시 이곳을 귀의처로 여겼다. <중략> 의식衣食이 부족한 곳, 사기士氣가 사라진 곳, 무력武力이 횡행하는 곳, 사치의 풍조가 성한 곳, 시기하는 풍습이 드센 곳에서는 살지 못한다[불가처不可處]. 이 몇 가지를 가려낸다면, 취사取捨해야 할 곳을 알 수 있을 것이다.

- 이익, <택리지서擇里誌序>, 『성호전집』 제49권.

2. 『택리지』는 정자正字 이중환이 지은 것으로, 사대부들의 별장이나 농장에 대한 좋고 나쁜 점을 논한 것이다. 나는 이렇게 논한다. 생활하는 방도는 마땅히 먼저 물길과 땔나뭇길을 살펴보고, 다음은 오곡五穀, 다음은 풍속, 다음은 산천의 경치 등을 살펴야 한다. 물길과 땔나뭇길이 멀면 인력人力이 지치게 되고, 오곡이 갖추어지지 않으면 흉년이 잦게 되

고, 풍속이 문文을 숭상하면 말이 많고, 무武를 숭상하면 싸움이 많고, 이익을 숭상하면 백성이 간사스럽고 각박해지며, 힘만을 숭상하면 고루해서 난폭해지고, 산천이 흐릿하고 험악하면 빼어난 인물이 적고 마음이 맑지 못한 것이니, 이것이 그 대체적인 것이다. <중략> 나의 집은 초천苕川의 시골인데, 물은 몇 걸음만 가면 길어올 수 있으나, 땔감은 10리 밖에서 해오며, 오곡은 심는 것이 없고, 풍속은 이익만을 숭상하고 있으니, 낙원이라고는 할 수가 없고, 취할 점은 오직 강산의 뛰어난 경치뿐이다. 그러나 사대부가 땅을 점유하여 대대로 전하는 것은 마치 상고上古 시대 제후가 그 나라를 소유함과 같은 것이니, 만일 옮겨 다니며 남에게 붙여 살아서 크게 떨치지 못하면 이는 나라를 잃은 자와 같은 것이다. 이것이 바로 내가 미련을 버리지 못하고 머뭇거리면서 초천을 떠나지 못하는 이유이다.

- 정약용, <발택리지跋擇里志>, 『여유당전서』 제1집.

[참고문헌]

기대승, 『고봉집』

정약용, 『여유당전서』

강영환, 『집의 사회사』, 웅진출판, 1992.

국사편찬위원회, 『삶과 생명의 공간, 집의 문화』, 경인문화사, 2010.

김광언, 『한국의 주거민속지』, 민음사, 1988.

김형국 편, 『땅과 한국인의 삶』, 나남, 1999.

김희정, 『한국 단청의 이해』, 한티미디어, 2012.

박명덕, 『한옥』, 살림출판사, 2005.

신광철, 『한옥의 멋: 한옥에 빠지다』, 한문화사, 2012.

신영훈, 『한옥과 그 역사:한국건축사 서설』, 에밀레미술관, 1975.

임석재, 『한국 전통건축과 동양사상』, 북하우스, 2005.

전남일, 『한국 주거의 공간사』, 돌베개, 2010.

홍형옥, 『한국주거사』, 민음사, 1992.

콜린 엘러드 지음, 문희경 옮김, 『공간이 사람을 움직인다 : 마음을 지배하는 공간의 비밀』, 더퀘스트, 2016.

국가유산청(https://www.khs.go.kr)

국립중앙박물관(https://www.museum.go.kr)

전통문화와 문학
삶을 사유하다

초판 인쇄 2024년 9월 3일
초판 발행 2024년 9월 9일

저　자 김국희, 김은미, 노경자, 류경자, 류속영, 박양리, 정은영, 조수미, 한태문, 허순우

디자인·편집 배영미
발행인 최재원
펴낸곳 부산대학교출판문화원

출판등록 제1983-000001호 1983.11.10.
부산광역시 금정구 부산대학로 63번길 2 (우편번호46241)
대표전화 051-510-1932 팩시밀리 051-512-7812
https://press.pusan.ac.kr

※ 이 도서는 부산대학교출판문화원의 강의교재 개발 지원사업(2024-2)지원으로 제작되었습니다.

ISBN 978 - 89 - 7316 - 811 - 8 (93810)